实电
战商

教育部中等职业教育专业技能课立项教材

U1020451

中等职业教育
实战型
电子商务规划教材

电子商务网页设计与制作

主　编　俞佳玲　朱琦晓　陈　清
副主编　周丹文　陈王玲　陈丹璐
葛生生　胡凌冰

在线答疑　习题资源　PPT课件

中国人民大学出版社
· 北京 ·

前言

当今社会，信息化产业的迅猛发展推动我国电子商务高速发展，使之成为我国经济发展的新动力。随着“互联网+”的发展和延伸，电子商务已经渗透到各行各业中，成为促进传统产业升级、催生新生业态的重要引擎。因此，培养电子商务一线应用型人才成为职业教育的重要任务。

电子商务网站作为企业和商家的窗口，是现今必不可少的产品推广和销售渠道。网页是构成网站的基本元素，设计与制作恰当的网页直接关系到公司的经济效益，也是电子商务专业人员必备的专业技能。

“电子商务网页设计与制作”是电子商务专业的一门专业核心课程，本书根据国家职业标准的知识与能力结构要求，尽量选择适用性、针对性强的教学内容。在编写过程中，本书以教学项目实施为主线，注重教学的实践性，通过在任务中穿插与之相关联的知识拓展来扩充学生的知识量。同时，本书设计充分体现“做中学”“学中做”的理念，摒弃传统的以理论为主的教学模式，借助大量的操作实践以提高学生的实践能力与职业技能。本书可用于职业院校电子商务及相关专业学生的专业学习，也可用于各类电子商务社会培训，还可供企业电子商务从业人员参考。

建议在互联网教学环境下完成本课程的教学任务，教学参考学时数为 108 学时，具体课时分配如下表所示：

课程内容	学时数			
	总计	基础模块	实践与练习模块	机动
赏析电子商务网页	8	7	1	
认知网站页面布局	8	7	1	
拍摄与处理商品图片	12	6	6	
网店的设计与搭建	16	6	10	
电子商务网站的动态效果	12	6	6	
创建与管理网站站点	8	4	4	
制作图文网页	16	6	10	
DIV+CSS 布局设置	16	6	10	
简单制作表单页面	12	6	6	
总计	108	54	54	

本书由宁波市鄞州职业教育中心学校的俞佳玲、朱琦晓、陈清担任主编，俞佳玲负责统稿，具体编写分工如下：朱琦晓、俞佳玲、陈清编写项目 1，俞佳玲编写项目 2，陈丹璐编写项目 3，胡凌冰编写项目 4，周丹文编写项目 5，葛生生编写项目 6 与项目 9，陈清编写项目 7，陈王玲编写项目 8。

由于编写时间仓促，作者的水平和学识有限，书中难免存在一些疏漏和不足，恳请读者多提宝贵意见，以求不断改进和完善。

编者

目录

项目 1

赏析电子商务网页

电子商务网页是现今企业必不可少的推广和销售渠道。项目 1 通过对优秀电子商务网站页面的分析，总结出电子商务网页常用的布局和色彩搭配、网页元素、导航设计等，使读者了解电子商务网页的特点和设计趋势。通过项目 1 的学习，读者能够为自己的个人主页进行策划布局。

学习目标

通过学习本项目，你应该能够：

(1) 了解网页的基础知识；

(2) 了解网页的基本组成；

(3) 了解网页的布局和组成结构；

(4) 了解电子商务网站的特点及趋势；

(5) 策划网页的布局。

任务 1.1　赏析行业类网站

本任务通过分析企业的网页，使读者了解网页的布局、网站栏目组成、色彩搭配，以及各种布局适用的范围。

活动 1.1.1　认识网页布局设计

请浏览各类大型购物网站和公司的网页，在 A4 纸上画出你浏览的网页布局的基本结构。

必备知识

布局就是以最适合浏览的方式将图片和文字摆放在页面的不同位置。不同的制作者会有不同的布局设计。

常见的网页布局有“国”字型布局、“T”型布局、POP布局、Flash布局、标题正文型布局、左右框架型布局、上下框架型布局。

1. “国”字型布局

下面以“新浪微博”网站为例介绍“国”字型布局。

新浪微博网站网址为 https://weibo.com/?topnav=1&mod=logo，如图1-1所示。该网站主要采用了“国”字型布局。“国”字型布局因布局结构与汉字“国”相似而得名，如图1-2所示。其页面的最上部分一般放置网站的logo和导航栏或banner广告，页面中间分为左、中、右三部分，左边放置导航菜单或者其他信息，中间放置网站的主要内容，右边放置网站的登录注册和友情链接或其他信息，最下部分一般放置网站的版权信息和联系方式或其他信息等。

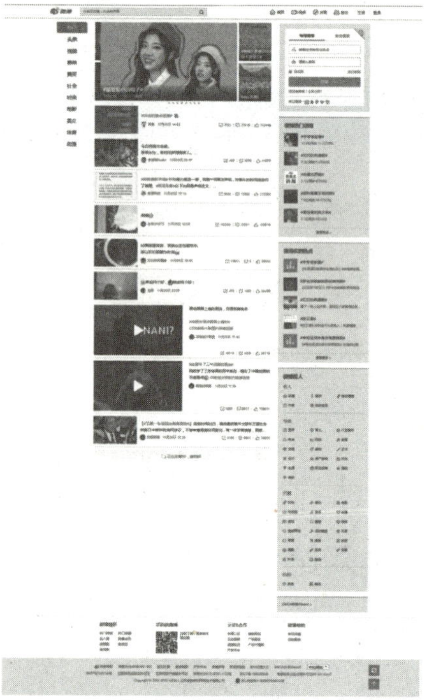

图1-1 新浪微博主页面

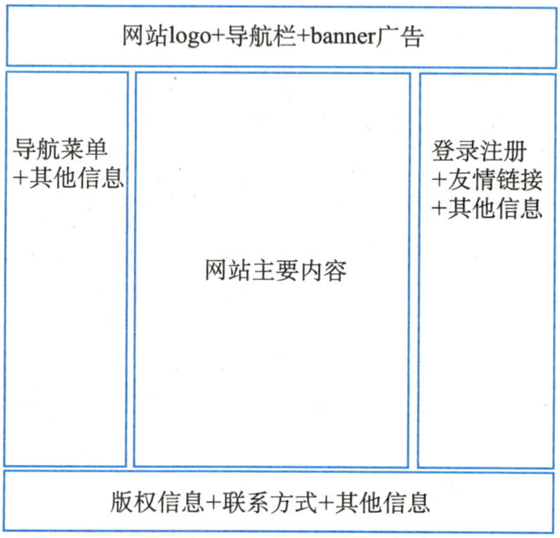

图1-2 “国”字型简化布局示意图

新浪微博网站最上面放置了公司的logo和导航条，中间为页面主体，下方为页面版权。

页面主体部分分为左、中、右三个部分，分别为微博的分类导航、具体的新闻内容、登录信息和热门话题等。

页面底部为“微博精彩”“手机玩微博”“认证 & 合作”“微博帮助”。

2. “T”型布局

下面以“十大品牌网”为例介绍“T”型布局。

十大品牌网是 CNPP 官方授权查询网站，囊括了各大行业的龙头企业网站。网址为 http：//www.china-10.com，主页面如图 1－3 所示。该主页面采用了“T”型布局结构。

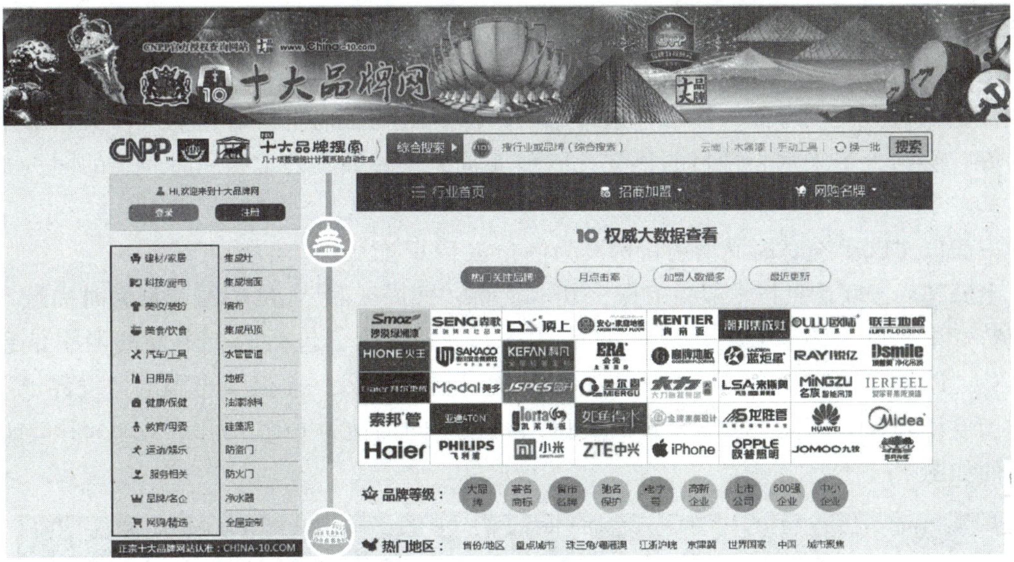

图 1－3　十大品牌网主页面

“T”型布局结构因与英文大写字母“T”相似而得名，简化布局示意图如图 1－4 所示。页面的顶部是“网站 logo＋导航栏＋banner”，左边是网站导航菜单，右边是网站主要内容。这种布局的优点是页面结构清晰、主次分明，是初学者最容易上手的设计布局的方法。

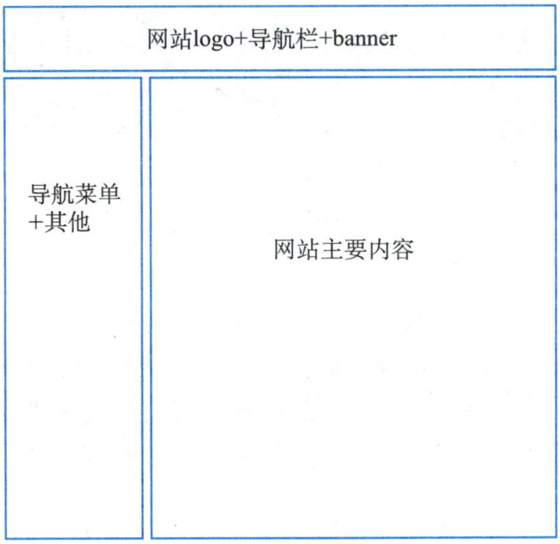

图 1－4　“T”型简化布局示意图

十大品牌网顶部为企业 logo、banner，具有强烈的视觉感受。

主体部分左侧为各行业的导航，以及行业类的二级分类导航，右侧为权威数据查询和各大企业的 logo 展示。

3. POP 布局

POP 布局引自广告术语，是指页面布局像一张宣传海报，以一张精美图片作为页面的设计中心。这种布局一般出现在一些网站的首页，大部分为一些精美的平面设计结合一些小的动画，再放上几个简单的链接或者仅是一个“进入”的链接，甚至有的直接在首页的图片上做链接而没有任何提示。这种布局大部分出现在企业网站和个人首页，如果处理得好，会给人带来赏心悦目的感觉。POP 布局是一种颇具艺术感和时尚感的网页布局方式。

下面以“POP 全球时尚网络机构”为例介绍 POP 布局。

上海逸尚云联信息技术股份有限公司（简称“逸尚云联”）是中国首家为时尚行业提供流行资讯及供应链全套解决方案的信息技术公司，旗下包括两个主要的网络信息平台——“POP 全球时尚网络机构”和“ULB 优料宝”，以及一个遍及全国的“设界——线下时尚设计联合空间”。“POP 全球时尚网络机构”的网址为 http：//www. pop136. com，主页面如图 1－5 所示。

图 1－5　POP 全球时尚网络机构主页面

4. Flash 布局

Flash 布局是指整个或大部分页面本身就是一个 Flash 动画，它是动态的，画面一般比较绚丽、有趣，是一种比较新潮的布局方式。其实这与封面型结构是类似的，与封面型不同的是，这种类型采用了目前非常流行的 Flash，由于 Flash 强大的功能，页面所表达的信息更丰富，其视觉效果及听觉效果如果处理得当，绝不逊于传统的多媒体。Flash 主页面如图 1－6 所示。

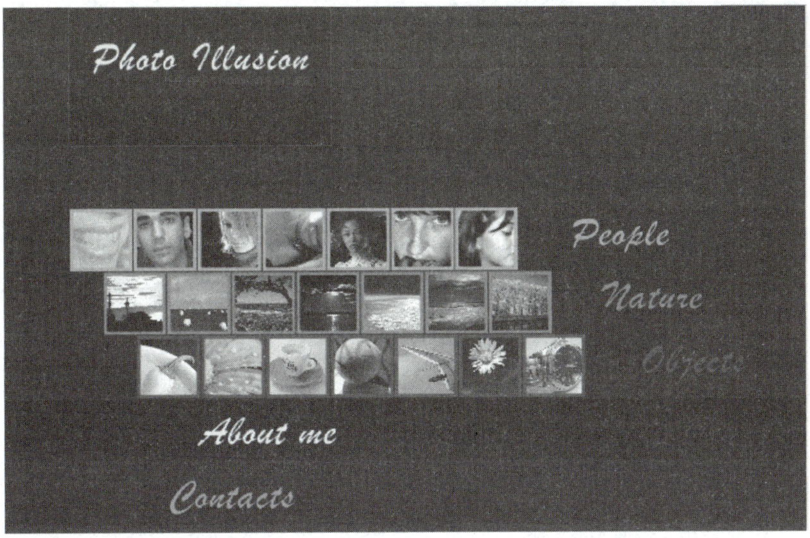

图 1－6 Flash 主页面

5. 标题正文型布局

标题正文型布局一般用于显示文章页面、新闻页面和一些注册页面等，简化示意图如图 1－7 所示。

图 1－7 标题正文型布局简化示意图

6. 左右框架型布局

左右框架型布局是一些大型论坛和企业经常使用的一种布局结构。其布局主要分为左右两个框架页面。左框架页面一般为导航栏链接和网站 logo，右框架页面则放置网站的主要内容，简化示意图如图 1－8 所示。

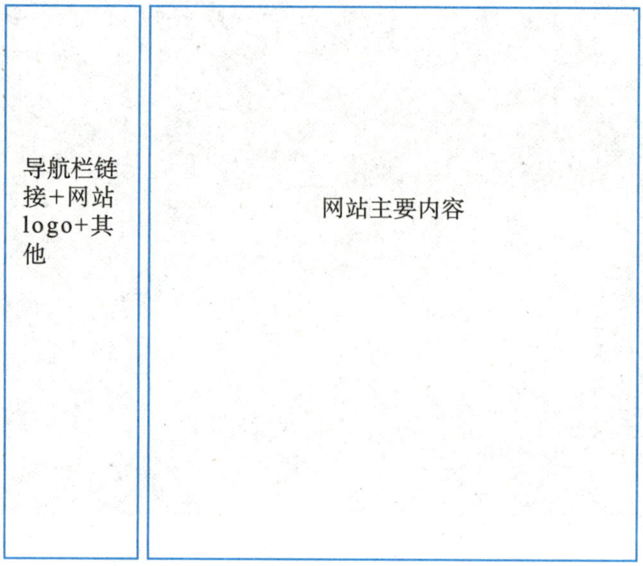

图 1-8　左右框架型布局的简化示意图

7. 上下框架型布局

上下框架型布局与左右框架型布局类似。上面放置导航栏或者 banner，下面放置网站主要内容。其区别仅在于上下框架型布局分为上下两个框架页面，简化示意图如图 1-9 所示。

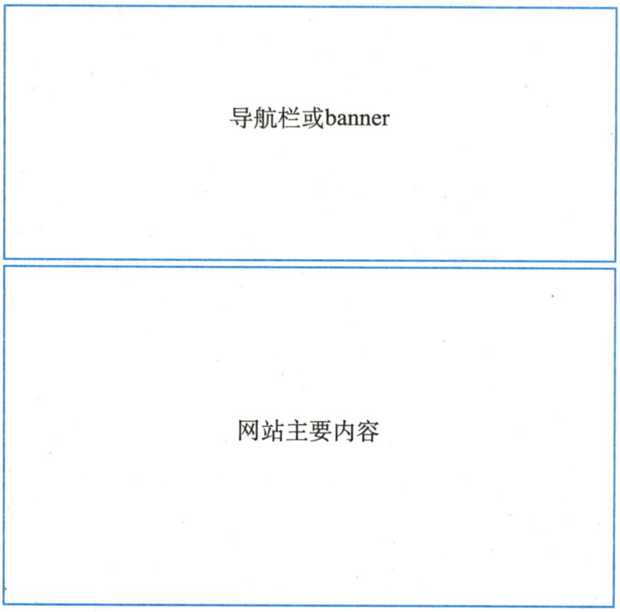

图 1-9　上下型框架布局的简化示意图

对于上述网页布局，“国”字型布局适用于大型公司等综合型网站，例如制造业、IT 业、贸易类行业等，页面颜色多采用公司的标准色、logo 的颜色以及和企业主题相关的颜色，或者是蓝、灰、红等体现商务简约风格的颜色。

个人主页和多媒体企业等可以采用 POP 布局和 Flash 布局来达到冲击视觉的效果。网站多以色彩分明和主题分明的全屏海报和 Flash 作为主页，超链接到主题内容中。

网站导航条的设计也基本决定了网页的二级页面栏目的主题颜色风格，常见的导航条由“首页”“关于公司”“新闻中心”“产品中心”“人力资源”“联系我们”组成。

banner：横幅广告。一般是使用 GIF 格式的图像文件，可用静态图形，也可用多帧图像拼接为动画图像。尺寸正在逐渐变大，主要放置的是企业产品、企业建筑、企业人员、企业工程项目、和主题有关的修饰图像、说明资质的图标等。文字主要由企业文化、宣传口号、产品描述等构成。

网页的主题部分由公司的信息或者动态组成。

网页的底部为版权信息、友情链接、企业联系方式、说明性信息等。

活动 1.1.2 浅尝网站布局

分组讨论，搜索各类网站布局并赏析，设计一个广告公司的主页。

（1）利用搜索引擎，登录百度（http：//www.baidu.com），输入关键词“大德通众包”，了解企业的历史和发展情况；

（2）根据所收集到的资料，各小组讨论设计大德通众包的页面布局，并推选代表进行课上交流。

必备知识

1. 网站与网页

网站（website）是指在因特网上根据一定的规则，使用 HTML（超文本标记语言，是标准通用标记语言下的一个应用）等工具制作的用于展示特定内容相关网页的集合。简单地说，网站是一种沟通工具，人们可以通过网站来发布自己想要公开的资讯，或者利用网站来提供相关的网络服务。人们可以通过网页浏览器来访问网站，获取自己需要的资讯或者享受网络服务。

网页是构成网站的基本元素，是承载各种网站应用的平台。通俗地说，网站就是由网页组成的，如果一个企业只有域名和虚拟主机而没有制作任何网页的话，客户仍旧无法访问其网站。

网页是一个包含 HTML 标签的纯文本文件，它可以存放在世界某个角落的某一台计算机中，是万维网中的一“页”，使用 HTML 格式（文件扩展名为 .html 或 .htm）。网页通常用图像档来提供图画。用户要通过网页浏览器来阅读网页内容。

网站中的网页一般包括静态网页和动态网页两种形式。

静态网页：在网站设计中，纯粹 HTML 格式的网页通常被称为“静态网页”，静态网页是标准的 HTML 文件，可以包含文本、图像、声音、Flash 动画、客户端脚本和 ActiveX 控件及 Java 小程序等。

静态网页更新起来相对比较麻烦，当需要改变其信息内容时，必须重新使用网页制作工具来对其进行修改，修改后的网页还要重新上传到服务器上以覆盖原来的页面。静态网页适用于一般更新较少的展示型网站。很多人容易误认为静态页面都是 htm 这类页面，实际上静态网页也不是完全静态，它也可以出现各种动态的效果，如 GIF 格式的动画、Flash、滚动字幕等。

动态网页：是指跟静态网页相对的一种网页。随着 HTML 代码的生成，静态网页页面的内容和显示效果就基本上不会发生变化了——除非你修改页面代码。而动态网页则不然，页面代码虽然没有变，但是显示的内容却是可以随着时间、环境或者数据库操作的结果而发生改变的。

动态网页是基本的 HTML 语法规范与 Java、VB、VC 等高级程序设计语言以及数据库编程等多种技术的融合，以期实现对网站内容和风格的高效、动态和交互式的管理。因此，从这个意义上来讲，凡是结合了 HTML 以外的高级程序设计语言和数据库技术进行的网页编程技术生成的网页都是动态网页。

动态网页文件一般以 .asp、.aspx、.jsp、.php 等为扩展名，并且在动态网页网址中常有一个标志性的符号——“?”，如 http：//www.nbyzzj.cn/index.php? r＝space/school/portal/content/index&sid＝3633000444&cid＝2868227 就是一个典型的动态网页的 URL。

2. 构成网页的基本元素

从页面结构的角度看，网页主要由导航栏、栏目及正文内容这三大要素组成。网页结构的创建、网页内容布局的规划实际上也是围绕这三大要素展开的。导航栏又由 logo、banner、导航条组成。文字、图像、动画、超链接、表单等基本元素也贯穿了整个网页。

（1）logo。网站 logo，也叫作网站标志，它是一个网站的象征。所以一个好的标志可以很好地树立公司形象。而网站标志的位置一般在网站的左上角，这样别人就可以一眼看到它。优秀的 logo 具有个性鲜明、冲击视觉等特点，便于识别、记忆，有引导、促进消费、产生美好联想的作用，利于在众多的企业中脱颖而出。如麦当劳、百事可乐的标志在这方面就发挥了很好的作用。

（2）banner。banner 是一种网络广告形式，banner 广告一般位于网页的顶部，使用户在浏览网页信息的同时关注广告信息。

（3）导航条。导航条是指通过一定的技术手段，为网站的访问者提供一定的途径，使其可以方便地访问所需的内容，从一个页面转到另一个页面的快速通道。导航条是网页设计中的重要部分，同时也是整个网站设计中一个比较独立的部分。一般来说，网站中的导航条在各个页面中出现的位置是比较固定的，风格也比较一致。

（4）文字。网页的最基本元素就是网页文字。一般企业网站中，文字始终是表达信息的主体。设计网页时需要注意页面中文字的大小、字体、颜色对比的组合、背景颜色的衬托，以及与图像等网页元素之间的排版。

（5）图像。丰富多彩的图像是美化网页必不可少的元素，用于网页上的图像一般为 JPG 格式和 GIF 格式。网页中的图像主要有点缀标题的小图片、介绍性的图片、代表企业形象或栏目内容的标志性图片。

（6）动画。动画是网页中最活跃的元素，创意出众、制作精致的动画是吸引浏览者眼球的最有效方法之一。但是如果网页动画太多，也会“物极必反”，使人感到眼花缭乱，进而产生视觉疲劳。

（7）超链接。超链接可以连接不同网页或站点，各个网页链接在一起后，才能构成一个网站。超链接实质上是指从一个网页指向一个目标的连接关系，这个目标可以是另一个网页，也可以是相同网页上的不同位置，还可以是图像、电子邮件地址、文件，甚至是一个应用程序。而在网页中用于超链接的对象，通常是一段文字或者是一个图像文件。

（8）表单。表单在网页中主要负责数据采集。一个表单有三个基本组成部分，即表单标签、表单域和表单按钮。

拓展学习

（1）选择两家知名企业的网页进行分析，具体分析网页的布局以及基本元素。

（2）设计一个个人主页，画出主页的布局及组成。

任务 1.2　赏析电子商务类网站

本任务通过对“淘宝网”“京东”“苏宁易购”“速卖通”等电子商务类网站的分析，使读者了解电子商务类网站的布局以及特点。

活动 1.2.1　赏析淘宝网主页

本活动主要讲述了淘宝网主页的组成，淘宝网二级活动促销页面的组成，店铺首页和店铺二级具体商品详情页面的结构。

必备知识

淘宝网是亚太地区较大的网络零售网站，由阿里巴巴集团在 2003 年 5 月创立。淘宝网在中国是深受欢迎的网购零售平台，2018 年淘宝网的年度活跃用户达 5.76 亿。

2015 年 3 月 31 日，淘宝宣布启动“实名认证”程序，要最大程度地消除由于虚假注册信息带来的交易安全隐患。想在淘宝开店的商家，除了要“实名认证”外，还要“实人认证”。

所谓“实人认证”，就是淘宝年检。每次审核前，淘宝会通过旺旺弹窗、手机短信、站内信、邮件等多种方式通知复核时间。卖家要根据淘宝“动态手势认证”（手势是随机的）的具体要求，摆出一模一样的手势，拍张照片上传系统，进入复核流程。新“实人认证”系统上线后，淘宝将针对所有卖家进行定期复核，对有不良记录的卖家，还将增加不定期身份复核。

请各位同学打开淘宝网（www. taobao. com），填写表 1 - 1。

表 1 - 1　赏析淘宝网

组成结构	分析结果
布局	
组成要素	
导航栏	
二级页面布局	
促销页面布局	
卖家页面布局	

淘宝网主页面如图 1 - 10 所示，大体采用了“国”字型的结构。淘宝网是一个集合平台，从 2003 年成功推出之时，就通过打出 3 年“免费”牌迅速打开中国 C2C 市场，并在短短 3 年时间内，替代 eBay（易趣）居中国 C2C 市场榜首。2005 年 10 月 19 日，阿里巴巴宣布“淘宝网将再继续免费 3 年”。2008 年 10 月 8 日，淘宝网在新闻发布会上宣布继续免费，这一策略使得淘宝网的商户逐年增加，商品越来越多。因此主页的主要作用是产品分类以及热销产品的橱窗展示。

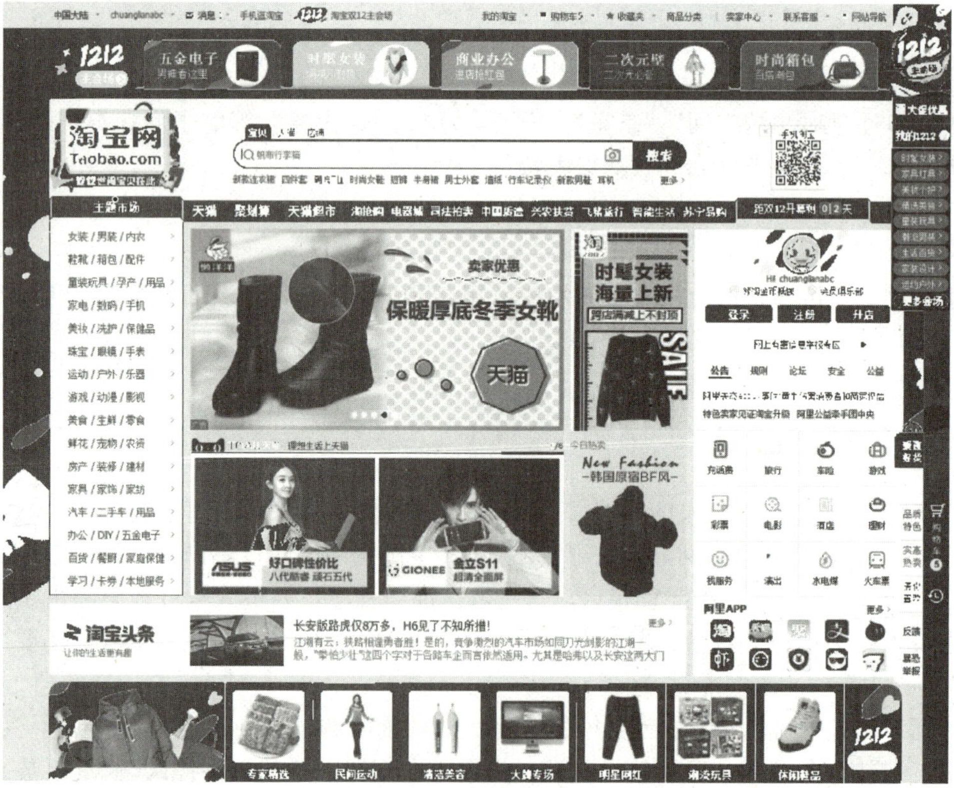

图 1 - 10　淘宝网主页面

淘宝网整体设计采用的是以图为主、文字为辅的风格，内容之间比较自然，文字和图片颜色保持一致，颜色搭配也比较和谐。界面设计体现了网站营销导向的属性，符合用户和商家的需求。界面各个部分保持一致的风格，通过图片和文字展现出各商铺的信息、商品。

在淘宝网的首页，logo 和导航栏变化不大，导航栏主要包括用户中心的“我的淘宝”，暂时存放商品的“购物车”，收藏店铺宝贝的“收藏夹”，店铺的“商品分类”，卖家后台入口的“卖家中心”，客服中心的“联系客服”，以及“网站导航”。

banner 会根据节日和活动发生相应变化，例如“双十一”“双十二”，淘宝网的 banner 就会显示“双十一”和“双十二”的主会场，链接到主题的二级页面。淘宝网的搜索引擎是最注重客户体验的，用户可以通过搜索关键字找到所需的产品，也可以直接找到所需购买物品的商店，还可以在天猫的分类中查找所需的产品。页面左侧的主题市场将淘宝网的所有产品归类整理，如图 1－11 所示，一级主题是大类，二级导航栏再对一级主题进行细化，用户可以根据分类进行精细的查找。

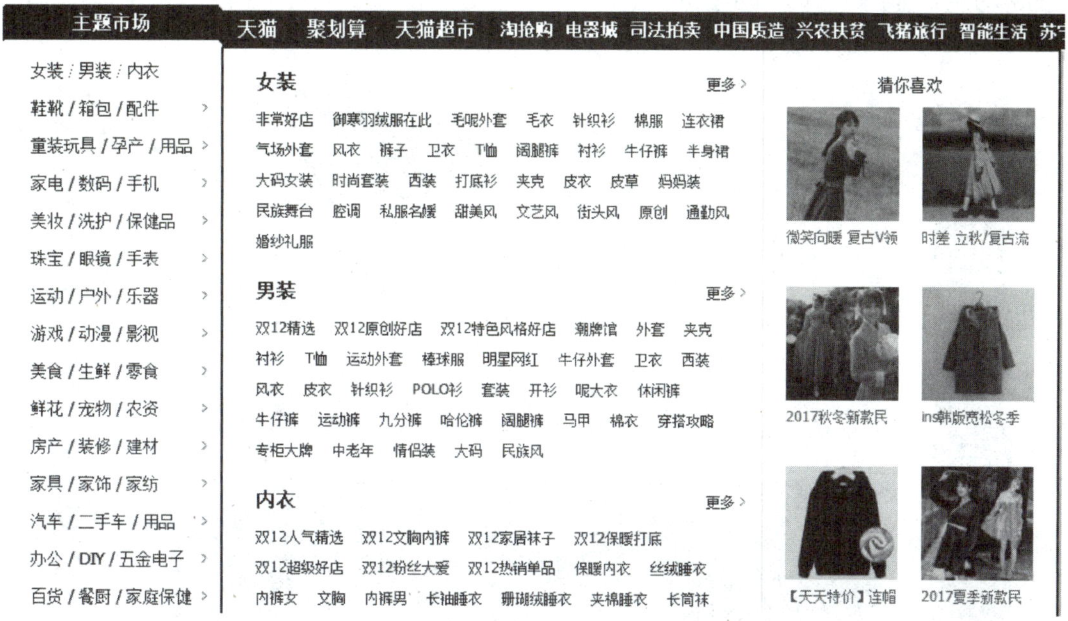

图 1－11　淘宝网主题市场分类

主页主体内容有黄金展位的轮播图及各个板块的热销产品，可以为休闲浏览的用户提供服务。淘宝的主体内容中又包含了商城的导航栏，导航栏显示出了淘宝分类功能的强大，主要有淘宝店铺升级认证的“天猫”、团购主题的“聚划算”、本地网上零售超市的“天猫超市”、限时限量抢购主题的“淘抢购”、电器主题的“电器城”等分类主题。黄金展位和下方的商品橱窗展示位都是淘宝邀请或者卖家通过竞价的方式取得的展示位。由于电子商务网站的主页展示位有限，为了展示更多的商品，每个橱窗都采用缩略图加上简要的标题进行表示。所以展示位的主图也需要卖家进行设计测试，以争取更多的点击量。

右侧是淘宝网用户中心，包括“登录会员中心”、“公告”“规则”等通知、“电话充值”等便民服务。

底部由“消费者保障”“新手上路”“付款方式”“淘宝特色”等使用规则和方式组成，还有一些合作伙伴的友情链接，如图 1-12 所示。

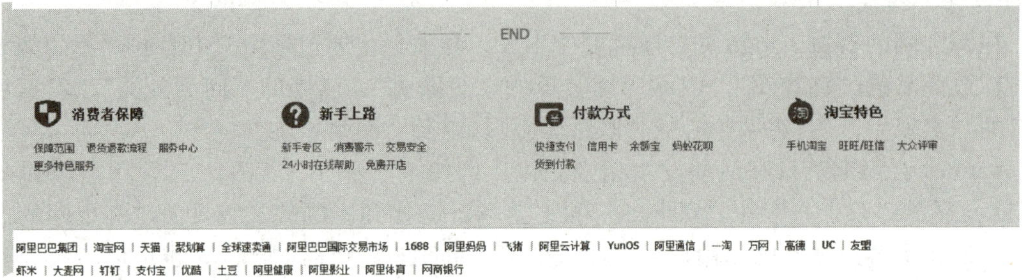

图 1-12　淘宝网底部

淘宝网的二级页面主要是活动促销页面，与首页相似，都是以商品推广为主的页面，以图片为主，如图 1-13 所示。

图 1-13　淘宝网二级活动促销页面

淘宝网中还有一类页面是用户浏览最多的页面——卖家的店铺页面。卖家的店铺页面是卖家自己设计排版的，由于可以在服务市场中购买各式各样花式的模板，所以卖家的店铺风格丰富多彩，这里就介绍最基础的普通店铺，首页如图 1-14 所示。

网店顶端可以放置网店 logo、banner 和导航条。下面是促销轮播区，常规的轮播是 950px，现在很多旺铺都是全屏轮播促销广告，宽度为 1920px，这个的设置我们在后面的章节中会讲解。再下面是促销区域，可以放置新上架的商品、促销的商品等，左侧主要放置宝贝的分类，也可以放置店铺公告、信息栏等。

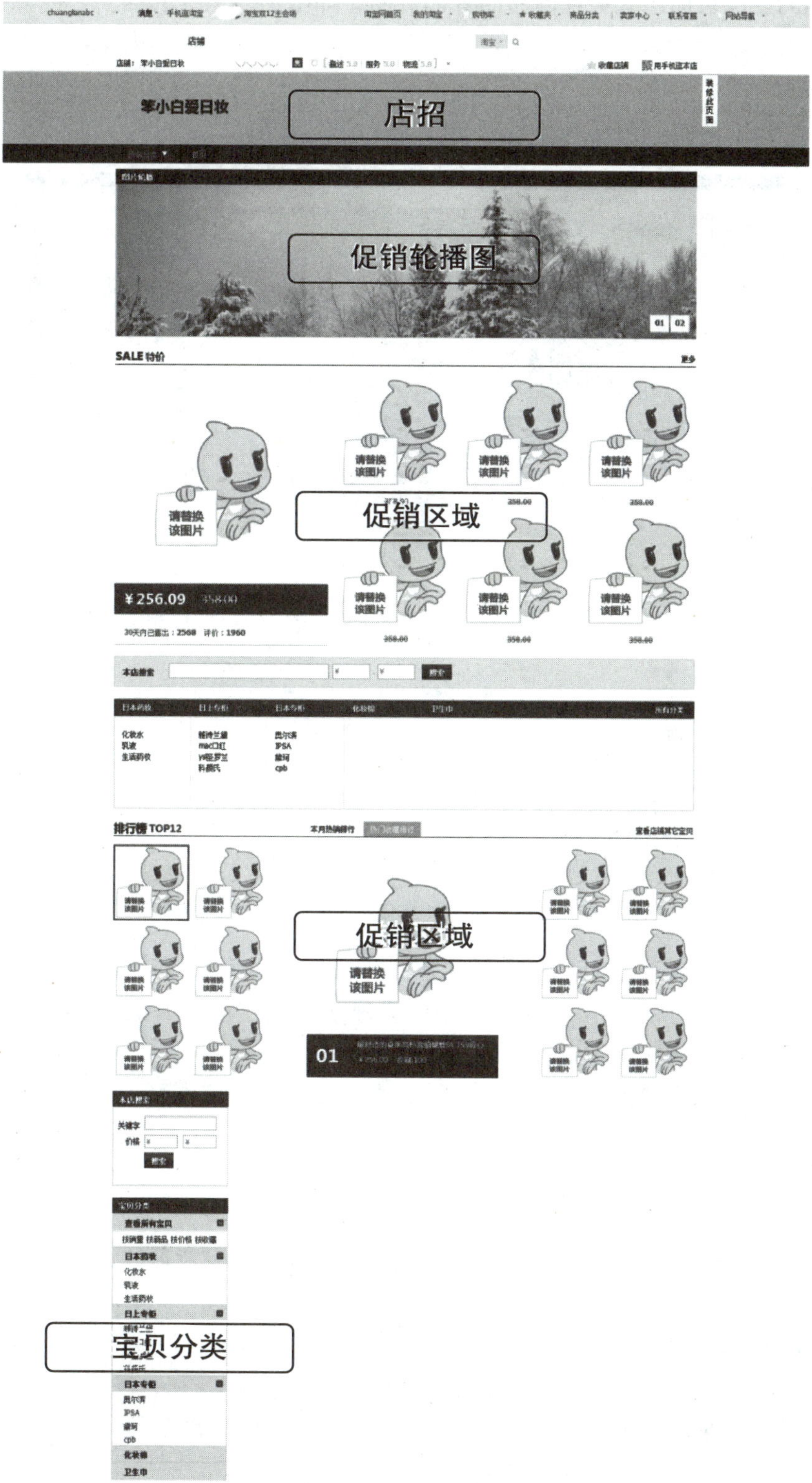

图 1－14　淘宝网店铺首页

淘宝网的二级页面还有某件商品的具体页面，如图 1－15 所示。

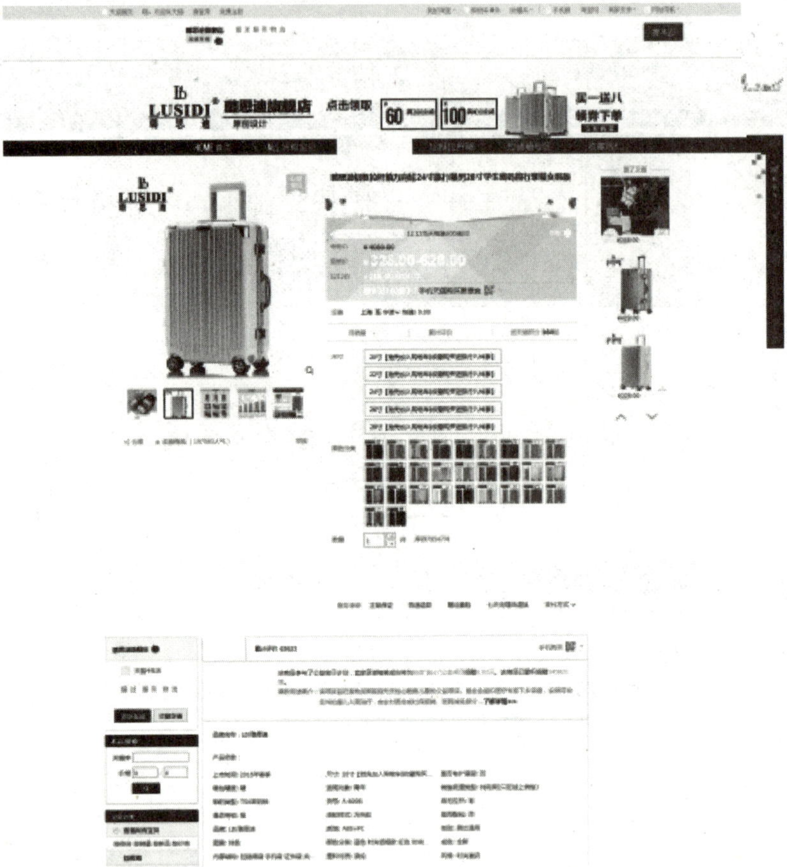

图 1－15　淘宝网具体商品的二级页面

这样的二级页面顶部的用户导航栏与首页一致，但是 logo 和店铺导航栏会随着店铺不同而改变，还有店铺的店招 banner 也是由卖家店铺决定的。二级页面上半部分主要由商品的图片和价格、规格等组成。

下半部分由左右两侧组成。左侧是店铺的卖家信息和店铺主页入口、宝贝分类、宝贝排行等。右侧则是这个具体商品的详细介绍，称为详情页。

活动 1.2.2　分析“京东”网站

本活动主要介绍京东网站首页，京东二级活动页面，京东商城区域页面的主要结构。

必备知识

京东，中国自营式电商企业，创始人刘强东。旗下设有京东商城、京东金融、拍拍网、京东智能、O2O 及海外事业部等。

京东商城销售数万品牌、4020 万种商品，囊括家电、手机、电脑、母婴、服装等 13 大品类。

京东的服务原则：

"多"，为用户提供一站式综合购物平台。

"快"，自建物流实现极速配送服务。现有的物流配送服务有：211 限时达、次日达、极速达、京准达、夜间配、自提柜、无人机。

"好"，坚持正品行货，保证商品品质。

"省"，依靠低成本和高效率实现天天低价。

议一议

与淘宝网相比，京东增加了哪几个布局？减少了哪几个布局？将讨论结果填入表 1-2 中。

表 1-2　赏析京东网

组成结构	分析结果
布局	
增加的布局	
减少的布局	
二级页面布局	
促销页面布局	
卖家页面布局	
其他	

京东网址为 http：//www.jd.com，首页如图 1-16 所示。

图 1-16　京东网站首页

京东的首页布局与淘宝网类似，都是以“国”字型为主的布局。采用了红色为主基调。京东的顶部由 logo、banner 和导航栏组成，logo 和导航栏也是基本不变，导航栏由“登录”“我的订单”“我的京东”“京东会员”“企业采购”“客户服务”“网站导航”“手机京东”等组成。

与淘宝网相似的是，京东的主体部分也是以搜索、分类、展示为主。

在导航栏的下方是一个搜索框，用户可通过关键字搜索商品。

主体的左侧是分类导航栏，采用了层级式的分类列表索引，可以体现比较密切的层次关系和比较好的扩展性，同时也能够让用户更快速、更便捷地找到所需的商品。

主体的中间也是由商城的导航栏和商品展示橱窗组成。商城的导航栏由促销优惠区的“秒杀”“优惠券”“闪购”“拍卖”，商城划分区的“京东服饰”“京东超市”“生鲜”“全球购”，金融区的“京东金融”组成。商品展示区用于展示商城的促销热卖商品。

右侧与淘宝网布局一样，包括“登录会员中心”、“公告”“规则”等通知、“电话充值”等便民服务。

底部由“购物指南”“配送方式”“支付方式”“售后服务”“特色服务”和合作伙伴的友情链接组成。

京东的二级页面有两大类别：一类是优惠促销的二级页面（如图 1 - 17 所示），这类二级页面与主页面的色调保持一致，内容以促销商品的展示为主。logo 和导航栏不变，商城的导航栏随着促销页面的改变而变化。另一类就是商城区域划分的二级页面，相当于京东的子公司，例如京东服饰、京东生鲜等，如图 1 - 18 所示。这类页面只有最上面的用户导航栏和搜索框没有变，其他相当于一个新的电商平台，色彩由平台根据自身的基调进行调整，布局与主页面相似。

图 1 - 17　京东网站优惠促销二级页面

(a) 京东服饰页面

(b) 京东超市页面

图 1-18　京东网站商城区域划分的二级页面

活动 1.2.3　分析“苏宁易购”网站和“速卖通”网站

本活动主要介绍了苏宁易购和速卖通网站，并与主流电商平台淘宝网和京东进行对比，分析电商平台的主要结构。

必备知识

苏宁易购，是苏宁云商集团股份有限公司旗下新一代 B2C 网上购物平台，现已覆盖传统家电、3C 电器、日用百货等品类，网址为 https：//www. suning. com。2011 年，苏宁易购强化虚拟网络与实体店面的同步发展，不断提升网络市场份额。

速卖通（AliExpress）于 2010 年 4 月正式上线，是阿里巴巴旗下唯一面向全球市场打造的在线交易平台，被广大卖家称为“国际版淘宝”。速卖通是面向国外友人的电商平台，是跨境电商的主要代表平台，通过支付宝国际账户进行担保交易，并使用国际快递发货，是全球第三大英文在线购物网站，网址为 https：//www. aliexpress. com。

做中学

查找相应的信息，分析苏宁易购与速卖通网站。

(1) 利用搜索引擎，登录苏宁易购与速卖通网站赏析网页布局；

(2) 相较于淘宝网与京东，讨论苏宁易购与速卖通布局的差异；

(3) 利用课余时间或节假日，走访当地入驻速卖通的企业，了解跨境电商网页布局的特点；

(4) 根据以上调查所收集到的资料，各小组进行讨论分析，把搜集的数据整理好，推选代表进行课内交流。

苏宁易购的布局是________________。

速卖通的布局是________________。

速卖通的布局特点有________________________。

可以看出，电商平台大多数采用“国”字型的布局，主页上主要是搜索、分类导航和橱窗展示。

搜索的便捷性和指向性是用户最直接的体验，所以电商平台主页会用较大的篇幅来展示搜索、层级分类索引。

在主体页面的中间部分会有各种主题的分类，往往有一个黄金展示位；下面是各类分类产品的橱窗展示；右侧是用户中心和公告栏等；底部则是网站的操作指南和疑难解答等。

二级页面主要有主题页面和商品的具体页面。主题页面还是以商品的展示为主，通过缩略图和简要的文字/标题/价格来展示。商品的具体页面则分为上下两大部分：上半部分包括图片，该商品的名称、价格、运费、规格、付款方式，加入购物车，立即购买，加入收藏等。图片是对商品的各种展示，由主图和辅图组成。下半部分则是由左侧的店铺介绍、右侧的商品详情页组成。

知识拓展

1. 网店策划书

策划书即对某个未来的活动或者事件进行策划，并展现给读者的文本。策划书是目标规划的文字书，是实现目标的指路灯。

网店策划书一般包括网店名称、经营模式、主营商品、商品特点、顾客定位、价格定位、市场分析、竞争对手、风险预测、营销策略、网店管理、网店推广与宣传等。

2. 电商平台网站设计的建议

电商平台的网站通过精巧的布局和方便的操作来实现收益最大化。

(1) 设计简洁：设计简洁意味着网页整齐，不杂乱，当买家访问时，能一目了然地看到商家在卖什么。布局应着眼于产品的展示，使买家知道自己来对了地方。

(2) 使用视频：通过视频，买家更容易了解产品的用途和优点，因此，尽量在网页上插入产品视频。插入视频前，要对视频进行优化，避免页面尺寸过大、载入时间过长。

(3) 在首页上发布优惠信息：人们网购的一个重要原因就是折扣越来越可观。使用粗体字标出折扣优惠，并用鲜艳的颜色突出报价区域。这样，只要买家登录网站，就能一眼看到报价。

(4) 有效的导航：导航路径应条理有序，使买家可以从一个页面毫不费力地跳转到另一个页面。因此，应将产品放在正确的产品类别下，并在相应的产品下添加下拉菜单。此外，页面上还应有搜索工具，使买家可以在几秒钟之内找到合适的产品。

(5) 推荐产品：留住回头客非常重要。因此，在页面的页脚区，为忠实客户推出“推荐产品”服务。通过跟踪他们的足迹，为其推荐可能喜欢的产品，以此增加交易量。

(6) 明确的定价和配送详情：每件产品的定价和配送细节都应一目了然。买家最讨厌隐性成本，如果直到要付款时，才显示出快递需要 6 元，他们很可能会因此关掉页面。不管是包邮还是要收取快递费用，都应在产品页面标明，让买家有选择。

3. 电商店铺的基础设计（以淘宝网为例）

设计电商店铺时应考虑以下7项内容：

（1）店铺标志。

（2）店铺招牌。

（3）店铺导航栏：宝贝分类以及关于我们。

（4）全屏海报。

（5）店铺公告和商品分类。

（6）活动预告及活动促销图片。

（7）分类橱窗。

90%以上的店家都把精美的商品图片大批量地摆在首页，文字性的叙述很少甚至没有。在此提出以下几点建议：

（1）商品要让买家看到，即商品要醒目；

（2）优惠要让买家看到，即促销活动要醒目，让买家感到实惠；

（3）品质要让买家看到，即宣传图片一定要精美，突出商品；

（4）服务要让买家看到，即客服的联系方式要让买家较容易找到。

拓展学习

（1）写一份个人店铺的网店策划书。

（2）为个人店铺设计一个网店的布局（以淘宝网店铺为例）。

任务1.3 电子商务网站的类型、特点和发展趋势

本任务依据不同的标准对电子商务网站进行分类，并用阿里巴巴的案例进行深入分析，使读者了解电子商务网站的类型、特点和发展趋势。

活动1.3.1 电子商务网站的类型

本活动按照商务目的和业务功能、构建网站的主体、网站拥有者的职责、电子商务模式对电子商务网站进行划分。请同学们根据不同的划分标准了解电子商务网站不同的需求。

必备知识

1. 按照商务目的和业务功能分类

（1）基本型商务网站。

基本型商务网站通过网络媒体和电子商务的基本手段进行公司宣传和客户服务。这类

网站适合于专业人员力量薄弱，又需要提供电子商务服务的小型企业。其特点是网站构建价格低廉，性价比高。

（2）宣传型商务网站。

宣传型电子商务网站通过网站宣传企业的产品或服务，降低宣传成本，提高工作效率，树立良好的企业形象。宣传型商务网站适合于各类企业，尤其是外贸企业。

（3）客户服务型网站。

客户服务型网站可以提供售后服务和动态服务状态查询，更高层次地满足客户需求。这方面的成功例子如美国联邦快递公司提供给顾客在网上自行管理和跟踪货物的网上查询服务系统；中国银行推出客户在线查询账户余额和结算情况的服务。

（4）完全电子商务运作型网站。

完全电子商务运作型网站涉及电子商务的各个方面，如分销管理、网上采购、网上招聘等。这类网站更确切地说是一套业务管理系统软件。

2. 按照构建网站的主体分类

（1）行业电子商务网站。

行业电子商务网站是指以行业机构为主体，构建一个大型的电子商务网站，为本行业的企业和部门进行电子化贸易提供信息发布、商品订购、客户交流等服务的平台。

（2）企业电子商务网站。

企业电子商务网站是指以企业为主体构建网站来实施电子商务活动，根据企业生产的主导产品和提供的主要服务的不同可进一步分为各种不同类型的网站。

（3）政府电子商务网站。

政府电子商务网站是指以政府机构为主体来实施电子商务活动的网站。

（4）服务机构电子商务网站。

服务机构电子商务网站是指以服务机构为主体来实施电子商务活动的网站。

3. 按照网站拥有者的职责分类

（1）生产型商务网站。

生产型商务网站以生产企业为主体构建网站来实施电子商务，这种商务网站往往是由生产产品的企业建立的，其主要目的是推广、宣传其产品和服务，以便生产企业直接在自己的网站上开展在线产品销售和在线技术服务，以增加销售量，增强企业的竞争力。

（2）流通型商务网站

流通型商务网站由流通企业来建立，其主要目的是通过网站宣传与推广所销售的产品与服务，以便客户在网上能更好地了解产品的性能和用途，从而促使客户在线购买。

4. 按照电子商务模式分类

（1）B2B 商务网站。

B2B 即 Business to Business，是企业与企业之间的电子商务。B2B 方式是电子商务应用最多和最受企业重视的，企业可以使用 Internet 或其他网络为每笔交易寻找最佳合作伙伴，完成从订购到结算的全部交易行为。

(2) B2C 商务网站。

B2C 即 Business to Customer，是企业与消费者之间的电子商务。这是消费者利用因特网直接参与经济活动的形式，类似于商业电子化的零售商务。随着因特网的出现，网上销售迅速发展起来。这种形式的电子商务一般以网络零售业为主。

(3) C2C 商务网站。

C2C 即 Consumer to Consumer，是消费者与消费者之间的电子商务。C2C 商务平台就是通过为买卖双方提供一个在线交易平台，使卖方可以主动提供商品进行网上拍卖，而买方可以自行选择商品进行竞价。打个比方，比如一个消费者有一台旧电脑，通过网上拍卖，把它卖给另外一个消费者，这种交易类型就称为 C2C 电子商务。

(4) B2G 商务网站。

B2G 即 Business to Government，是企业与政府之间通过网络进行交易活动的运作模式，如电子通关、电子报税等。一个提供 B2G 电子商务模式服务的网站可以为一级或多级政府（市、省、国家等）来定位应用程序和税款格式，提供送出填好表格和付款的服务，更新企业的信息，请求回答特定的问题，等等。B2G 也可能包括电子采购服务，通过它商家可以了解代理处的购买需求并且对代理处的请求提议进行回应。B2G 也可能支持虚拟工作间，在这里，商家和代理可以通过共享一个公共的网站来协调已签约工程的工作，协调在线会议，回顾计划并管理进程发展。

做中学

各小组通过电子商务各大数据分析平台，查找上述四种模式电子商务网站的典型网站及网站的主营业务，请将结果填入表 1-3 中。

表 1-3　四种模式电子商务网站

电子商务网站类型	典型网站举例	网站主营业务
B2B		
B2C		
C2C		
B2G		

案　例

阿里巴巴 B2B 模式分析

阿里巴巴网站是典型的 B2B 平台。阿里巴巴是全球最大的网上贸易市场和商人社区，为来自 220 多个国家和地区的 760 多万企业和商人提供网上商业服务。阿里巴巴网站在推崇网上信息的时候主要提出四个理念：第一个是“找商机”，这是为想找商品的买家所服务的，买家只要输入商品名称即刻就会显示出搜索结果；第二个是“建公司”，这是为了帮助商家随时随地在国际网站上发布产品、公司信息、图片，宣传公司形象，找来更多的买家；第三个为“交商友”，这是指阿里巴巴网站推出一款专为全球商人打造的即时沟通软件 TradeManager，只要双方在线上，立刻就可以进行交流、传文件等，节约时间和成本；第四个是“看商情”，这是可以在阿里巴巴网站上即时订阅的，它可以让商家轻轻松松地了解每日国际咨讯，紧跟行业潮流，并且可以知道谁购买了产品。为了方便商家，阿里巴巴网站还提供了更多服务，比如教商家怎样在网站上与国外买家沟通，如何写外贸信函以及一些贸易技巧等，非常人性化。

案例思考：

通过阿里巴巴网站，商家运用 B2B 电子商务模式在网上经营，省去了开店铺的费用，节约了成本，还可以和买家在线进行方便的沟通。阿里巴巴还有哪些成功之道值得借鉴呢？

活动 1.3.2 电子商务网站的特点

本活动介绍了电子商务网站的特点，同学们学习后对电子商务网站的可行性和价值将有一定的认知。

必备知识

1. 商务性

电子商务网站最基本的特性为商务性，即为买卖双方提供买卖交易的机会。就商务性而言，电子商务可以扩展市场，增加客户数量；通过将万维网信息连接至数据库，企业就能记录下每次访问、销售、购买形式和购货动态以及客户对产品的评价，这样卖方可以通过具体的数据分析对目标客户数据进行抓取。

电子商务网站作为一种跨时代的交易方式在全球获得了成功。比如一家服务公司着手网站建设，建立了网上商城系统，节省了租用店面、雇用商场售货员等开支，降低了成本，提高了市场竞争优势。

电子商务网站将传统的商务流程电子化、数字化。一方面以电子流代替了实物流，可以大量减少人力、物力，降低了成本；另一方面电子商务网站突破了时间和空间的限制，使得交易活动在任何时间、任何地点都可以进行，从而大大提高了效率。

2. 服务性

在电子商务网站上，卖方不再受时间地域的限制，买方可以随时随地访问自己的网站，了解产品和服务。企业通过将产品/服务移至互联网上，使客户能方便地获得产品或服务。

3. 全球性

互联网是全球性的，这也决定了电子商务网站也是全球性的。无论何时何地，只要能登录电子商务网站，就可以随心所欲地访问任何国家、地域的网站，跨越时间、空间，使企业在特定的时间里能够接触到更多的客户，为企业提供了更广阔的发展空间。

4. 价值性

与传统的商业模式相比，电子商务网站很明显地可以使企业以极低的成本进入全球化的电子化市场，中小企业可以拥有和大企业一样的电子商务网站，并且参与到市场的争夺中，这对全球的经济带来了价值。由于在互联网浏览的大多是一些寻找信息的人，因此企业要确定网站为用户提供的是有价值的内容，即电子商务网站可以给用户带来价值。

5. 资源共享性

互联网使得传统的空间概念发生变化，出现了有别于实际地理空间的电子商务网站。处于世界任何角落的个人、公司或机构，都可以通过电子商务网站紧密地联系在一起，建立网上商城系统，通过电子商务网站实现信息共享、资源共享、智力共享等。

想一想

通过电子商务网站实现信息共享、资源共享、智力共享。

分组讨论以上资源共享具体应用案例。

6. 互动性

通过网上商城系统商家之间可以直接交流、谈判、签合同，消费者也可以把自己的反馈及时反映到企业或商家的电子商务网站，而企业或商家则要根据消费者的反馈及时调整产品种类及服务品质，在电子商务网站做到良性互动。

电子商务网站最根本的特点就是点对点的营销，网站的建设和开放会使所有的企业在这种互联网时代用这种新工具。

7. 集成性

电子商务网站是一种高新技术的产物，电子商务的集成性在于事务处理的整体性和统一性，它能规范事务处理的工作流程，将人工操作和电子信息处理集成为一个不可分割的整体。这样不仅能提高人力和物力的利用率，也提高了系统运行的严密性。电子商务网站与客户关系管理系统、供应链管理系统集成，可以帮助企业集成新旧资源，充分利用已有资源。

8. 可扩展性

要使电子商务网站随着企业业务正常运作，就必须确保其可扩展性。可扩展性的网上商城系统对于电子商务企业而言才是最稳定的系统。电子商务网站必须在出现高峰状况时及时扩展，才能使得系统阻塞的可能性大大降低。

9. 安全性

对于电子商务网站，安全性是客户考虑的核心问题。目前各式各样的钓鱼网站都在通过欺骗、窃听、非法入侵威胁着电子商务网站，随着技术的发展，电子商务网站的安全性也会相应得以增强。

10. 协调性

电子商务网站的背后是一个协调过程，它需要雇员和客户、生产方、供货方以及商务伙伴间的协调。传统的电子商务网站对用户来说是简便的、友好的，是用户信息反馈的工具，决策者能够通过电子商务网站获得高价值的商业数据，有助于协调决策者进行科学决策。

活动 1.3.3　电子商务网站的发展趋势

本活动介绍了电子商务的发展趋势，使同学们了解并畅想电商的未来。

做中学

电子商务未来的发展趋势是怎样的呢？

小组协作，利用几大互联网搜索引擎，分析查找目前电子商务网站的发展趋势。请将调查结果填入表 1-4 中。

表 1-4　电子商务网站的发展趋势

发展趋势	特点
移动化	
O2O	
个性化服务	

必备知识

1. 移动购物

目前，手机的渗透率增速远快于 PC，也就是说电子商务将来的主战场不是在 PC，而是在移动设备上。而移动用户有很多特点，首先购买的频次更高、更零碎，购买的高峰不是在白天，而是在晚上和周末、节假日。我们要做好准备，迎接这场新的革命。而做好移动购物，不能简简单单地把 PC 电子商务搬到移动设备上，而要充分地利用移动设备的特征，比如说它的扫描特征，图像、语音识别特征，感应特征，地理化、GPS 的特征，这些功能可以真正把移动购物带到千家万户。

2. 平台化

大家可以看到大的电商都开始有自己的平台，其实这个道理很清楚，就是因为这是最充分利用自己的流量、自己的商品和服务最大效益化的一个过程，有了平台，卖家可以利用全社会的资源增加自己商品的丰富度，增加自己的服务和地理覆盖。

3. 物联网

随着可穿戴设备和 RFID 的发展，将来的芯片可以植入皮肤，可以植入衣服，可以植入任何物品，任何物品状态的变化都可以引起其他相关物品的状态变化。你可以想象，如果你把一杯牛奶放进冰箱，冰箱会自动扫描，知道这杯牛奶的保质期，知道什么时候放进去，知道你的用量，当牛奶喝完的时候，冰箱可以自动下订单，商家接到订单马上给你送货，而下订单可能又会触发电子商务，从供应商那里下订单，订单又会触发生产，也就是说所有的零售、物流和生产可以全部结合起来。

4. O2O

O2O 即 Online to Offline（在线到离线/线上到线下），线下销售与服务通过线上推广来揽客，消费者可以通过线上来筛选需求，在线预订、结算，线下交易、消费。O2O 模式是一种新型的网络营销模式，是随着像美团网、拉手网这样本地化电子商务的推广以及市场的需要逐步形成的。

5. 精准化营销和个性化服务

个性化服务的需求大家都有，即希望这个网站是为我而设的，希望所有为我推荐的刚好是我需要的，以后的营销不再是大众化营销，而是精准化营销。每个人都希望最大效率地应用这个营销的渠道，为其提供个性化的营销和服务。

知识拓展

O2O

O2O 是指将线下的商务机会与互联网结合，让互联网成为线下交易的平台，这个概念最早来源于美国。O2O 的概念非常广泛，既可涉及线上，又可涉及线下。主流商业管理课程均对 O2O 这种新型的商业模式有所介绍及关注。

2013 年 O2O 进入高速发展阶段，开始了本地化及移动设备的整合和完善，于是 O2O 商业模式横空出世，成为 O2O 模式的本地化分支。

O2O 电子商务模式需具备五大要素：独立网上商城、国家级权威行业可信网站认证、在线网络广告营销推广、全面社交媒体与客户在线互动、线上线下一体化的会员营销系统。

一种观点是，一家企业能兼备网上商城及线下实体店两者，并且网上商城与线下实体店全品类价格相同，即可称为 O2O；另一种观点是，O2O 是 B2C 的一种特殊形式。

O2O 主要经历了以下发展历程：

在 1.0 早期的时候，O2O 线上线下初步对接，主要是利用线上推广的便捷性等把相关的用户集中起来，然后把线上的流量倒到线下，主要领域集中在以美团为代表的线上团购和促销等领域。在这个过程中，主要存在着单向性、黏性较低等特点。平台和用户的互动较少，基本上以交易的完成为终结点。用户更多是受价格等因素驱动，购买和消费频率等也相对较低。

发展到 2.0 阶段后，O2O 基本上已经具备了目前大家所理解的要素。这个阶段最主要的特色就是升级为服务性电商模式，包括商品（服务）选购、下单、支付等流程，把之前简单的电商模块转移到更加高频和生活化场景中来。由于传统的服务行业一直处在一个低效且劳动力消化不足的状态，在新模式的推动和资本的催化下，出现了 O2O 的狂欢热潮，于是上门按摩、上门送餐、上门生鲜、上门化妆、滴滴打车等各种 O2O 模式开始层出不穷。在这个阶段，由于移动终端、微信支付、数据算法等环节的成熟，加上资本的催化，用户出现了井喷式增长，使用频率和忠诚度开始上升，O2O 开始和用户的日常生活融合，成为生活中密不可分的一部分。有很多并不是刚性需求的商业模式开始浮现，如按摩、洗车等。

到了 3.0 阶段，开始了明显的分化：一个是真正的垂直细分领域的一些公司开始凸现。比如专注于快递物流的“速递易”，专注于高端餐厅排位的“美味不用等”，专注于白领快速取餐的“速位”。另外一个就是垂直细分领域的平台化模式发展。由原来的细分领域的解决某个痛点的模式开始横向扩张，覆盖到整个行业。

拓展学习

O2O 的具体案例还有哪些？搜集整理，小组讨论，将案例填入表 1－5 中，组内推荐代表进行课内交流。

表 1－5　O2O 的具体案例

案例	来源	启示
案例一		
案例二		
案例三		

项目小结

本项目通过对淘宝网、京东网、苏宁易购、速卖通等国内和跨境主流电商平台的布局的分析，使读者掌握电商的主要结构、功能和特点，通过对电商平台趋势的了解，畅想电商未来的无限可能。

项目 2

认知网站页面布局

电子商务网站是现今企业必不可少的推广和销售渠道。网页是构成网站的基本元素，特定内容的网页组合成了网站。因此，设计与制作网页的基础是了解并认识网页的要素、布局、功能等，并根据其特定的功能搭建框架。项目 2 利用 Dreamweaver 软件，使读者更直观地了解网页设计的界面，掌握常用代码，了解表单的用途并能制作表单。通过项目 2 的学习，读者应能够对自己的网站进行策划布局。

学习目标

通过学习本项目，你应该能够：

(1) 了解各种网页设计软件；
(2) 了解 Dreamweaver 的界面，能创建站点；
(3) 理解并掌握 Dreamweaver 中代码对应的意思；
(4) 能制作表单；
(5) 掌握利用 Dreamweaver 制作简单网页的知识。

任务 2.1 认识网页制作工具

本次任务通过查询浏览器，使读者了解不同的网页制作工具，了解 Dreamweaver 软件的下载与安装。

活动 2.1.1 网页制作工具种类

通过浏览多种网页，我们了解了网页的不同风格，之后我们要根据制作要求设定网页的风格、模板等，这时候就要用到网站制作工具。

打开浏览器，搜索“网页制作工具”，将搜索到的网页制作工具填入表 2－1 中。

表 2－1 网页制作工具种类

网页制作工具	功能

必备知识

网页制作工具有很多，下面列举一些常用的。

(1) Microsoft FrontPage：是一款轻量级静态网页制作软件，特别适合新手开发静态网站的需要，但 2006 年底微软停止了 FrontPage 服务。

(2) Dreamweaver 网页制作软件：Adobe Dreamweaver，简称“DW”，中文名称“梦想编织者”，最初为美国 Macromedia 公司开发，2005 年被 Adobe 公司收购。DW 是集网页制作和网站管理于一身的“所见即所得”网页代码编辑器。该软件已成为专业级网页制作程序，支持 HTML、CSS、PHP、JSP 以及 ASP 等众多脚本语言的语法着色显示，同时提供了模板套用功能，支持一键式生成网页框架功能，是初学者或专业级网站开发人员必备的选择工具。

(3) CSS Design：一款适合对 CSS 进行调试的专业级应用，能够对 CSS 语法进行着色，同时支持即时查看样式功能，特别便于程序的调试以及效果的比对。

(4) Flash 动画制作软件：动画或动态图片是网页的重要组成部分，充分合理地使用 Flash 程序来设计网页元素，往往可达到意想不到的效果。

(5) PS（Photoshop）图像处理软件：用于对网页图片进行润色或特殊效果处理，是一款网页制作必备软件。

现在最常用的是 Dreamweaver。

知识拓展

网页三剑客

网页三剑客是一套强大的网页编辑工具，最初是由 Macromedia 公司开发出来的，由 Dreamweaver、Fireworks、Flash 三个软件组成。

Dreamweaver 是集网页制作和网站管理于一身的“所见即所得”网页代码编辑器。利用对 HTML、CSS、JavaScript 等内容的支持，设计师和程序员可以在几乎任何地方快速制作网页和进行网站建设。Dreamweaver 使用“所见即所得”的接口，亦有 HTML（标准通用标记语言下的一个应用）编辑的功能，借助经过简化的智能编码引擎，可以轻松地创建、编码和管理动态网站。访问代码提示，即可快速了解 HTML、CSS 和其他 Web 标准。使用视觉辅助功能可以减少错误并提高网站开发速度。

Fireworks 是由 Macromedia（在 2005 年被 Adobe 收购）推出的一款图形编辑软件，软件可以加速 Web 设计与开发，是一款创建与优化 Web 图像和快速构建网站与 Web 界面原型的理想工具。Fireworks 不仅具备编辑矢量图形与位图图像的灵活性，还提供了一个预先构建资源的公用库，并可与 Photoshop、Illustrator、Dreamweaver 和 Flash 软件集成。在 Fireworks 中将设计迅速转变为模型，或利用来自 Illustrator、Photoshop 和 Flash 的其他资源，然后直接置入 Dreamweaver 中轻松地进行开发与部署。

Flash 是由 Macromedia 公司推出的交互式矢量图和 Web 动画的标准。做 Flash 动画的人被称为闪客。网页设计者使用 Flash 创作出既漂亮又可改变尺寸的导航界面以及其他奇特的效果。Flash 的前身是 Future Wave 公司的 Future Splash，是世界上第一个商用的二维矢量动画软件，用于设计和编辑 Flash 文档。1996 年 11 月，美国 Macromedia 公司收购了 Future Wave 公司，并将 Future Splash 改名为 Flash。后 Flash 又于 2005 年 12 月 3 日被 Adobe 公司收购。Flash 通常也指 Macromedia Flash Player（现为 Adobe Flash Player）。2012 年 8 月 15 日，Flash 退出 Android 平台，正式告别移动端。2015 年 12 月 1 日，Adobe 升级动画制作软件 Flash professional CC 2015 并改名为 Animate CC 2015.5，从此与 Flash 技术划清界限。

活动 2.1.2　Dreamweaver 安装

Dreamweaver 8 等系统是由 Macromedia 公司开发的，而 Dreamweaver CS6 是由 Adobe 公司开发的，这是两个不同的软件。下面我们介绍下 Dreamweaver CS6 的安装。

【操作步骤】

（1）打开百度，输入“Dreamweaver CS6 下载”，单击“百度一下”按钮，如图 2－1 所示。

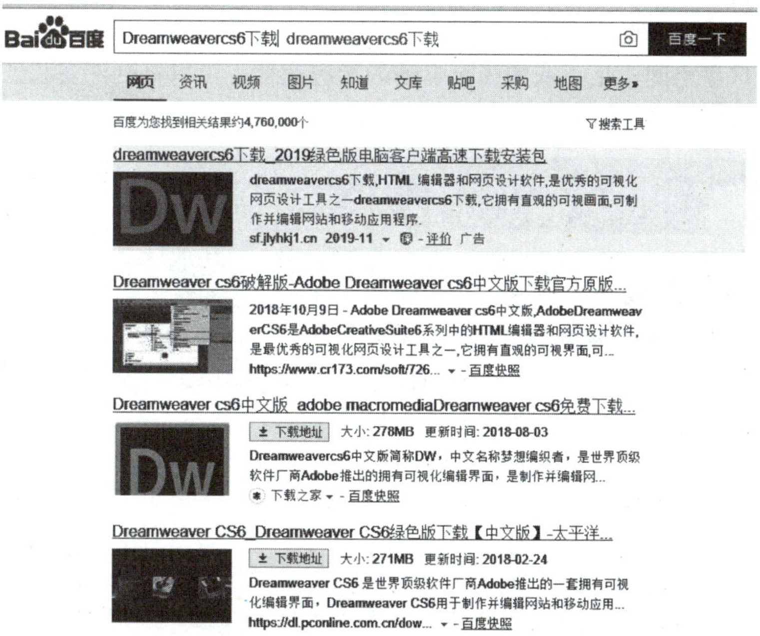

图 2－1　搜索 Dreamweaver CS6

（2）选择一个安全可靠的网站下载安装包。安装包下载完成后，是一个压缩包的形式，对其解压安装，如图 2－2 所示。

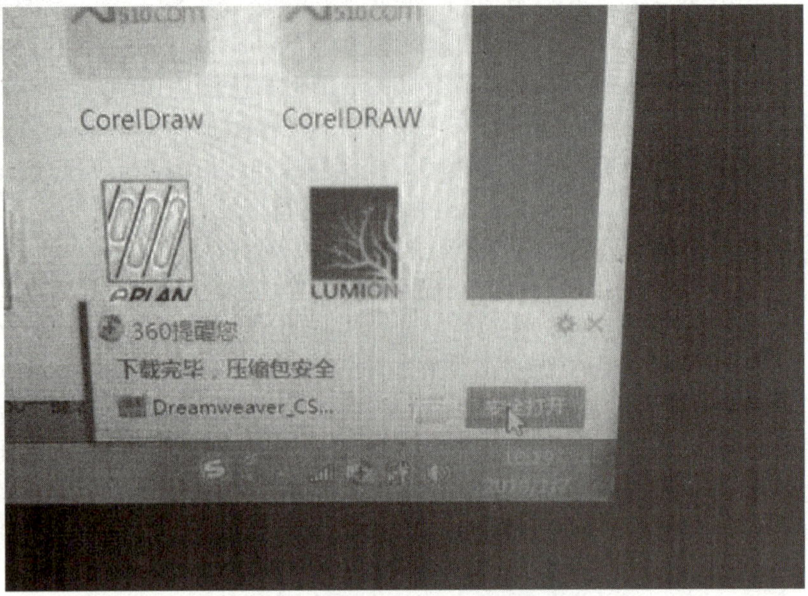

图 2-2　解压 Dreamweaver 压缩包

(3) 来到安装界面，这里有两个选项，一个是安装，一个是试用，两者安装后的软件是一样的，只是方式不同。但是单击“试用”前要先断开网络，不然会出现只有登录 Adobe 账户才能安装的现象。

(4) 正式进入安装界面，弹出软件许可协议，单击“接受”进入下一步。第二个界面是选择安装位置，建议默认路径。

(5) 如果 C 盘空间不足，或怕影响电脑的响应速度，可以将软件安装到 D 盘、E 盘或其他盘。安装完成界面如图 2-3 所示。

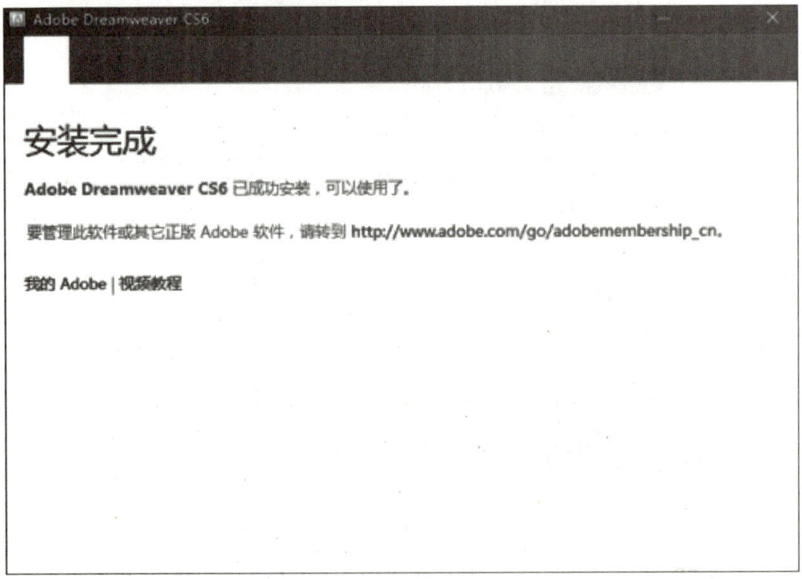

图 2-3　安装完成界面

（6）然后就可以打开软件了，首次打开会提示关联文件，默认即可，默认情况下桌面是没有快捷方式的，可以自己从开始菜单发送快捷方式到桌面，到此为止安装结束。安装完成并在桌面上创建快捷图标，如图 2－4 所示。桌面的安装残余文件可以选择删除。Adobe Dreamweaver CS6 软件会自动创建开机启动，如安装了 360 卫士软件的电脑，可以关掉 Dreamweaver CS6 的开机启动。

图 2－4　桌面上创建快捷图标

拓展学习

（1）下载并安装完 Dreamweaver CS6 后，进入软件，初识界面。
（2）通过上网查找或书刊查阅，了解 Dreamweaver 有哪些面板。

任务 2.2　了解 Dreamweaver 界面

本次任务将通过对 Dreamweaver 界面的介绍，使读者熟悉 Dreamweaver 界面，了解如何建立站点。

活动 2.2.1　认识 Dreamweaver 界面

打开 Dreamweaver，选择新建 HTML，进入界面，如图 2－5、图 2－6 所示。

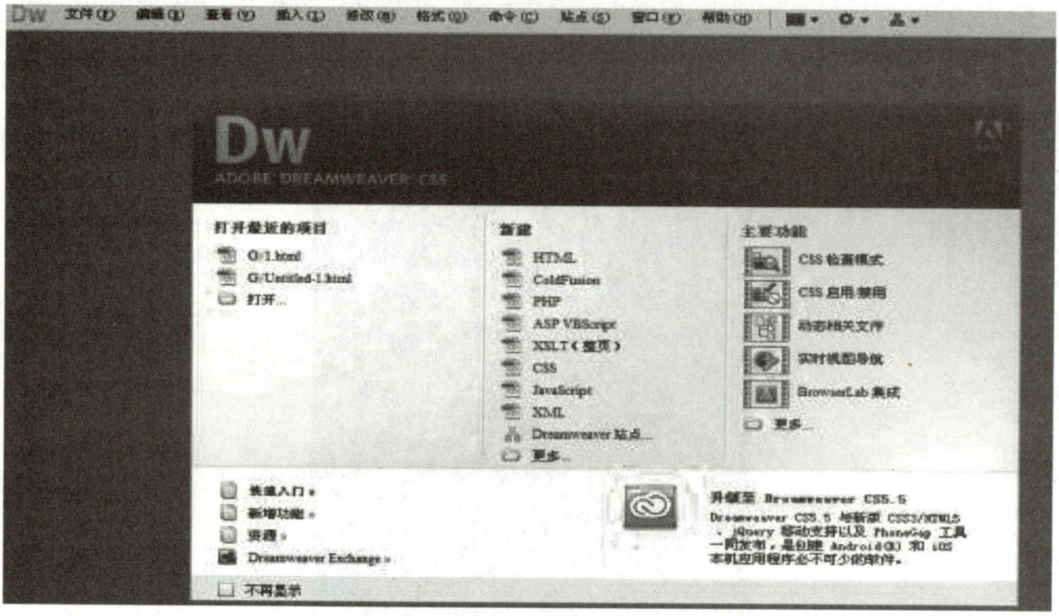

图 2－5　Dreamweaver 登录界面

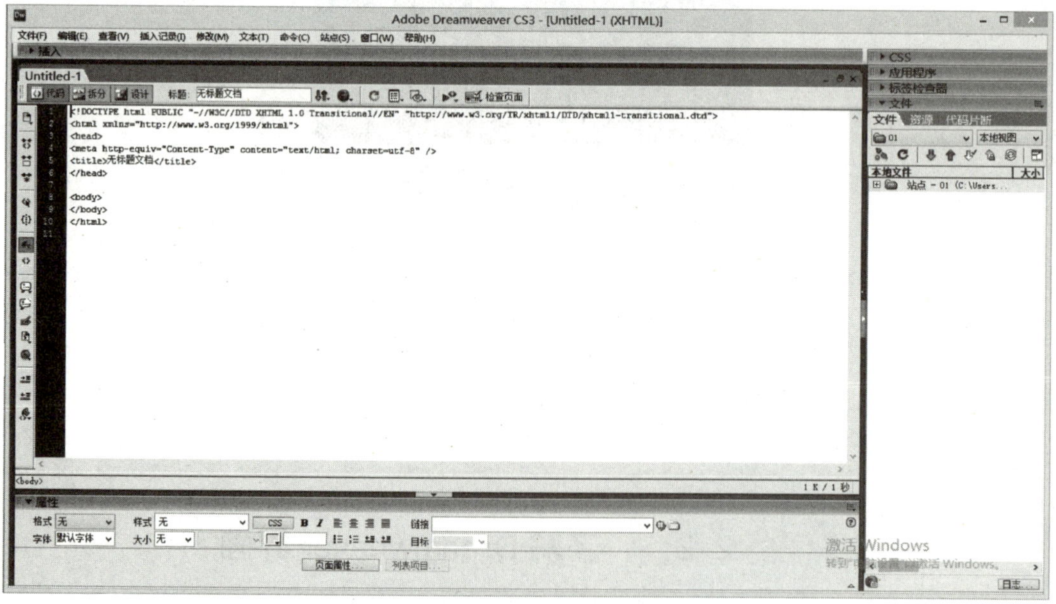

图 2－6　Dreamweaver 界面

找出工具栏、菜单栏、浮动面板、属性面板、编辑窗口。

必备知识

Dreamweaver 界面包含了以下几种面板，如图 2-7 所示。

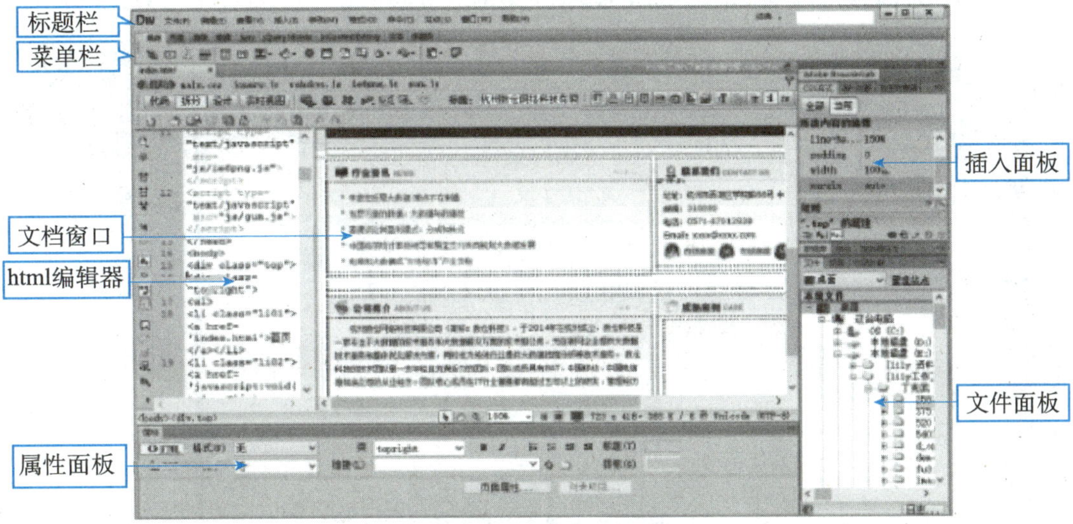

图 2-7 Dreamweaver 界面

(1) 标题栏（工具栏）：标题栏中包含了各种查看选项和一些常用的操作工具。

(2) 菜单栏：在菜单栏中主要有“文件”“编辑”“查看”“插入”“修改”“格式”“命令”“站点”“窗口”“帮助”10 个菜单。

(3) 插入面板（浮动面板）：面板组位于工作窗口的右侧，用于帮助用户监控和修改工作。

(4) 属性面板：显示在文件窗口中所选元素的属性，并且可以对选择元素的属性进行修改。

(5) 编辑窗口：文档窗口和 html 编辑器。用来输入所有网页信息。

(6) 文件面板：站点的文件都显示在这个面板。

知识拓展

属性面板

属性面板显示了文档窗口中选择的元素的属性，并允许用户在属性面板中对元素属性直接进行修改，用户选择的元素不同，属性面板中显示的内容就不同。如需要修改单元格的背景时，只需选中单元格，在属性面板中进行相应的修改。

在属性面板右下角有一个倒三角标记，单击该标记，可以展开属性面板，显示更多的内容。

活动 2.2.2 认识文档窗口

新建一个 HTML 文档，查看文档窗口。

必备知识

在利用 Dreamweaver 制作网页时，有三个窗口：

第一个是代码窗口，如图 2－8 所示。

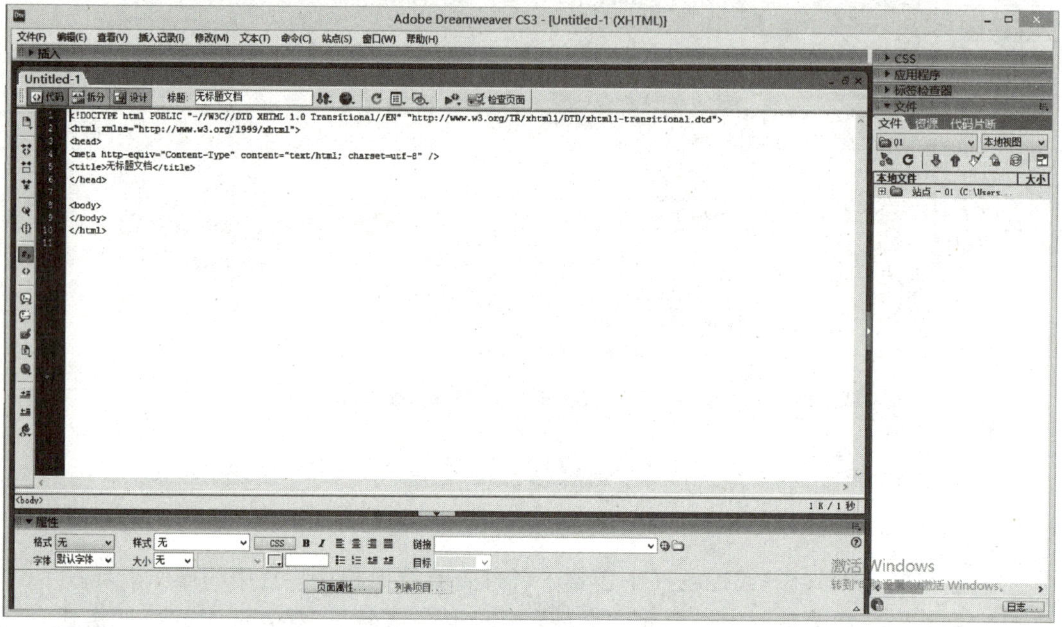

图 2－8　代码窗口

第二个是设计窗口，可以在这个窗口中直接插入表格、图片等，如图 2－9 所示。

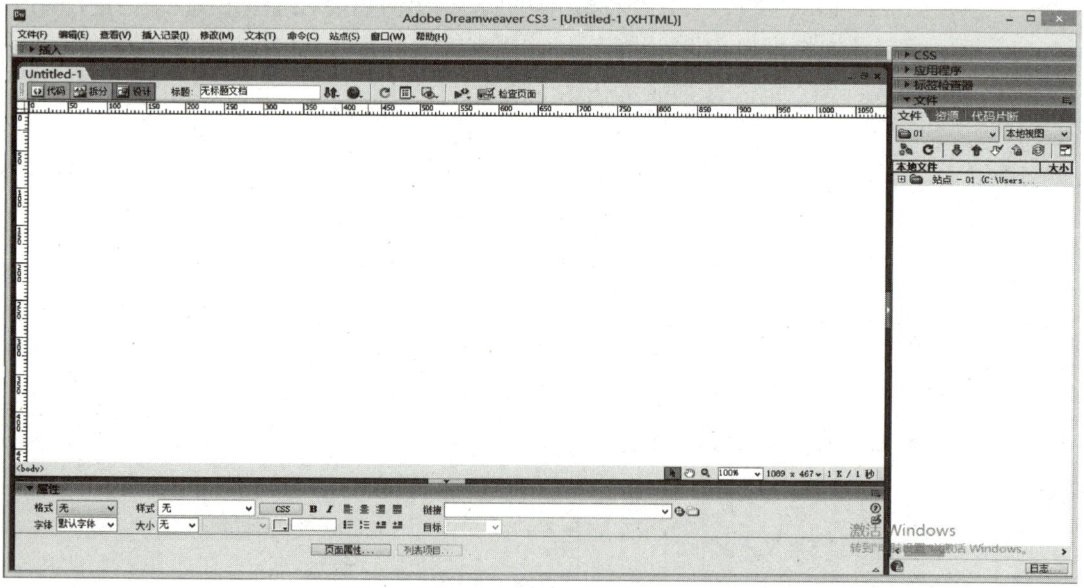

图 2－9　设计窗口

第三个是拆分窗口，它是代码窗口与设计窗口的综合，如图 2 - 10 所示。

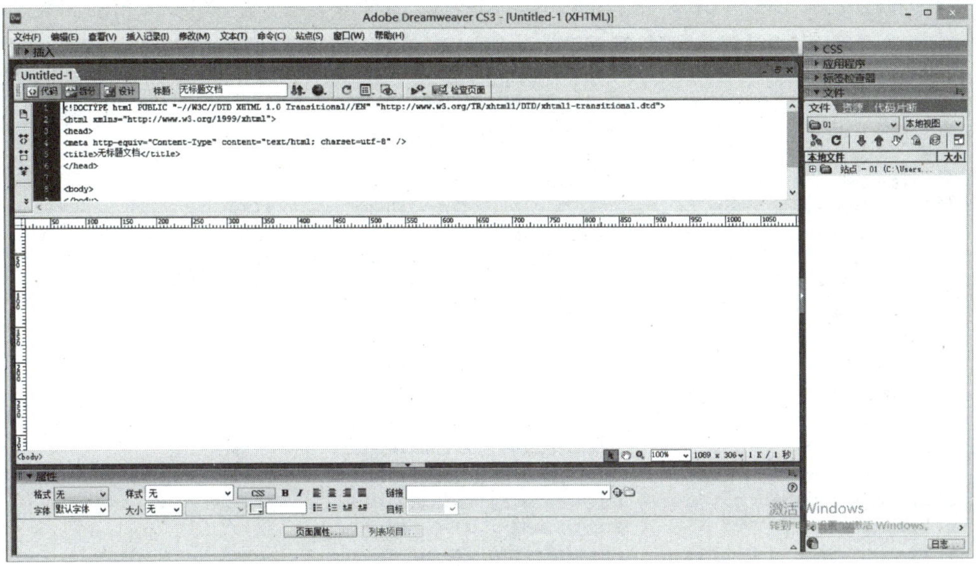

图 2 - 10　拆分窗口

活动 2. 2. 3　创建站点

在本地硬盘上建立一个用来存放站点的文件夹，这个文件夹就是本地站点的根目录。这个站点可以是空的，也可以是非空的。

必备知识

创建站点是第一步，也是很重要的一步，创建之后，Dreamweaver 就可以帮忙管理站点，比如：插入图片的时候将图片都放在定义站点的文件夹内，代码自动写入相对地址，保证网站发布的时候完整。如果不定义站点，则代码就会写成绝对地址，指向本地电脑，发布网页的时候图片链接会失效。

总而言之，将所用的文件都放在定义站点的文件夹内就没有问题，如果你定义好了站点，一旦出现站点外的文件，Dreamweaver 自动会弹出提醒界面。

【操作步骤】

（1）首先在电脑上设置需要建立站点的根目录文件夹，如图 2 - 11 所示，一般包含 css、images、js 等文件夹。

（2）启动 Dreamweaver，执行“站点—管理站点—新建—新建站点”菜单命令。如图 2 - 12 所示。

（3）在弹出的窗口中设置“站点名称”和“本地站点文件夹”（即最初设定为站点根目录的文件夹）路径，设置完成后单击“保存”按钮，如图 2 - 13 所示。

（4）在 Dreamweaver 的右侧面板中会出现网站的所有文件，如图 2 - 14 所示。

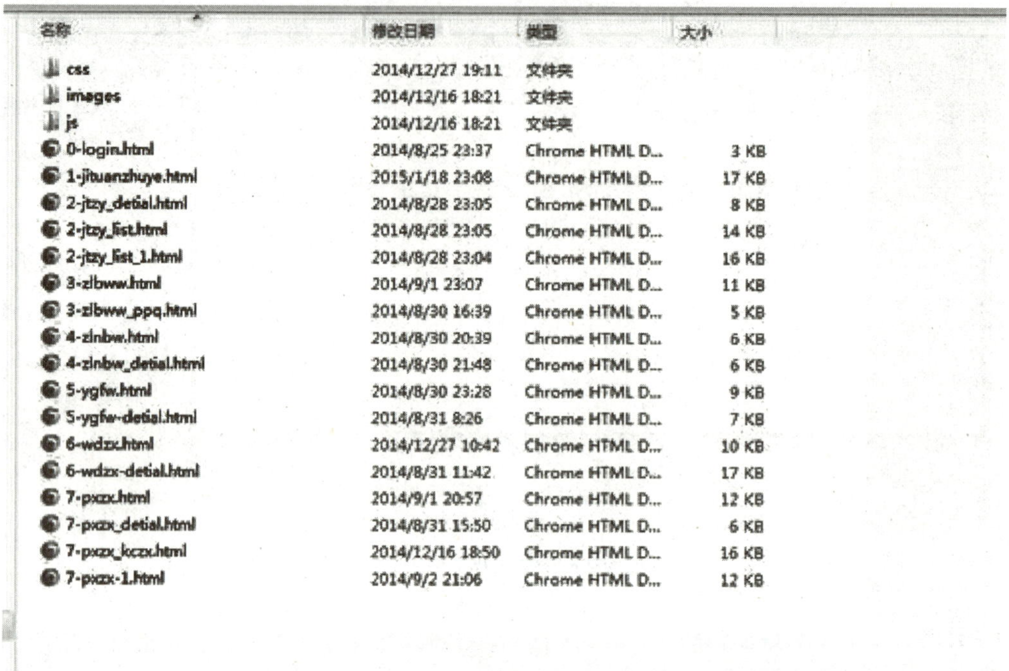

图 2 - 11　根目录文件夹

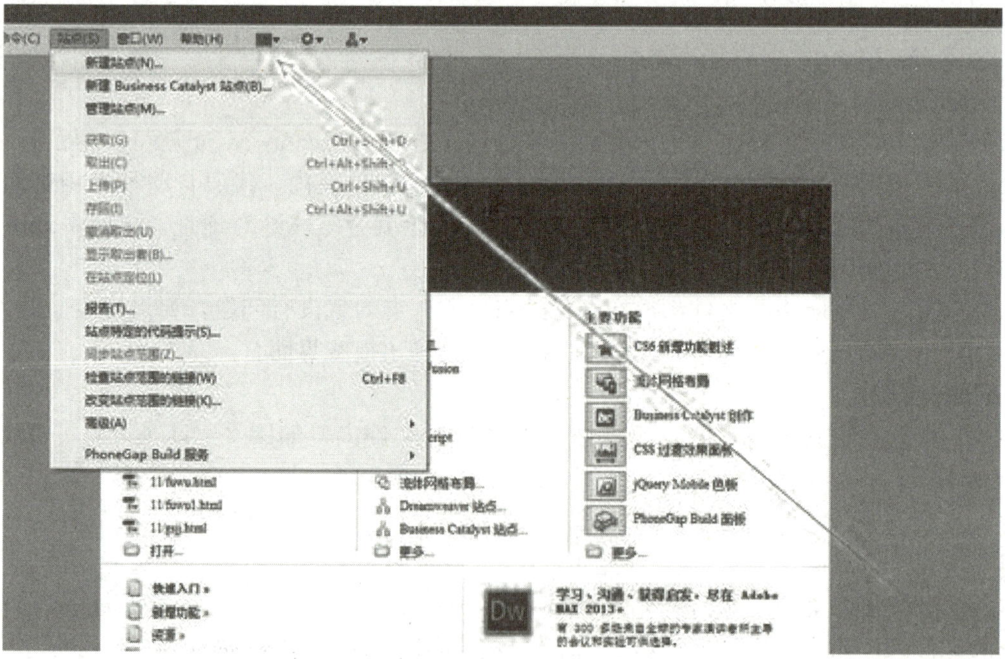

图 2 - 12　创建站点

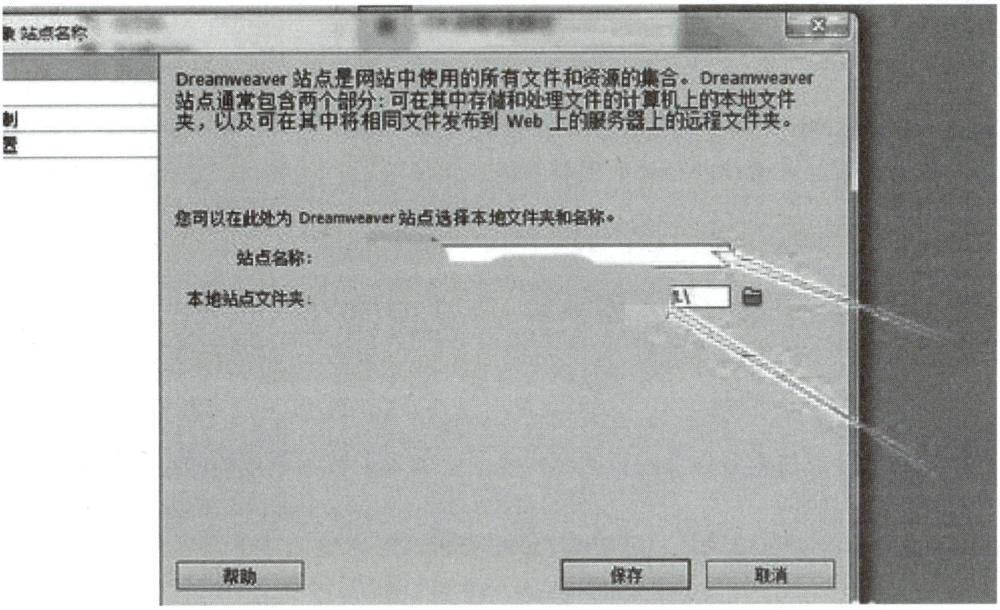

图 2 - 13　设置站点名称和文件夹

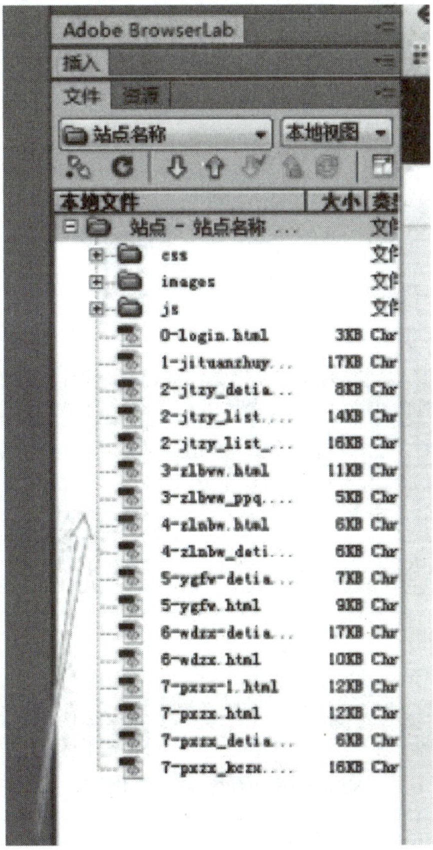

图 2 - 14　右侧面板中的所存文件

拓展学习

新建一个 HTML 文档，设置站点，在设计窗口中添加表格、图片、文字。完成以上步骤后，在拆分窗口查看这些行为的代码。

任务 2.3 认识代码

在本次任务中通过查看任意网页的源代码，使读者了解网页代码的组成结构，掌握网页设计中的常用代码。

活动 2.3.1 查看网页代码

一般来讲，通过 HTML 代码能让图片、文字、视频等内容在浏览器中显示出来的代码，我们就称它为网页源代码。CSS 代码可以被称为 CSS 源代码。

必备知识

接下来主要介绍四种打开网页源代码的方法。

(1) 任意打开一个网页，鼠标右击会看到“查看源代码”，这个网页的源代码就出现在你眼前了。打开百度网页的源代码，如图 2－15 所示。

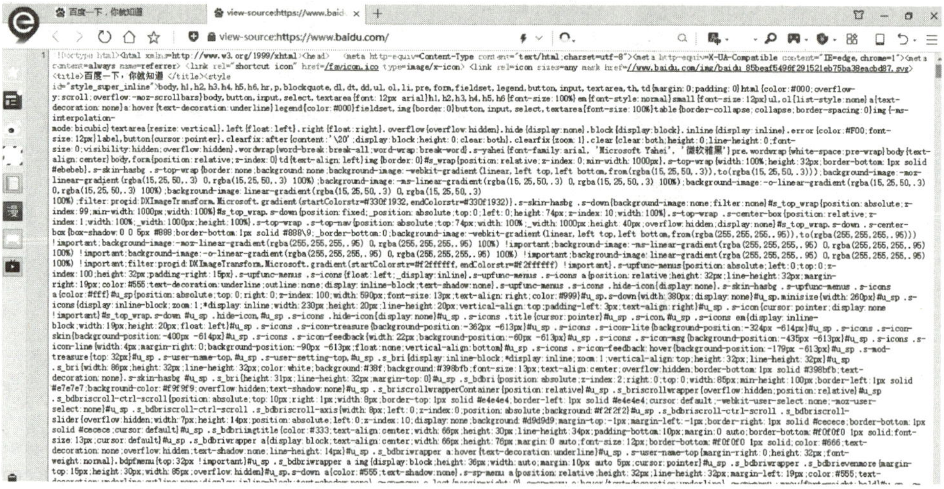

图 2－15 百度网页源代码

(2) 为了方便快捷，也可以使用快捷键 Ctrl＋U 来查看源代码。

补充：想要看一个页面的局部样式，可以用鼠标右击，选择“审查元素”。还可以用

F12 键或者快捷键 Ctrl+Shift+I 来调用或者关闭开发者工具。

（3）在你想要查看源代码的网页地址栏前面加上 view-source。比如，view-source：https：//www. baidu. com 就可以查看百度的源代码。

（4）在浏览器的设置菜单框中，找到“更多工具”，然后找开发者工具，也可以查看网页源代码。

活动 2. 3. 2　Dreamweaver 常用代码

在上一个任务中我们已经认识了 Dreamweaver 的三个编辑文档窗口。其中通过代码窗口和拆分窗口，用户可以清晰看到代码；在设计窗口，用户可以直观看到网页设计最后的效果。

必备知识

新建网页文档时，我们可以通过代码窗口或者拆分窗口看到这几行字。

```

<html>
<head>
<title> 无标题文档 </title>
</head>

<body>
</body>
</html>
```

这几行字就奠定了 html 的基本结构。虽然 Dreamweaver 的设计窗口很方便，但是有些地方还是需要代码的帮助。通过插入“表格”、插入“图片”、插入“文字”来看一看这些操作对应的代码有哪些。

在拆分窗口，我们可以很清晰地看到每一步操作对应的代码，先插入一行一列宽度为 950px、边框粗细为 0px 的表格，对应的代码如图 2 - 16 所示。

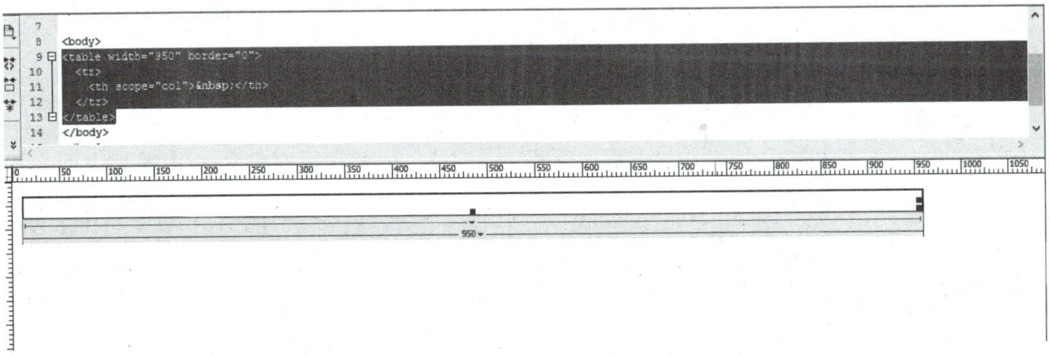

图 2 - 16　插入表格的代码

我们在这一行表格中插入一张图片，对应的代码如图 2－17 所示。

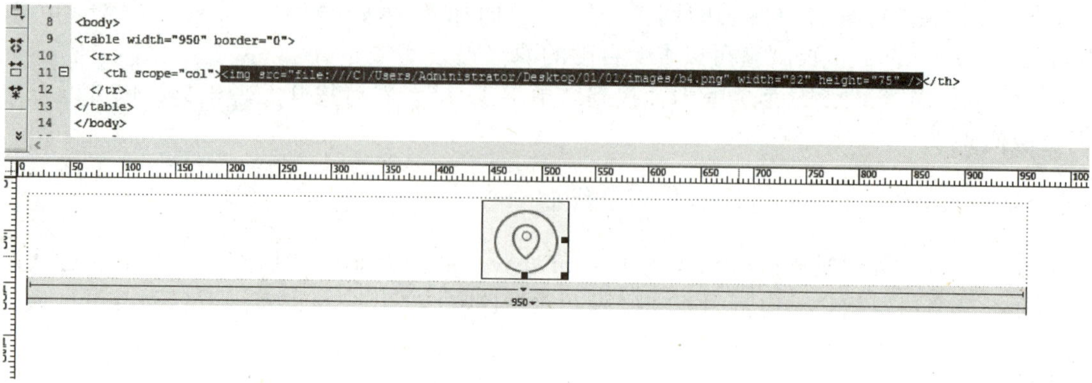

图 2－17　插入图片的代码

请同学们查看字体格式、大小、颜色、字体、对齐方式、背景等代码并记录下来，填入表 2－2 中。

表 2－2　常用代码

名称	代码
字体格式	
大小	
颜色	
字体	
对齐方式	
背景	
……	……

知识拓展

常用代码

<HTML>：表示该文件为 HTML 文件；

<HEAD>：包含文件的标题、使用的脚本、样式定义等；

<TITLE></TITLE>：包含文件的标题，标题出现在浏览器标题栏中；

<BODY>：放置浏览器中显示信息的所有标志和属性，其中内容在浏览器中显示；

</……>：<……>的结束标志；

<TABLE></TABLE>：定义表格，是 HTML 中重要的标志；

<TR></TR>：定义表格的行，用在<TABLE></TABLE>中；

<TD></TD>：定义表格的单元格，用在<TR></TR>中；

<FONT></FONT>：字体样式标志；

Width：定义表格宽度；
Height：定义表格高度；
Align：对齐方式；
Border：边框宽度；
Bgcolor：背景色；
Bordercolor：边框颜色；
Bordercolorlight：边框明亮面的颜色；
Bordercolordark：边框暗淡面的颜色；
Cellpadding：内容与边框的距离（默认为2）；
Cellspacing：单元格间的距离（默认为2）；
Face：字体；
Style：字体样式；
Color：颜色；
P：段落标识；
Img：贴图标识。

拓展学习

尝试在代码窗口下，完成插入表格、图片、文本框行为。

任务2.4 运用HTML制作表单

本任务通过观察电商网站登录界面的布局来认识表单。

活动2.4.1 认识登录界面

在电商网站浏览购物时，需要登录个人账号；在论坛发表言论看法时，也需要登录个人账号。因此在网站制作中，需要制作用户的登录页面。现在一般有两种登录方式，即二维码登录和普通账号密码登录。

利用搜索引擎，搜索二维码生成器，如图2-18所示。找到合适的二维码生成器（注意选择相对正规的网站发布的二维码生成器，以免电脑受到损害），添加个人信息，生成二维码。根据个人需要对二维码进行美化。

活动2.4.2 了解登录界面元素

浏览各大电商平台的登录界面，来说一说登录界面一般包含哪几块内容，填入表2-3中。

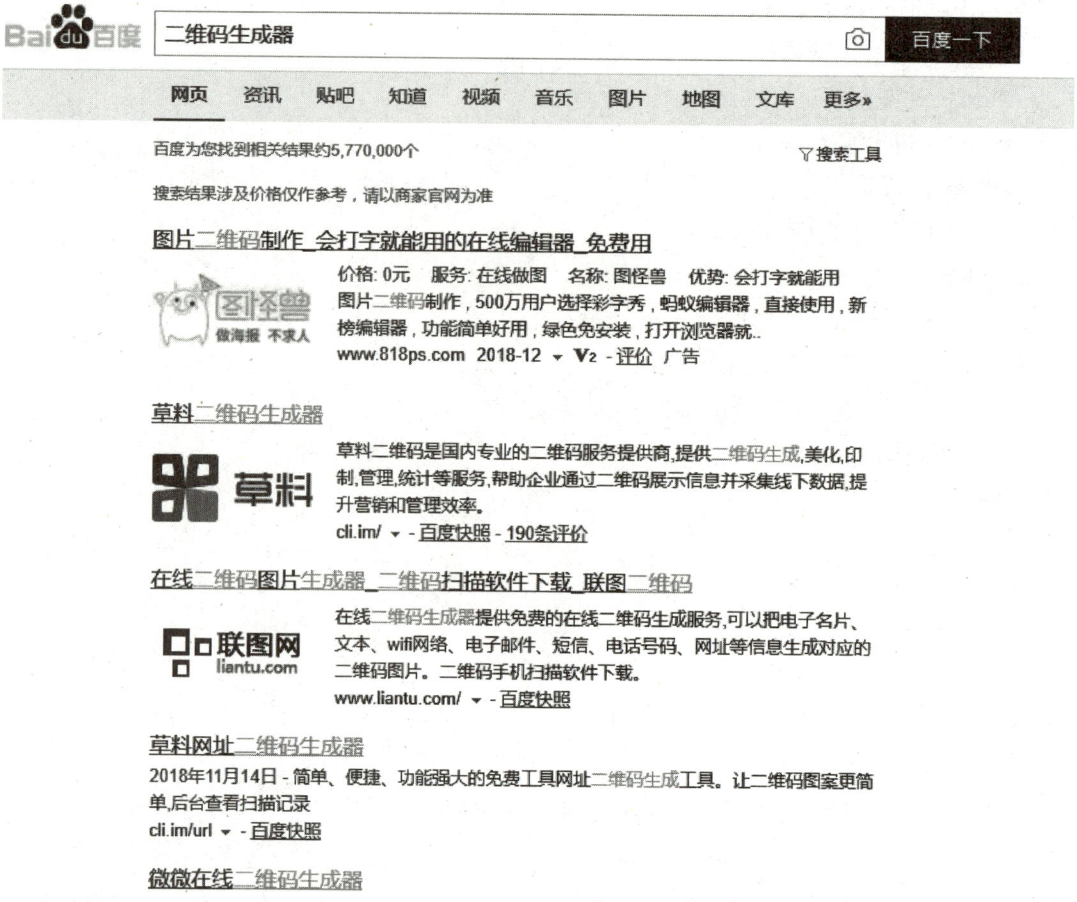

图 2-18 搜索二维码生成器

表 2-3 常用代码

电商平台	内容

必备知识

目前各大电商平台的账号密码/二维码登录界面布局一般可以分成三个区域：顶部为企业 logo，左边为宣传海报、活动海报，右边为二维码登录框、账号密码登录框，如图 2-19、图 2-20、图 2-21 所示。

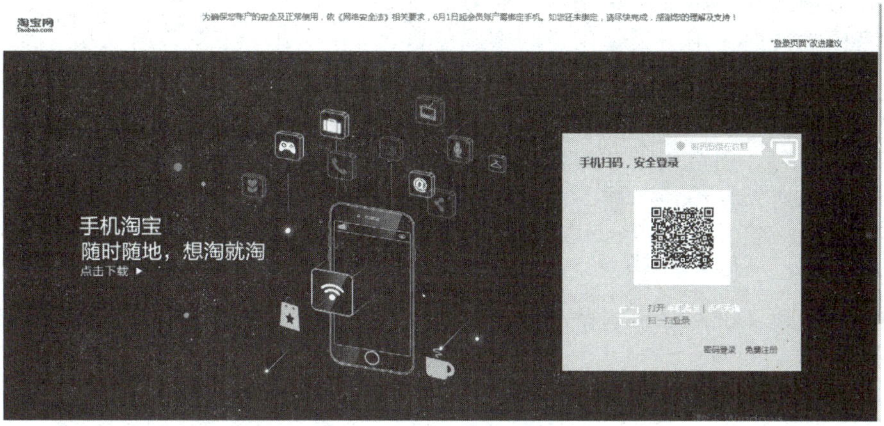

图 2 - 19　淘宝网登录界面

图 2 - 20　京东网登录界面

图 2 - 21　当当网登录界面

通过分析可以发现，电商网站的登录界面一般包括 6 个主要元素：

（1）账号输入框：用于采集用户的账号信息。
（2）密码输入框：用于采集用户的密码信息。
（3）登录按钮：用于将账号和密码信息提交到服务器。
（4）其他登录方式：用户登录网站的其他选择，避免烦琐的注册流失顾客。
（5）忘记密码：用户用于获取密码的途径。
（6）立即注册：新用户注册会员的途径。

活动 2.4.3　认识表单

查阅相关资料，讲一讲对表单的认识。

必备知识

表单是 HTML 的重要组成部分之一，主要用于采集和提交用户输入的信息，是网站管理人员和用户之间沟通的渠道。表单有以下三个基本组成部分：

（1）表单标签：包含了处理表单数据所用 CGI 程序的 URL 以及数据提交到服务器的方法。

（2）表单域：包含了文本框、密码框、隐藏域、多行文本框、复选框、单选框、下拉选择框和文件上传框等。

（3）表单按钮：包括提交按钮、复位按钮和一般按钮。用于将数据传送到服务器上的 CGI 脚本或者取消输入，还可以用表单按钮来控制其他定义了处理脚本的工作。

表单代码<form>标签用于为用户输入的信息创建 HTML 表单。表单能够包含 input 元素，比如文本字段、复选框、单选框、提交按钮等。表单还可以包含 menus、textarea、fieldset、legend 和 label 元素。

表单在网页中应用最多的就是一些用户信息的填写，例如，在登录某个网站时，需要填写账号和密码，表单可以向后台数据库提交这些数据。

活动 2.4.4　制作登录界面

为实现如图 2－22 所示效果图的功能，查阅资料，了解表单及部分表单对象，并利用素材制作登录界面。

图 2－22　效果图

必备知识

在 Dreamweaver 中，表单输入类型称为表单对象。表单对象是允许用户输入数据的机制。可以在表单中添加以下表单对象：

（1）文本域：接受任何类型的字母、数字、文本输入内容。文本可以单行或多行显示，也可以以密码域的方式显示，在这种情况下，输入文本将被替换为星号或项目符号，以避免旁观者看到这些文本。文本域效果如图 2－23 所示。

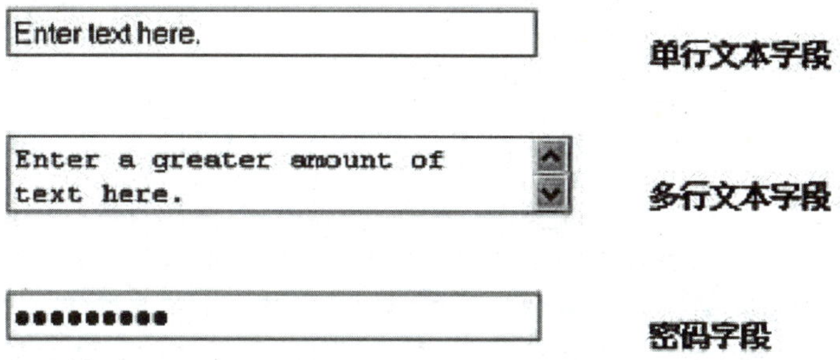

图 2－23　文本域

注意：使用密码域发送到服务器的密码及其他信息并未进行加密处理，所传输的数据可能会以字母、数字、文本形式被截获并被读取。因此，应始终对要确保安全的数据进行加密。

（2）隐藏域：存储用户输入的信息，如姓名、电子邮件地址或习惯的查看方式，并在该用户下次访问此站点时使用这些数据。

按钮在单击时执行操作。通常，这些操作包括提交或重置表单。用户可以为按钮添加自定义名称或标签，或使用预定义的“提交”或“重置”标签之一。

（3）复选框：允许在一组选项中选择多个选项。用户可以选择任意多个适用的选项。如图 2－24 所示，复选框中选中了三个选项。

（4）单选按钮：代表互相排斥的选择。在某单选按钮组（由两个或多个共享同一名称的按钮组成）中选择一个按钮，就会取消选择该组中的所有其他按钮。在图 2－25 所示的示例中，“Rafting”是当前选择的选项。如果用户单击了“Surfing”按钮，那么“Rafting”按钮将被自动清除。

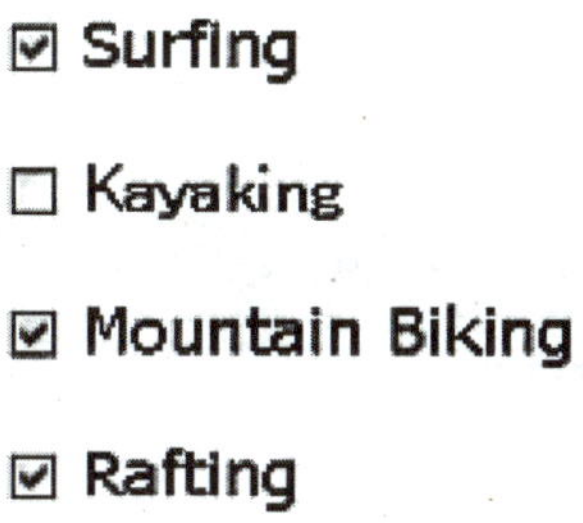

图 2－24　复选框

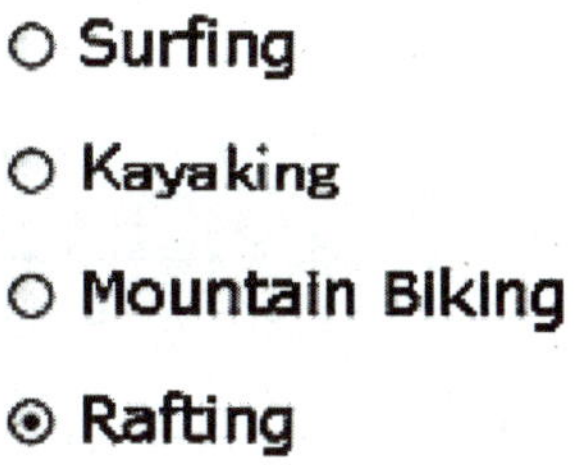

图 2－25　单选按钮

（5）“列表”菜单：在一个滚动列表中显示选项值，用户可以从该滚动列表中选择多个选项。“菜单”选项在一个菜单中显示选项值，用户只能从中选择单个选项。

（6）跳转菜单：是可导航的列表或弹出菜单，通过它用户可以插入一种菜单，这种菜单中的每个选项都链接到某个文档或文件。

（7）文件域：使用户可以浏览到其计算机上的某个文件并将该文件作为表单数据上传。

（8）图像域：使用户可以在表单中插入一个图像。图像域可用于生成图形化按钮，例如“提交”或“重置”按钮。

【操作步骤】

（1）创建站点。

（2）新建并保存文件。

（3）插入表格。设置表格为1行1列，宽为400px，边框为1px，表格居中对齐。

（4）插入表单域。执行“插入记录—表单—表单”，如图2-26所示。

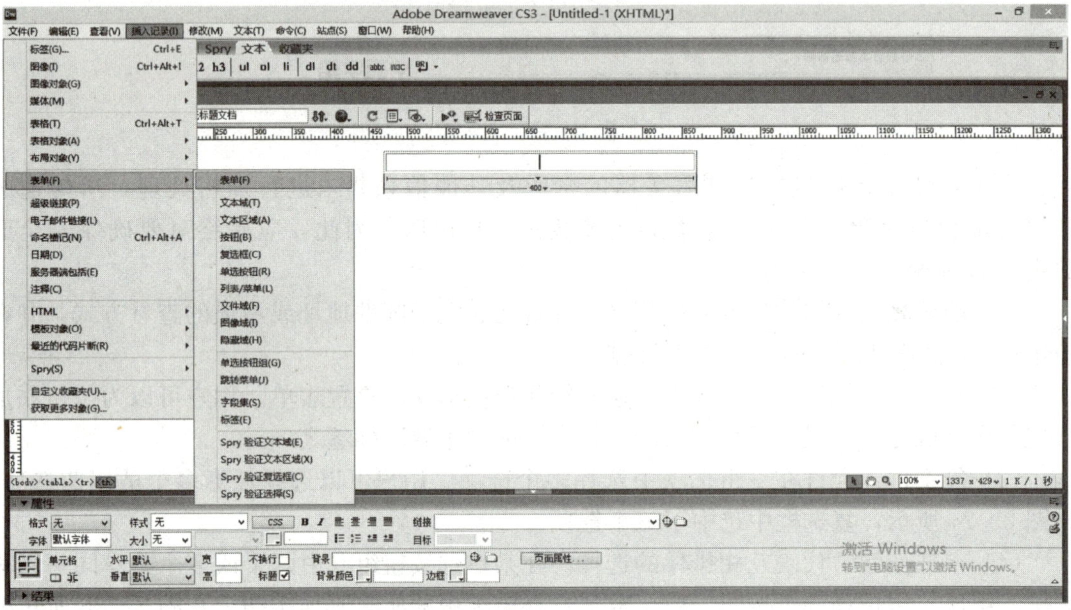

图2-26 插入表单域

（5）插入表格。在当前表格中嵌套一个新的表格，设置表格为5行1列、宽为100百分比，边框为0px，表格居中对齐。设置表格所有的单元格行高为50px，如图2-27所示。

图2-27 设置单元格行高

（6）插入图片。在第一行插入图片“1.jpg”。

（7）插入文本域。在第二行选择“插入记录—表单—文本域”，在弹出的对话框中设置标签文字为“用户名”，如图2-28所示，单击“确定”按钮。以同样的办法在第三行中插入“密码”文本域。设置两个单元格水平方向居中对齐，如图 2－29 所示。

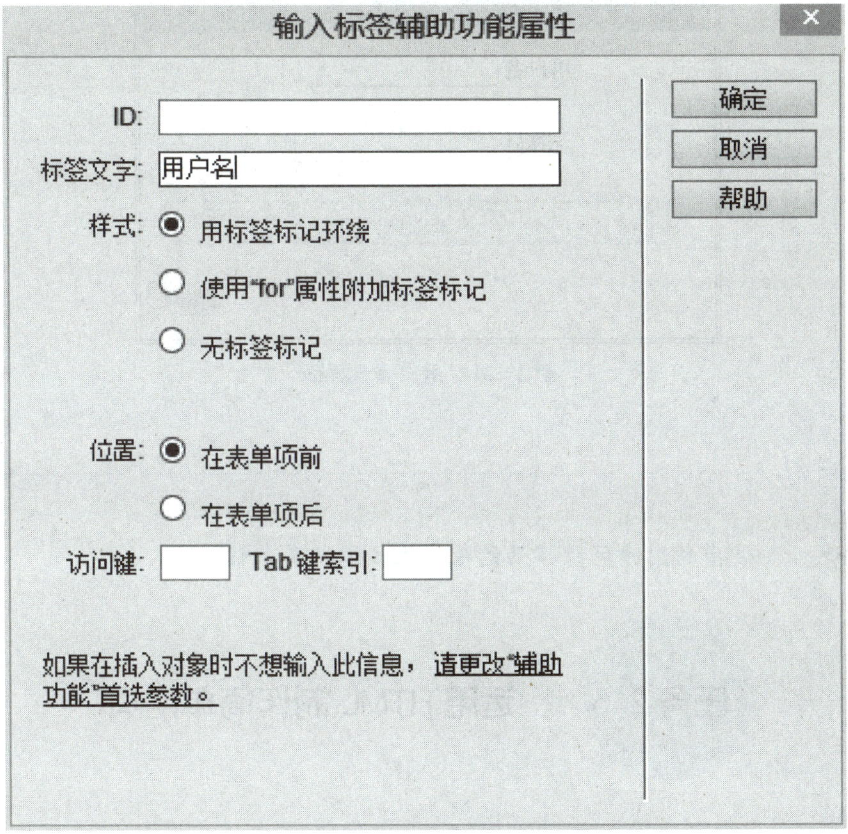

图 2－28 插入文本域

图 2－29 设置单元格水平居中对齐

（8）插入“登录”按钮图像域。选择“插入记录—表单—图像域”，插入图像“2.jpg”，并设置该单元格水平方向居中对齐。

（9）插入“注册”按钮。将光标移至第 5 行，设置单元格水平方向向右对齐，选择“插入记录—表单—按钮”，插入完成，选中该按钮，在“属性”面板中将其值设置成“注册”，如图 2－30 所示。

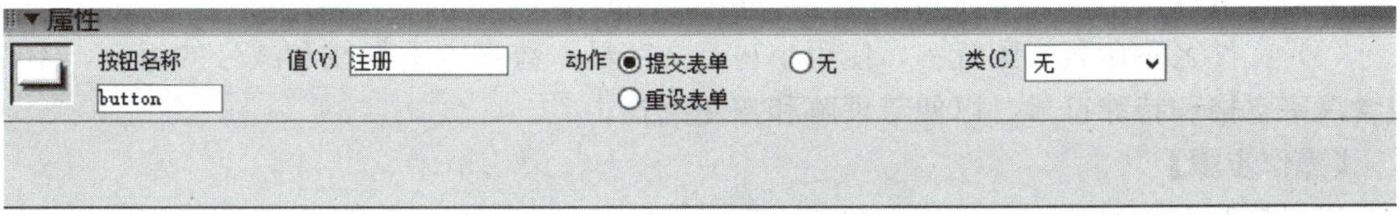

图 2－30 按钮“属性”面板

（10）预览。按 F12 键，预览用户登录页面，如图 2－31 所示。

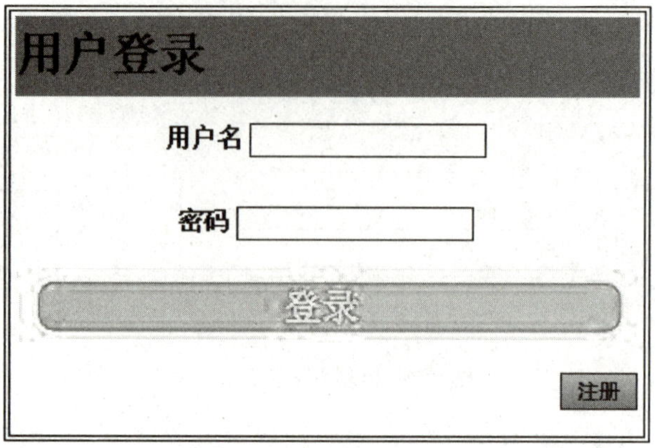

图 2-31　用户登录界面

拓展学习

在活动 2.4.4 做出的用户登录界面的基础上，进行美化设计。

任务 2.5　运用 HTML 制作简单网页

本任务综合前面几个任务的知识，运用素材来制作简单的网页。

活动 2.5.1　制作第一个网页

必备知识

在开始设计制作网页之前，需要注意以下 3 点：

（1）在指定区域，新建文件夹。在这个文件夹下创建两个子文件夹：一个名为 images，专门用来放置素材图片；另一个名为 pages，用来存放不同的网页。

（2）首页面的命名统一使用 index，例如“index. html”“index. css ”“index. js3”，子页面的命名可以使用纯英文命名的方式，或用中文拼音。

（3）文件名称命名规则统一，使用小写英文字母、数字、下划线和减号的组合，不得包含汉字空格和特殊符号，以便于理解和方便查找。

【操作步骤】

（1）打开 Dreamweaver。

（2）在菜单栏中，找到站点，创建站点。本地站点是用于存放本地用户网页、素材等资料的文件夹，是用户工作目录。执行“站点—新建站点—输入站点名称—指定本地站点文件夹”，如图 2-32 所示。

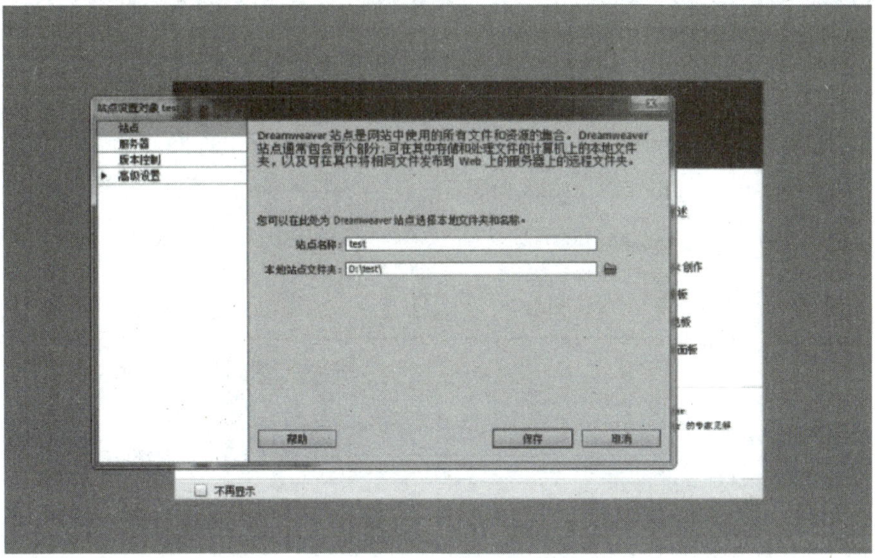

图 2－32　创建站点

（3）在软件的初始界面选择“新建—HTML”或者从文件菜单栏中选择“新建—空白页—HTML—创建”，即可打开一张空白的 HTML 文档。然后执行“文件—保存—修改保存路径—输入文件名（index）—保存”命令保存文件。

（4）在 Dreamweaver 菜单栏上选择“插入—表格”（插入表格快捷键 Alt＋Ctrl＋T），在弹出的“表格”对话框中输入参数，单击“确定”按钮，如图 2－33 所示。

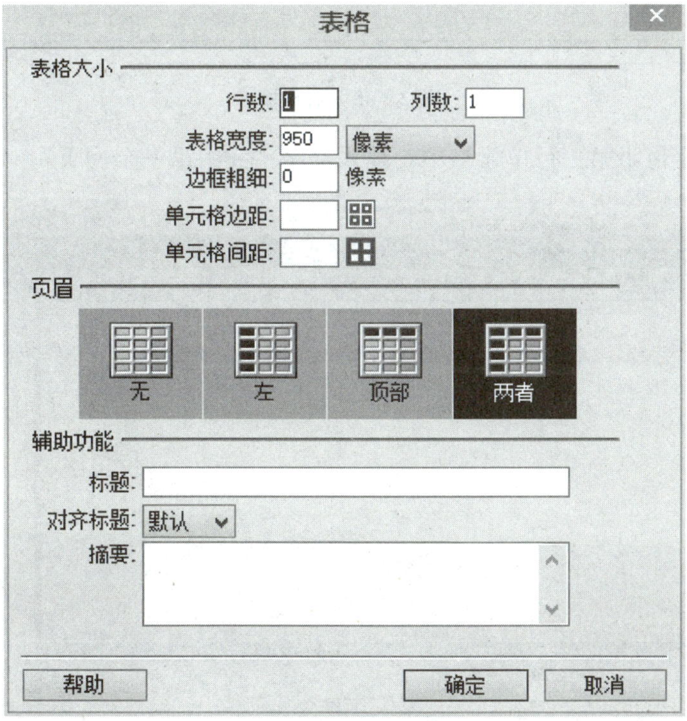

图 2－33　插入表格

（5）将光标定位于这行单元格内，在这个表格中嵌套一个表格，如图 2－34 所示，效果如图 2－35 所示。

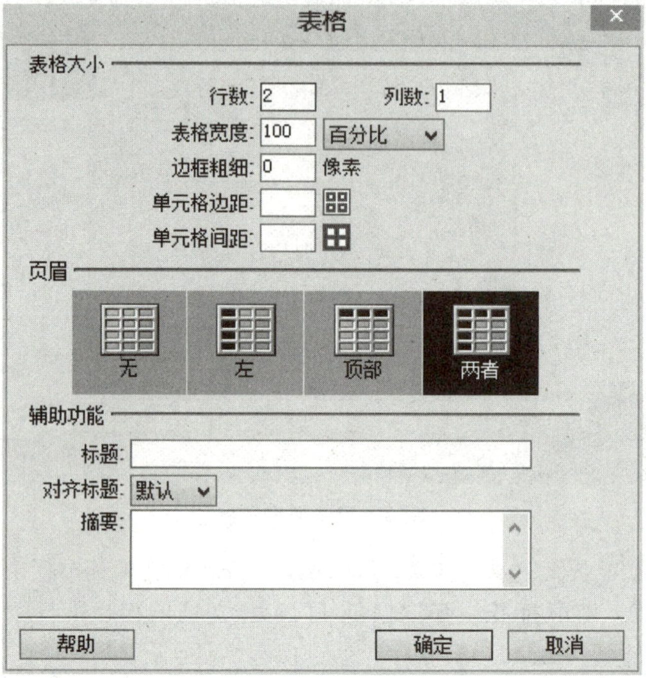

图 2－34　嵌套表格

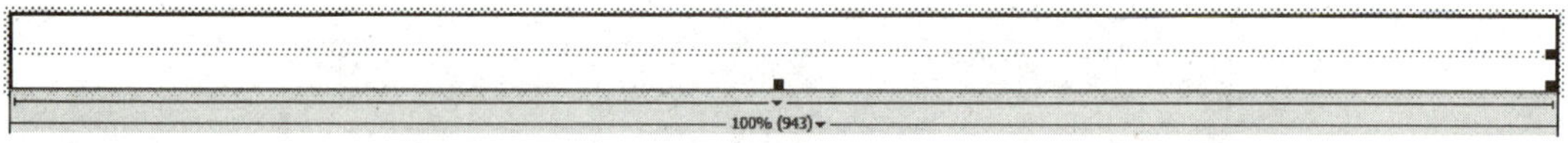

图 2－35　效果图

（6）将光标定位于第一行单元格中，输入文字“我的第一个网页”，如图 2－36 所示。

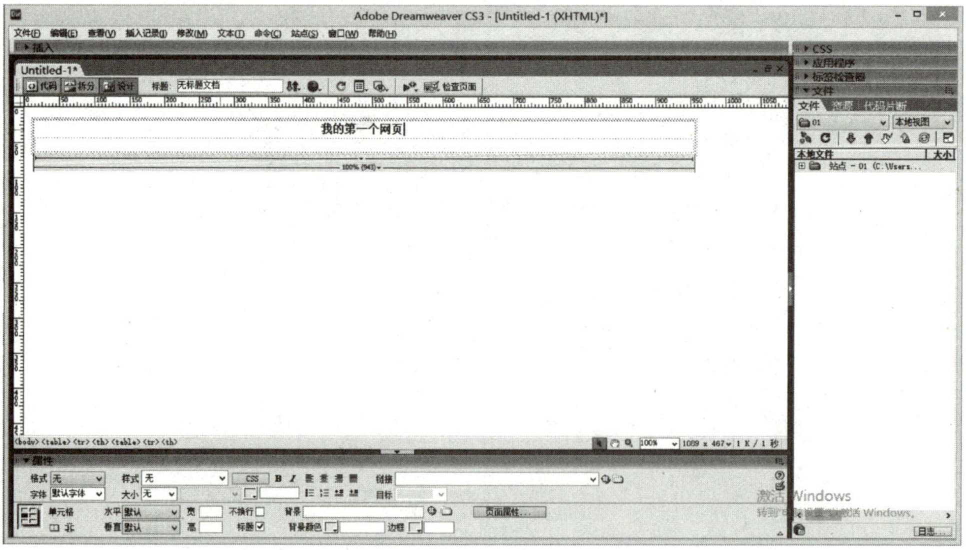

图 2－36　插入文字

（7）在第二行单元格中，执行“插入—图像—选择‘欢迎 .jpg’图像—确定”命令（插入图像快捷键 Ctrl+Alt+I），整体效果如图 2－37 所示。

图 2－37　整体效果图

（8）按 F12 键查看整体效果，如图 2－38 所示。

图 2－38　“我的第一个网页”整体效果图

活动 2.5.2　制作进阶版网页

在上个活动中，我们已经制作了第一个网页。但在日常生活中，为了使网页更加美观，吸引更多浏览者，我们需要用到更多的元素。本活动是根据素材制作网站。

必备知识

在这一活动中，我们将为导航条添加背景图片。首先，我们需要在设置导航栏的表格内右击鼠标，然后，点击标签编辑器添加背景图片。需要注意的是：如果使用常规的插入图片，是无法在此表格内输入文字的。

【操作步骤】

（1）在菜单栏中，找到站点，创建站点。执行“站点—新建站点—输入站点名称—指定本地站点文件夹”。

（2）软件的初始界面选择“新建—HTML”或者从文件菜单栏中选择“新建—空白页—HTML—创建”，即可打开一张空白的 HTML 文档。然后执行“文件—保存—修改保存路径—输入文件名（index）—保存”操作保存文件。

（3）在 Dreamweaver 菜单栏上选择“插入—表格”（插入表格快捷键 Alt+Ctrl+T），在弹出的“表格”对话框中输入参数，单击“确定”按钮，如图 2－39 所示。并将表格居中，标题更改为苏州印象。

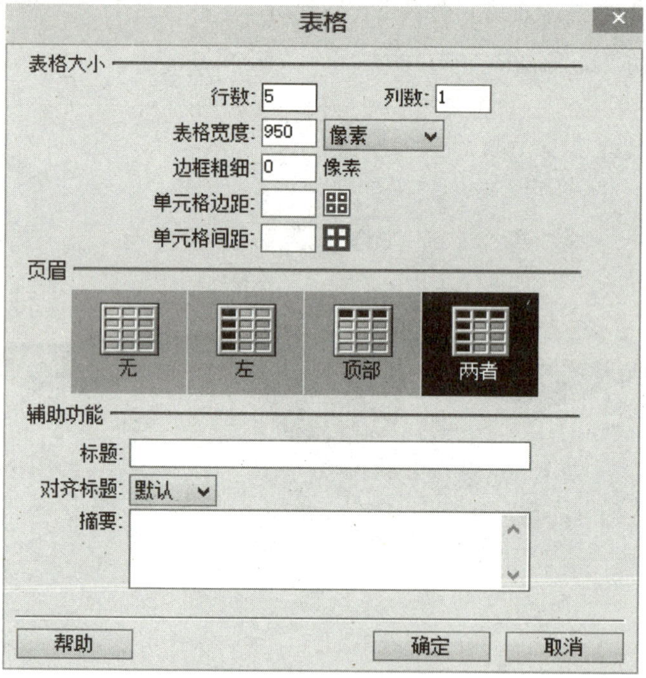

图 2－39　插入表格

（4）光标定位于第一行，执行“插入—图像—选择‘top.jpg’图像—确定”命令。第三行执行“插入—图像—选择‘jdjs.jpg’图像—确定”命令。第五行执行“插入—图像—选择‘bottom.jpg’图像—确定”命令，如图 2－40 所示。

（5）将光标置于第二行，执行“拆分单元格”命令，将单元格拆分为 5 列，如图 2－41 所示。添加背景图像“daohanlanbj.jpg”（快捷键为 Shift+F5），如图 2－42 所示。

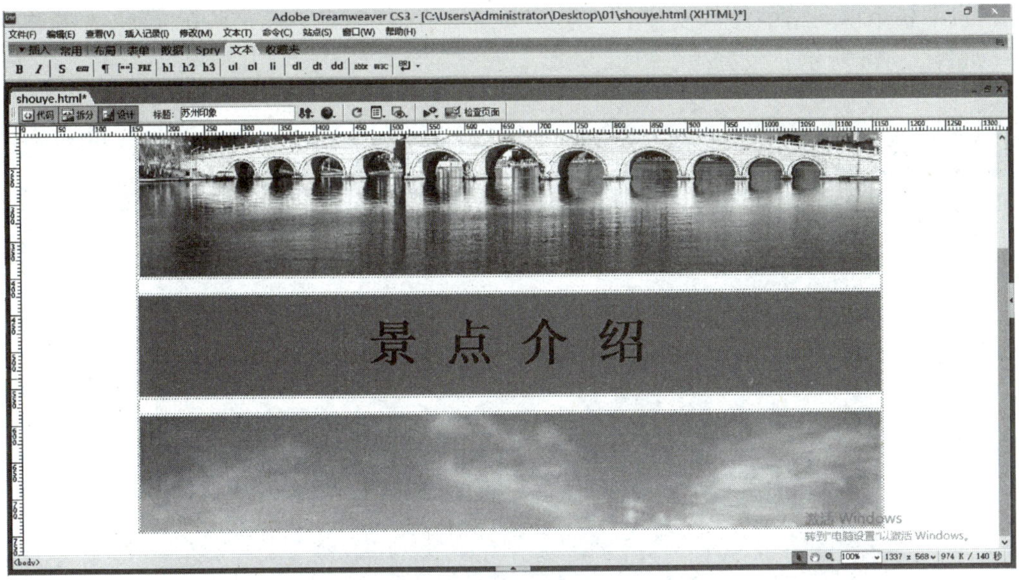

图 2-40　插入图片

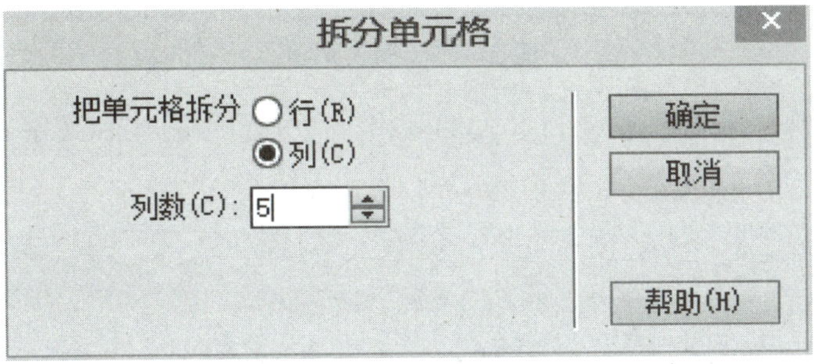

图 2-41　拆分单元格

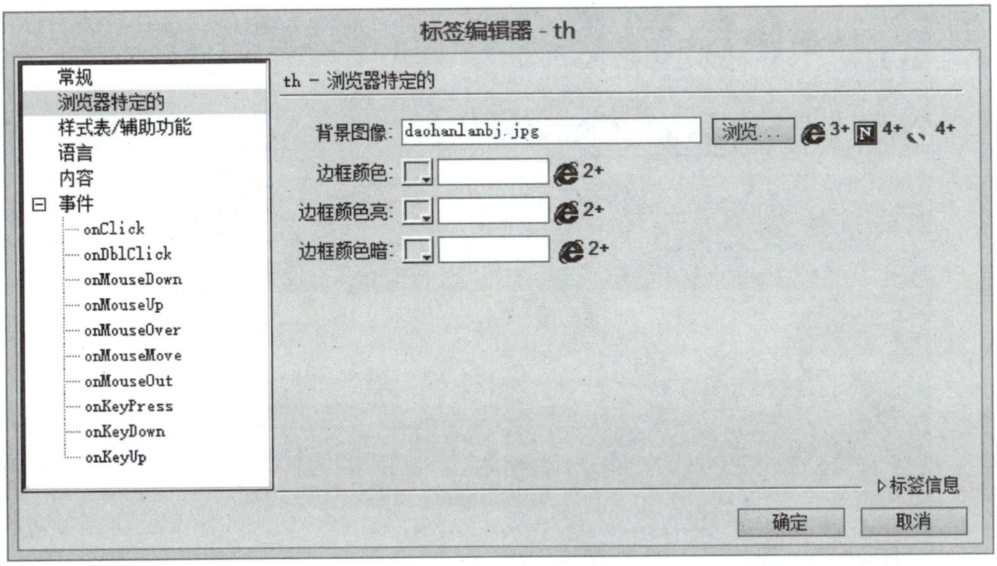

图 2-42　设置背景图像

（6）在各个单元格中填入文字：“首页”“拙政园”“狮子林”“金鸡湖”“苏州博物馆”，如图 2－43 所示。

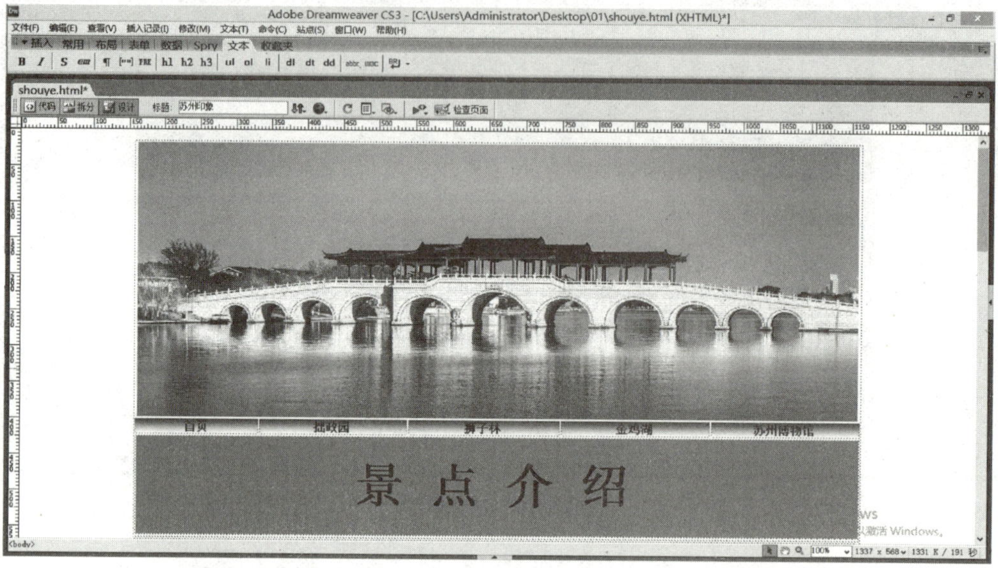

图 2－43　插入文字

（7）在第四行中，嵌套一个 4 行 2 列的表格，分别插入图片和文字，保存文件，效果如图 2－44 所示。

图 2－44　效果图

图 2－44　效果图（续）

（8）预览。按 F12 键，预览首页。

拓展学习

（1）通过查阅相关资料，尝试将字体在网页中滚动起来，添加背景音乐。

（2）运用滚动字幕、背景音乐等元素，设计一个个人主页。

项目小结

本项目以 Dreamweaver 为例，从下载安装软件、初识 Dreamweaver 界面、创建网点、认识常见代码、制作表单、设计简单网页等方面学习构建网站页面的基本知识，使读者掌握网页设计的方法和技巧。

项目 3

拍摄与处理商品图片

进行网页设计，图片很重要，有好的图片就能吸引更多消费者的关注和购买。项目 3 通过认识和设置相机，使读者掌握室内外商品拍摄的技巧和方法，能够自己充当摄像师来为自己的商品拍摄图片，并对拍摄后的图片进行简单处理。

学习目标

通过学习本项目，你应该能够：

（1）对相机及其配套工具有基础的认知；

（2）对相机的拍摄模式有基本的了解；

（3）掌握室内商品拍摄的场景布置的技巧和方法，并进行拍摄；

（4）掌握室外商品拍摄的场景布置的技巧和方法，并进行拍摄；

（5）对拍摄的商品图片能进行简单的美化处理。

任务 3.1 认知相机

古语说：“工欲善其事，必先利其器”，要干活就要有干活的工具。那我们在准备拍摄产品之前需要什么工具呢？该怎样选择呢？下面进行详细的讲解。

活动 3.1.1 选择合适的相机

现在市场上相机的品牌和型号实在是太多了，让我们眼花缭乱。便宜的，怕拍的效果不好，贵的，又真的太贵了，对于刚起步的小卖家来说，压力太大。其实对于淘宝网店的拍摄来说，不管卡片机也好，单反相机也好，只要具备下面四个功能即可。

必备知识

1. 全手动曝光模式

在全手动曝光模式（M）下，可调整光圈、快门、感光度、自定义和白平衡等，如图3－1所示。手动模式意味着我们可以根据自己的需求调整相机的各项参数，拍摄出自己想要的效果。这是自动模式所不能达到的，因为用自动模式拍摄时，图片是相机通过计算得到的，所以不一定是你想要的效果。

图3－1 全手动曝光模式(M)

必须具备手动模式还有个非常重要的原因，拍摄场地的光不一定能很好地贴合拍摄主题，这时候我们要使用闪光灯，在使用闪光灯特别是摄影棚闪光灯的时候，我们会需要使用手动模式，稳定而直接地控制闪光灯的输出量和角度等，从而更好地进行拍摄。

2. 机顶热靴

热靴就是相机顶部的金属方槽，它不仅是放置闪光灯的地方，也是摄影棚引闪器放置的位置，所以你想用摄影棚闪光灯，这个热靴是必需的，如图3－2所示。

3. 微距功能

有微距功能可以实现近距离对焦，拍摄小的产品及产品细节的特写，并且自动形成大光圈、小景深的效果。微距对于拍摄小型产品来说是非常重要的，它能使产品在画面中所占的像素更多、更大。微距图标如图3－3所示。

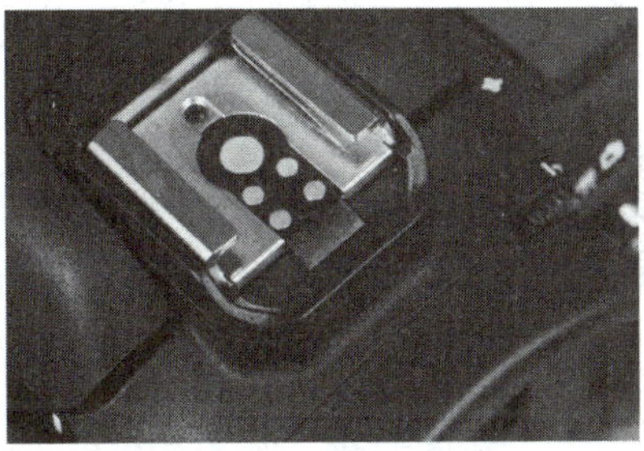
图3－2 机顶热靴

图3－3 微距

4. 设置白平衡

白平衡是大家不经常接触的功能，但就是它真实地还原了产品的颜色，保证拍摄的照片不偏色。有了它，不管什么光源下都可以拍出正常的颜色。除了相机已经预设好的不同光源下的白平衡，用户还能在自定义白平衡中按照自己的需求调整，以得到更标准的颜色，如图3－4所示。

图3－4 白平衡

知识拓展

如果用单反相机，应该选什么镜头呢？

镜头是一个庞大的家族（见图 3-5），并且每个品牌都有自己的镜头群。对于刚刚接触单反相机的同学，面对那么多的镜头，选择时肯定会茫然，毕竟每个镜头都不便宜。那么该如何选镜头呢？

图 3-5　镜头大家族

图 3-6　焦距 18～55mm

主要还是要看焦段。焦段就是变焦范围，即镜头本身的焦距范围。

焦距代表了镜头可视范围大小的能力，焦距数字越大，表示可见范围越小，即长焦镜头，也叫望远镜头，往往在 150mm 以上；反之，小于 35mm 的镜头称为广角镜头。

关于镜头焦段的选择，要看被拍摄商品的大小，大中型的商品常用的焦段为 18～55mm（见图 3-6）、17～85mm、24～105mm、24～70mm（不同品牌，焦段有所不同）；中等大小的物体，如微波炉、笔记本、书包等，最好使用 50mm 焦段的镜头拍摄；如果拍摄的小商品比较多，如珠宝首饰、发圈等，或者一些细节的部分，微距镜头是必不可少的。一般很少用广角拍摄产品，因为广角很容易让产品变形。也不常使用长焦，过长的长焦会局限你的布光及拍摄空间。

活动 3.1.2　选择合适的配套工具

要想拍出好照片，相机很重要，辅助的配套工具也很重要。

必备知识

1. 光源

（1）自然光。

太阳是我们免费的光源，只要掌握好时间，利用自然光进行拍摄是非常不错的，可以进行大的物件和服装外拍。很多人认为太阳光越亮、光线越足越好，其实不是，相反我们要避开光线太强的时候。如果有大窗户，利用窗户光拍摄，也是非常不错的。

自然光的优点是免费，缺点是要根据天气来安排拍摄，会阻碍拍摄进程。

（2）人造光。

最简单的就是台灯，有两盏更好，但灯泡的颜色一定要一致，要不然拍出来的照片颜色会不同。

市场上还有专门用来拍照的常亮灯，这种灯带柔光箱，能打出非常柔和的光线，而且灯泡亮度和颜色都很标准，价格也便宜，非常适合淘宝卖家自己拍摄。

更高级的就是摄影棚的闪光灯，这种灯亮度高，配件丰富，能拍出其他设备拍不出的效果。如图 3-7 所示。

2. 其他工具

（1）背景。

拍摄产品时该选择什么样的背景，一直是摄影师比较头疼的问题。对于摄影来说，没有严格规定什么能当背景什么不能当背景。背景的选择范围非常广泛，如不同颜色的背景布（见图 3-8）、麻布、丝绸、铁板、卡纸等都可以作为背景。如果想要单色的彩色背景，可以去美术用品店或网上购买，各种颜色、质感的纸张都是不错的选择。

图 3-7　人造光

图 3-8　背景布

（2）静物台。

静物台（见图 3－9）就是拍摄产品的时候把产品放在上边，便于拍照用的设备。其实，一张桌子或一把椅子就可以做我们的简易静物台，但更多的时候要根据产品大小来选择。

图 3－9　静物台

知识拓展

选择什么样的图片格式进行拍摄好？

在相机的设置中，最常见的有两种照片格式，RAW 和 JPEG。

RAW 是专业摄影师常用的格式。RAW 能保存最大的拍摄数据信息，在进行后期设计时可调整的东西更多，如调整白平衡、曝光程度、颜色对比等，也特别适合新手补救拍摄失败的照片，而且无论在后期制作上有什么改动，相片都能无损地恢复到最初状态，因此用户不用担心因意外储存而损失照片。如果对后期要求比较高，喜欢后期制作，可以选择 RAW 格式。

JPEG 文件小，节省存储空间，方便共享或快速浏览，虽然画面质量有所下降，但是需要拍摄大量的图片时，更应考虑使用 JPGE 格式。

对于图片格式，我们要根据自己的拍摄要求进行选择，这才是真正专业的做法。

拓展学习

（1）拿起手中的单反相机，找到 M 挡和微距，并对着同一物品拍摄，找出区别。

（2）自己动手搭建静物台，拍摄一张照片，找出有无静物台的区别。

任务 3.2　相机的设置

本任务通过学习单反相机的各种拍摄模式及参数设置，熟练操作相机，掌握相机的基础知识，为以后的拍摄打下坚实的基础。

同样环境下，同样角度，两人同时拍摄同一商品，结果会有两张不同的照片，这是因为单反相机中的模式参数设置不同。要想拍好照片，首先要学习设置相机中各种模式及曝光参数等。

活动 3.2.1　认识相机的拍照模式

大部分数码相机上都有一个模式转盘，通过这个转盘，摄影师可以根据不同的拍摄环境选择不同的拍摄模式，如图 3-10 所示。

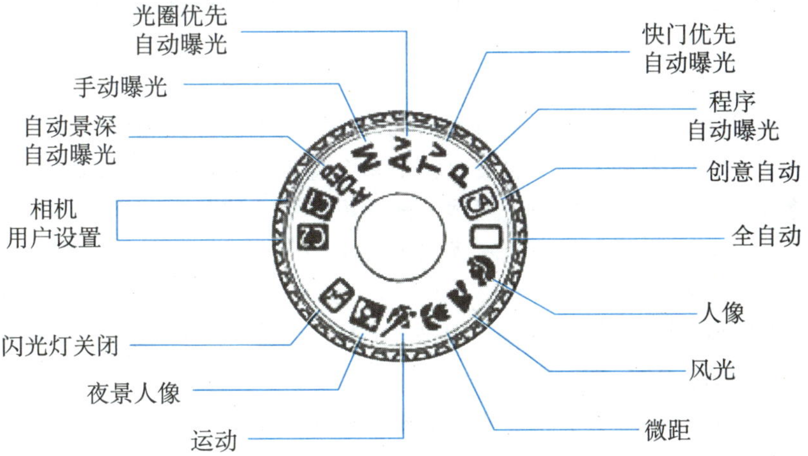

图 3-10　相机的拍照模式

必备知识

1. AUTO 模式（自动模式）

无论是卡片式数码相机，还是单反数码相机，基本都设有 AUTO 模式，称呼可能略有不同，但使用的方法和效果相同。因为一般都被标记成绿色，故又称为“绿色模式”。该模式下的光圈、快门、感光度、测光模式等都由相机自动设置，对焦模式和是否开启机顶闪光灯等也由相机控制，即使拍摄者不懂任何参数的设置，将模式调到 AUTO 后，只需要专注于构图和对焦，适时按下快门即可，所以又称为“傻瓜模式”。自动模式的优缺点如表 3-1 所示。

表 3-1　自动模式的优缺点

优点	(1) 拍摄者无须具有摄影方面的知识，操作简单 (2) 适用于缺乏经验的拍摄者和简单的商品拍摄
缺点	拍摄完全受制于相机，多数情况下拍摄出的照片达不到理想的效果

2. P 模式（程序自动模式）

P 模式即程序自动模式，很多人误认为它和 AUTO 模式一样。如果直接按快门，它确实和全自动挡一样，但是它们还是有差别的。

首先，AUTO模式是相机把一切都安排好了，拍摄者只能按快门；而P模式是拍摄者仍可以对相机的曝光补偿、感光度、白平衡等参数进行设置和调整，保留部分拍摄自主权。

此外，即使相机已经设定了光圈和快门，拍摄者仍能通过“程序偏移”在维持曝光值不变的情况下，调整光圈和快门的组合，以达到理想的效果。如拍摄者觉得相机原设定的光圈值过小，可以手动调整加大光圈，与此同时，相机会自动提高快门速度，以维持相同的曝光值。

使用P模式拍摄，既有全自动模式的便利，又保留了手动控制的空间。这非常适合摄影新手，既可以在极短的时间内达到所希望的效果，也可以熟悉相机的参数设置。

3. A（Av）模式（光圈优先）

A（Av）模式就是光圈优先，是指由相机自动测光系统计算出曝光量的值，然后根据你选定的光圈大小自动决定用多少的快门。手动设置光圈值，由测光结果自动调整快门速度。一般用来拍摄静物和控制景深。当然，你还可以手动控制白平衡、ISO（感光度）、曝光补偿、测光模式等参数。在使用光圈优先模式拍照时，相机系统只会保证当前的快门速度能让画面获得准确的曝光，而不会去理会快门速度会不会太慢，从而会导致手震。如果拍摄者在光线差的环境下使用小光圈拍照，那么快门速度一定很慢，这时最好使用三脚架拍摄或者手动调高ISO值，以免产生手震。

光圈优先可以很好地控制景深，在拍摄需要景深效果的商品照片时，有经验的拍摄者会采用这一模式，确定光圈值的同时也确定了画面的景深效果。

4. Tv模式（快门优先）

Tv模式和Av模式刚好相反，它是快门速度优先模式，在这种模式下，拍摄者能调节的是快门速度，相机会根据你选定的速度给予合适的光圈和曝光。这个模式一般用在运动摄影，或者固定速度摄影。

5. M模式（手动曝光模式）

M模式即手动曝光模式，被称为“骨灰挡”“专业挡”，完全由拍摄者手动操控曝光三个参数（光圈、快门、感光度），实现对画面的影调控制。

M模式和AUTO模式是两个极端：AUTO模式是所有的参数均由相机自行设定，拍摄者只能按快门；M模式是拍摄者自主设置相机的光圈值和快门速度。

使用M模式时，拍摄者可以利用很多手段来辅助调整曝光参数，但是，这样岂不是很麻烦吗，为何还要用M模式？且不提专业人士们的习惯、追求与骄傲，M模式确实有其独到的优势。

有个别题材的拍摄离不开M模式，比如说，长曝光，无论是长曝光车轨还是流水，拍摄者需要精确地控制快门速度，来决定水流、车轨的形态，同时，光圈还不能太大，以免景深过浅。

M模式还有另一个显著的优势，那就是可以固定曝光参数——其他模式曝光参数可能都会因为环境而改变。固定曝光参数有什么好处呢？不少题材正好需要曝光参数的稳定性，比如说棚拍，就需要用同样的曝光参数拍好几组照片。再比如说，用多张照片进行全景接片或堆栈，都需要保持相同的曝光参数。而 M 模式，自然是最合适的。

6. 微距模式

这项功能不是用于拍摄普通的照片，而是用于拍摄与相机距离非常近的主体。微距模式可以让你拍摄一个距离镜头只有几厘米远的物体。利用微距可以充分展示商品的细节，符合小件商品拍摄的特点。使用其他模式拍摄小件物品时，若镜头太靠近商品，相机不能对焦，而对焦清晰后，商品在取景框中会显得很小，不能满足拍摄的需要，这时，使用微距模式拍摄更为合适。

注意事项：

(1) 在微距模式下拍摄时由于相机与所拍摄商品的距离很近，若想突出某一部分细节，可选用较大的光圈；反之若想拍摄整体，则应选择较小的光圈。

(2) 拍摄时由于距离过近，若有细微的晃动就会造成图像模糊，因此一般要选择较快的快门速度或借助三脚架固定相机，也可以选择坐姿拍摄来提高稳定性。

(3) 在微距模式下，拍摄需要特别注意照明强度，应加强照明以减小相机本身造成的环境光影响。

活动 3.2.2　认识相机的常用功能

有了合适的相机和配套工具，接着就是拿起相机拍照了，要想拍出清晰的照片，不但要学会对焦，还要学会合理运用曝光三要素。

议一议

什么是对焦？为什么家里老人拍的照片大多是模糊不清的？

必备知识

1. 对焦

对焦（Focus）是指使用照相机时调整好焦点距离，通常数码相机有多种对焦方式，分别是自动对焦、手动对焦和多重对焦方式。说简单点就是画面中有各种元素，当我们的焦点在那个部分时，那个部分就是清晰的。

(1) 自动对焦/手动对焦。

对焦模式分为两种，一种是自动对焦，另一种是手动对焦。字母 AF（Auto Focus）表示自动对焦，MF（Manual Focus）表示手动对焦，如图 3－11 所示。

图 3－11　单反对焦的选择

自动对焦又有三种模式，分别是 AF-S、AF-C、AF-A，如图 3－12 所示。

图 3-12 对焦模式

1）单次自动对焦（AF-S）：这种对焦模式适合拍摄静止的物体，镜头对准被拍摄的主体半按快门，相机就会进行一次对焦。

2）连续自动对焦（AF-C）：连续自动对焦就是半按快门对焦之后，相机会锁定目标物或锁定对焦区域，一旦目标与相机之间的对焦距离改变了，相机会自动再次对焦。连续自动对焦最适合拍摄运动中的目标，比如体育摄影、野生动物摄影、汽车广告片摄影一类的。

3）智能自动对焦（AF-A）：该模式将单次对焦与连续对焦结合起来，半按快门后能够锁定焦点处的主体进行单次对焦，而主体运动时也可切换到连续自动对焦进行追踪拍摄，适合拍摄运动方式较为随机的物体。

4）手动对焦：手动对焦就是通过手工转动对焦环来调节相机镜头从而使拍摄出来的照片更清晰的对焦方式。在微距摄影、特殊效果拍摄或灯光昏暗的环境下拍摄，手动对焦功能显得特别有效。

对于大多数场景来说，使用自动对焦就已经足够，只有在极端环境下才会使用手动对焦。比如，要对焦在纯色区域、拍摄高速无规则物体、微距摄影等。

（2）对焦系统的好坏。

判断一台相机对焦系统的好坏需要从下面两点来看：

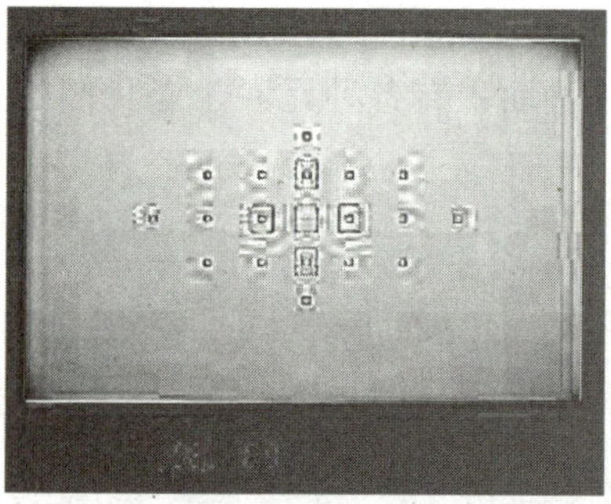

图 3-13 对焦点

1）对焦点个数。一般相机的对焦点数量越多，对焦系统就越好。对焦点多，如果用不到可以调少点；但是对焦点少，如果要用多点那就没办法增加了。不过对于普通摄影爱好者来说对焦点数量并不是很重要，因为很少用到多的。对焦点如图 3-13 所示。

2）对焦点覆盖面积。在某些情况下对焦点多并没有什么用，对焦点的覆盖面积大才有用。一般来说对焦点要是能覆盖整个取景框是最好的，但是基本上只能在取景框中心位置。记住：对焦点的覆盖面积越大越好，对构图会更加有利。

2. 曝光的核心——三个参数：光圈、快门、感光度

“摄影是用光的艺术。”摄影，或者说拍照，就是你拿个相机，当你按快门按钮的时候，快门（镜头外的世界和机身内部感光元件之间的门）会打开，过一段时间再关上。就在这一小段时间之内，光线会从镜头钻进来，照在长方形的感光元件上边，感光元件上几千万的感光点就会记录照到它上边的光的色彩。于是，你就得到一张照片了。

摄影最基本的要求就是曝光正常，不过曝（拍的画面很亮），也不欠曝（拍的画面很暗）。如图 3-14 所示的三张图片，分别是欠曝、正常、过曝的情况。

图 3-14 欠曝、正常、过曝

（1）光圈。

光圈就像一扇窗，在同一时间内（即“快门”开放时间），这扇窗越大，能吸收的光线越多，这样相片会变亮。在相机上，我们用 f 值表示光圈的大小，光圈 f 值＝镜头的焦距/镜头光圈的直径，完整的光圈值系列如下：$f1.0$，$f1.4$，$f2.0$，$f2.8$，$f4.0$，$f5.6$，$f8.0$，$f11.0$，$f16.0$，$f22.0$，$f32.0$，$f44.0$，$f64.0$。数字越小，光圈越大；反之数字越大，光圈便越小。光圈与景深的关系如图 3-15 所示。光圈 f 值越小，通光孔径越大，在同一单位时间内的进光量便越多，曝光量增加了。在快门不变的情况下，光圈越大，进光量越多，画面越亮；光圈越小，窗越小，能吸入的光线越少，画面越暗。上一级的进光量刚好是下一级的两倍，例如光圈从 $f8$ 调整到 $f5.6$，进光量便多一倍，我们也说光圈开大了一级。

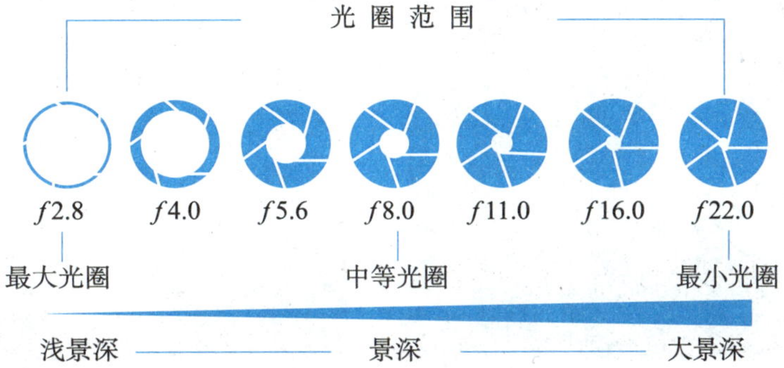

图 3-15 光圈与景深

（2）快门。

快门其实是挡在相机感光元件前的一道“门帘”，平时处于关闭状态，曝光过程中会

打开，让光线进入感光元件，如图 3－16 所示。快门打开后，光线就会穿过光圈射进相机的感光元件。快门打开，曝光进行；快门关闭，曝光结束。

图 3－16　快门

我们把快门从打开到闭合的时间称为“快门速度”，和曝光时间其实是一回事，都代表了光线进入镜头的时间。快门速度越慢，曝光时间越长，进入镜头的光线越多；快门速度越快，曝光时间越短，进入镜头的光线越少。

在光线不足的条件下，我们常通过降低快门速度，延长快门时间，在不影响景深和画质的前提下增加镜头的进光量。

1）高速快门和慢速快门。

除控制曝光外，通过调整快门速度，我们能够“凝固”瞬间画面或制造动态模糊效果。高速快门拍摄到的画面静止而清晰，能够“冻结”稍纵即逝的瞬间，甚至能拍摄出停在空中的子弹。

而低速快门适合拍摄物体的运动轨迹，具有十分独特的效果。移动车灯的轨迹，雾化的流水，在空中组成各种图案的光绘……这类利用低速快门的摄影手法被称为长曝光摄影或慢门摄影。

高速快门和低速快门拍摄效果分别如图 3－17、图 3－18 所示。

图 3－17　高速快门

图 3－18　低速快门

需要注意的是，快门速度不能低于安全快门，不然画面可能会模糊。那么，什么是安全快门呢？

2）安全快门。

手持相机超过一段时间，就会因为手震而导致镜头抖动，从而使画面模糊。我们把能够避免出现手震的最低快门速度，称为安全快门。画面模糊的效果如图 3-19 所示。

对不同镜头而言，安全快门的数值也不一样，大体来说可以用“1 除以镜头焦距”来进行计算。例如，当你使用 50mm 焦距的镜头时，安全快门便是 1/50s，只要快门速度高于这个数值，基本不会出现抖动模糊。

当我们手持长焦镜头（见图 3-20）时，必须使用更高的快门速度，才能避免画面出现抖动模糊。

图 3-19　快门速度低于安全快门，画面模糊

图 3-20　手持长焦镜头

手持拍摄时，一定要使用高速快门，至少要使快门速度高于安全快门，否则，就需要把相机放在三脚架上。

（3）ISO（感光度）。

光圈与快门曝光铁三角中，光圈不仅影响通光量，还会决定景深透视；快门速度不仅影响通光时间，还会受限于拍摄的实际情况（夜晚或运动）。这两者在决定曝光量的同时，也在决定别的因素。

但 ISO 不同，ISO 是纯粹的对光的敏感程度。好比录音的麦克风，麦克风的增益效果降低，你就需要大声说话才能让别人听清，但这样也降低了周围环境的噪声；麦克风的增益调高了，你轻声细语也能被捕捉，但难免也夹杂了周围不必要的声音。

类似地，在保证光圈和快门不变的情况下，拉高 ISO 就是拉高感光元件对光线的敏感程度，使它能够捕捉到更微弱的光线。与之相应地，也会有一些噪点的产生。而降低 ISO 效果则相反。

也就是说，高 ISO 有高噪点的风险，但这与光圈影响景深、快门决定捕捉速度相比，并不算一个大问题，更何况现在各大相机厂商都将高 ISO 下的素质表现作为突破重点，相信不用多久，“ISO 高感恐惧症”都会被克服。

也许未来的技术会更进步，但我们现在学习摄影，曝光三角绝对是每个摄影新手应该掌握的概念。当你担心光圈太小或曝光时间太长时，不妨调整你的 ISO，也许能够很有效地帮助你完成拍摄。

拓展学习

拿起手中的单反相机，尝试用不同的光圈、不同的快门、不同的 ISO 拍摄同样环境下的同一件产品，找到照片之间的区别。

任务 3.3 拍摄室内商品图片

商品拍摄的一般场所有室内、室外以及摄影棚。不同的拍摄有不同的要求。有些商品，例如家具、生活用品、墙纸、窗帘等，是需要在室内进行拍摄的。李同学作为一名初入电子商务行业的新人，对商品拍摄等不甚了解，你能帮他解决吗？

活动 3.3.1 做好室内拍摄的场景布置

室内拍摄并不是件简单的事情，因为室内的环境往往较为杂乱，而且光线等环境因素很难把握。要想拍好室内商品，就需要提前做好室内的场景布置。

必备知识

1. 整理好周围的杂物，使商品处于整洁有序的环境中

电商拍摄的对象是商品，因此其他无关的杂物最好收起来，否则环境太过杂乱会出现喧宾夺主的效果，无法突出商品本身的特质，如图 3－21 所示。背景不能过于混乱，颜色要适合商品拍摄的需要。如果对背景不满意，还可以采用墙纸或背景布来布置场景，如图 3－22 所示。

图 3－21 被喧宾夺主的行李箱

图 3－22 行李箱主体突出

2. 布置好闪光灯

如何选择闪光灯取决于两个因素：用途与空间大小。如果是证件照片，应该用 36 指数左右的闪光灯；如果是平拍，应该用 36 指数以上的闪光灯；如果是拍摄模特，应该用 45 指数或者以上的闪光灯。

空间大小是指用于摄影的相对封闭的空间的面积大小，一般 25 平方米以上的空间应该用 300W 以上的灯，45 平方米以上的空间应该用 400W 以上的灯。

拍摄商品用几个灯合适呢？无论是常亮灯还是闪光灯，在拍摄商品的过程中，均需要几组灯才能达到更好的效果。对于小件商品来说，两个灯是最基本的配置，三个灯是完美配置。对于服装拍摄来说，平铺拍摄两个灯可以，三个灯更佳。模特拍摄一般至少需要三个灯，即“背景灯＋主灯＋辅灯”。总之，需要根据拍摄的物件大小、材质及要表达的不同效果来选择不同的灯组合。

3. 使用反光板等辅助设备布置场景

反光板（见图 3－23）作为拍摄中的辅助设备，它的常见程度不亚于闪光灯。根据环境需要用好反光板，可以让平淡的画面变得更加饱满，表现出良好的影像光感、质感。同时，利用它适当改变画面中的光线，对于简洁画面成分、突出主体也有很好的作用。

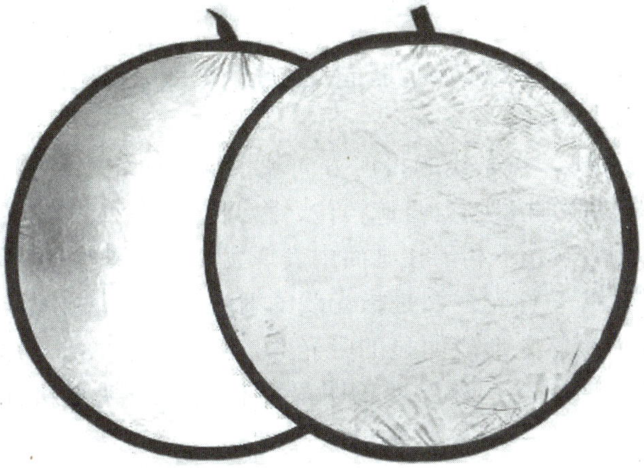

图 3－23　反光板

反光板主要有两种类型：硬反光板及软反光板。硬反光板是一种高度抛光的银色或金色反射光源的平面，它们在许多场景中被广泛使用并且价格不菲，也有海绵板制作的价格较为低廉的替用品。硬反光板室外使用效果非常出色。大多数硬反光板都通过高反射面和低反射面来区分光照强度——常常被称为“硬”面和“软”面，用来描述其反射后产生的光源效果而非它们的材质软硬。

软反光板，通常为金色、银色、白色或这些色彩的组合。它拥有不平整的表面或不规则的纹理。光线在其平面上会产生漫反射的效果，光源将被柔化并扩散至一个更大的区域。你可以使用软反光板作为场景或物体的主光源。这种类型的反光板创造和扩散与光源类似的光影效果。这种效果十分适用于人物的脸部照明。

在商品拍摄中，常见的辅助设备还有反光伞、柔光箱、灯架、灯头、柔光棚、顶灯架等。摄影灯不是单独使用的，需要配上相应的附件才能达到预期效果。

4. 控制好光线方向

光线方向（见图 3-24）指的是光源位置与拍摄的方向形成的光线照射角度。光源位置与拍摄方向两者中任何一个发生变化都会引起光线方向的变化。光线不仅可以刻画被摄体，还能够渲染画面气氛。一幅照片无论构图如何缜密，倘若对光线的控制没有达到预期的目的，这张照片将无法令人满意。

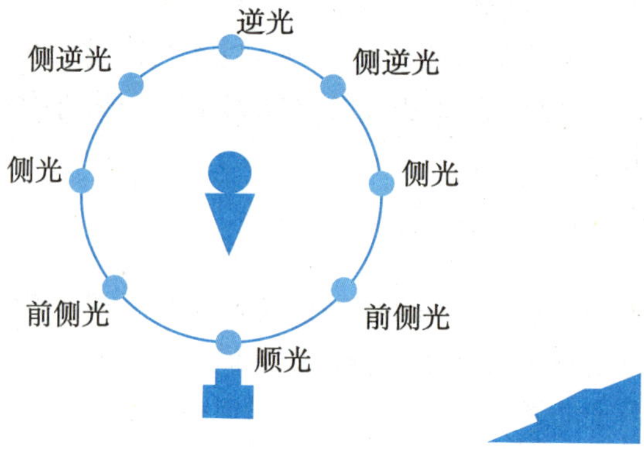

图 3-24　光线方向

在室内摄影中，缺少自然光线，主要是人工照明，所以可以随意控制光线方向。有顺光、侧光、逆光等光线方向。

顺光也叫作“正面光”，指光线的投射方向和拍摄方向相同的光线。顺光时，被摄体受到均匀照明，景物的阴影被景物自身遮挡住，影调比较柔和，能拍出被摄体表面的质地并还原较好的色彩。但是顺光不利于在画面中表现大气透视及空间立体感的效果。

侧光摄影是最常用的一种光线，是指光线的射入方向是从拍摄点的左或右侧方照射到被射对象，侧光在被摄体上形成明显的受光面、阴影面和投影。画面明暗配置和明暗反差鲜明清晰，景物层次丰富，透视现象明显，有利于表现被摄体的空间深度感和立体感。

逆光是一种由于被摄主体恰好处于光源和照相机之间的状况，明暗反差比较大。逆光对于不透明物体会产生轮廓光，对透明或半透明物体会产生透射光。因此，逆光比较适合拍摄水晶、植物等。

顶光就是光源位于商品的顶部，这种方向的光线一般比较柔和，太过强烈的顶光，会导致商品的顶部出现明暗的强烈反差，反而不利于展现商品的质感。

脚光就是从被拍摄物的底部向上的光线，在商品的拍摄中用得较少。

拓展学习

各小组选定一件商品，为这件商品布置合适的场景并打光，选择合适的模式，设置合理的参数，拍摄一组商品照。

知识拓展

不同商品的光线运用

1. 表面光滑的商品

金银饰品、瓷器（见图3－25）、漆器、电镀制品等，它们的表面光滑如镜，具有强烈的单向反射能力，直射灯光聚射到这种商品表面，会发生强烈的光线改变，所以拍摄这类商品，一是要采用柔和的散射光线进行照明，二是可以采取间接照明的方法，即灯光作用在反光板或其他具有反光能力的物体上，再由反射出来的光照到商品上，这样能够得到柔和的照明效果。

2. 表面粗糙的商品

许多商品具有粗糙的表面结构，如皮毛、棉麻制品（见图3－26）、雕刻等，在光线的使用上，应采用侧逆光或侧光照明，这样能表现出商品的质感及明暗起伏的结构变化。侧光是摄影时运用率非常高的一种光线，能够很好地表现被摄对象的形态和立体感。

图3－25 表面光滑的商品

图3－26 表面粗糙的商品

3. 透明的商品

玻璃器皿、水晶、玉器等透明商品（见图3－27）的拍摄一般都采用侧光或底部光进行照明，可以很好地表现出静物清澈透明的质感。要注意使用底部光时，应使用白色底衬或者直接放在玻璃上。

4. 无影静物

有一些商品照片，画面处理上完全没有投影。这种照片的用光方法，是使用一块架起来的玻璃台面，将要拍摄的商品摆在上面，在玻璃台面的下面铺一张较大的白纸或半透明描图纸。灯光从下面作用在纸的上面，通过这种底部的用光可以拍出没有投影的商品照片，如果有需要也可以从上面给商品加一点辅助照明。这种情况下，要注意底光与正面光的亮度比值，不宜过强。或是拍摄时使用无影灯也可以达到这样的效果。无影静物如图3－28所示。

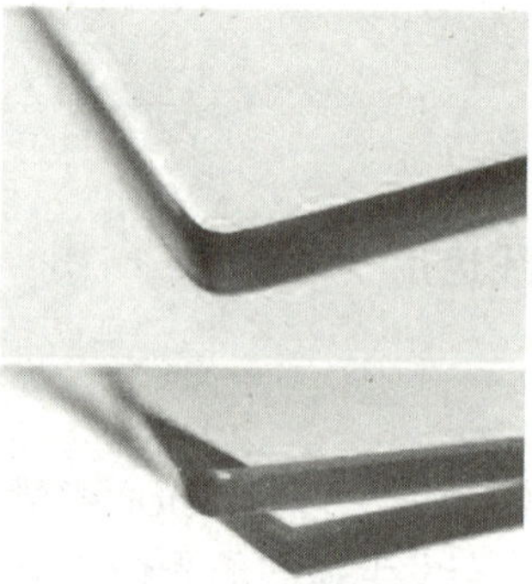

图 3-27 透明的商品

图 3-28 无影静物

5. 服装类商品

拍摄服装的主体是服装本身（见图 3-29），而为了突出服装本身，最主要的就是光线和背景的处理。如果使用自然光，那么一定要注意在光线充足且避免直射的时候进行拍摄，同时由于光线要透过窗户照射进来，千万记得把窗户全部打开，因为玻璃非常容易使图片产生色差。如果有条件，可以采用人造光拍摄，虽然还是“主光＋辅助光”的方式，但这种情况下对设备要求更高一些，需要的背景布要大一些，同时也需要借助反光板或者摄影伞。

图 3-29 服装类商品

活动 3.3.2 围巾和帽子的拍摄技巧

围巾和帽子因其体积小、易造型且人人需要，对于新手卖家来说，是个很好的选品方向。那怎么把日常的小物件拍好呢？

必备知识

围巾不像首饰那样精致小巧，也不像衣服那么有板有型，它本身很单调，需要有造型；围巾一定要表现动感，飘逸…… 甚至可以拍出妩媚、狂野，拍出高贵、雅致，拍出女人味…… 围巾的材质种类繁多，不胜枚举，有人造毛线、天然毛线、纯羊毛、丝绸、涤纶，甚至还有帆布。不同材质的围巾，在拍摄时所需要表现出来的质感也不尽相同。比如纯羊毛的围巾，质地较轻盈，纹路清晰，光泽自然柔和，手感柔软而弹性丰富；丝绸质感的围巾手感光滑，晶莹剔透；布料的围巾比较硬挺，造型感强。所以在拍摄围巾的时候要有侧重地表现围巾的这些特点。拍摄时，应注意表现其不同的围、系的花样，以吸引年轻、时尚的买家。丝质围巾的摆放效果如图 3-30 所示。

图 3-30 丝质围巾的摆放

帽子的材质种类也很多，有动物毛皮的、毛线的、棉线的等，拍摄时也要注意光线的强度，要将质感表现得真实、自然。

在拍摄之前，可以先学习一下不同的围巾系法，试试看哪种系法最能体现围巾的特点、花色和质感，并找到适合的背景色来衬托围巾的花色。一般来讲，白色的背景纸可以使画面显得干净，可以凸显围巾柔软的质感。拍摄带花的围巾时，用白色的背景纸非常适合，图3－31中拍摄灰色的围巾，用了灰绿色的背景纸，画面整体颜色显得很高档也很和谐。用帽子做陪衬，画面的构图也更加饱满。如果在拍摄时画面显得太空或者太拥挤，都会在视觉效果上打折扣。除此之外，围巾帽子类商品的拍摄也是不能忽略细节图的，细小的局部更能说明商品的质量。

另外，让真人试戴的方法也不错，帽子、围巾都可以戴，这样可以让买家更直观地看到商品上身的效果。模特的衣服颜色也需和围巾相协调。将围巾围在脖子上，方便买家看到实际长度和效果。模特试戴帽子拍摄，效果比帽子平放更生动。

图3－31 真人试戴

拓展学习

不同商品的摆放造型当然不同，各组选定一条围巾，设计摆放造型后进行拍摄，比较哪组摆得更能突出商品特性，让消费者更有购买欲。

任务3.4 室外商品的设置

与室内拍摄相反，室外的自然光是摄影者无法自由处理的，因此必须对此进行补充。最基本的做法是多准备些反光板。推荐反射率高、不会对商品颜色产生影响的白色反光板。当然，根据具体情况也可使用有色反光板。另外，室外的自然景色可以自由选择，创作理念不容易受场景限制。

活动3.4.1 室外拍摄场地的布置

室外空间广，背景随场地的转换而变换，选择不同的场景可以给顾客以不同的使用场景的联想，从而提高销量。那么室外拍摄场地该怎么布置呢？

必备知识

一般室外拍摄的商品多为服装鞋帽以及玩具、球类等，我们可以借助公园里的树荫、花草等，商业街的咖啡馆、游乐场等符合商品特色的风景进行拍摄。一般来说，室外拍摄多为模特拍摄。在布置场景时，要注意以下 3 个方面：

（1）不要选过于复杂的背景，否则容易使顾客将视线转移到其他地方。最关键的是，背景与商品要协调。

（2）必须准备可以给特定部分增加光线的反光板。

（3）一定要在规定时间内完成所有拍摄。因为自然光线的位置与亮度会随着时间变化而变化。既要避免光线直射在头顶和脸上形成不均匀的光，也要避免光线不足影响拍摄效果。

做中学

在校园中选择一处适合拍摄校服的场地，并上网查询当地日出日落的时间，选择最适宜拍摄校服的时间。

活动 3.4.2　室外拍摄的技巧

有了好的室外场地，在拍摄中该怎么做才能把照片拍好呢？

议一议

如果是在室外拍摄足球商品，你认为外景选择哪里比较好？应该怎样布置呢？

必备知识

室外拍摄有模特展示的商品时需要注意以下 4 点：

（1）选择合适的背景，并决定光的方向。可以的话，最好选择射光或阴影，如果光线不足，可以利用反光板来补充光线。一般来说，商品拍摄不要采用背光拍摄。

（2）最好景深较浅，创建外聚焦效果，以便突出模特。但景深也不能太浅，浅到看不出户外背景的话，那外景拍摄的目的也就没有了。

（3）最好不要使用闪光灯。一般相机的内置闪光灯容易使脸部生硬、不自然。

（4）拍摄角度选择。最好的拍摄高度是对着模特的腰部进行拍摄，这样照片会比较真实，也不会显得模特腿短或者拍出双下巴。

做中学

为校服选好背景，布置好场地，从不同角度至少拍摄 12 张照片，组里人员轮流体验摄影师、模特、美术陈列的工作。

拓展学习

将各组照片进行展示对比，组长说明拍摄情况，全班讨论外景拍摄的场地选择与时间选择的技巧和关键点，分析照片好坏的原因。

任务3.5 商品图片的处理

我们拍出来的照片大部分是不能直接拿来用的，有的是跟网络平台的大小不匹配，有的是色彩光线不合适或者失真，还有的因为背景不够理想等。为了能使照片更符合商家的意愿，更吻合商品的特点，更能吸引买家购买，往往需要将图片进行专门的美化。

活动3.5.1 图片调整处理

拍摄后没有经过任何处理的图片，我们称为原始图片。原始图片虽然经过精心拍摄，但是大多不能直接用来作为商品宣传。我们先要做的是一些简单的图片调整操作，包括图片的裁剪、图片尺寸的调整、图片亮度和色彩的调整。

必备知识

1. 图片的裁剪

当我们只想突出商品的某一部分特色或者将商品图片换成其他形状时，我们就要对图片进行裁剪。下面我们用 Photoshop 对图片进行裁剪。

（1）启动 Photoshop CS3，打开需要裁剪的图片，然后选择“工具箱”上的“裁剪工具”，如图 3-32 所示。在所打开的图片上按住鼠标左键拖动出一个方框，该方框内的内容就是我们裁剪后的内容。

（2）我们可以通过调整图片中的 8 个调节点来调整裁剪区域的大小，将鼠标移到 8 个调节点上，如图 3-33 所示，然后按住鼠标左键拉动即可调整，调整好裁剪区域大小后，按键盘上的 Enter 键，图片的截图就完成了。保存该图片（快捷键 Ctrl+S）。

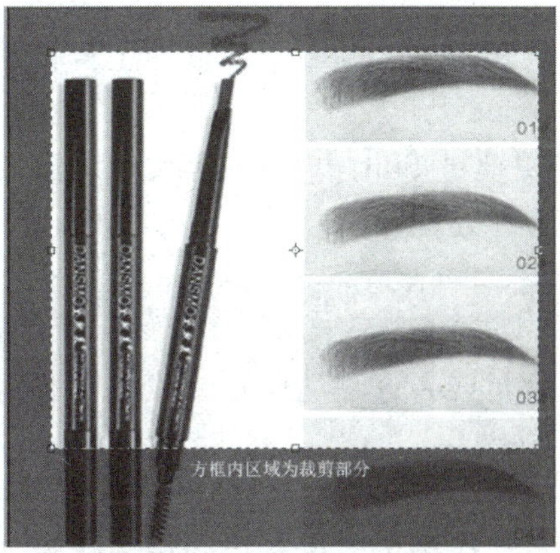

图3-32 裁剪

图3-33 8个调节点

裁剪技巧：要想对裁剪区域进行变形，需要将鼠标移到调节点上，注意看鼠标样式，可判断如何变形，如图 3－34、图 3－35 所示。

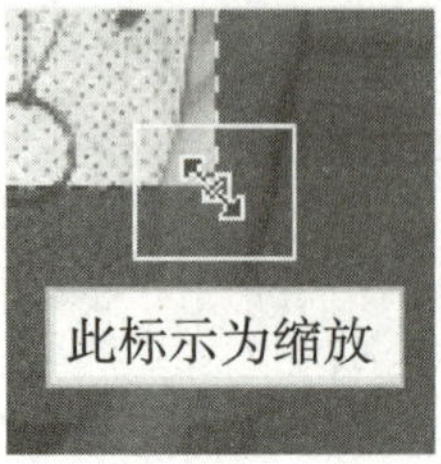

图 3－34 缩放

图 3－35 旋转

2. 图片尺寸的调整

以将大尺寸的原始图片改成我们需要的图片尺寸 360 像素×260 像素为例，步骤如下：

（1）打开 Photoshop，按快捷键 Ctrl＋N 新建一张我们需要的大小的图层——360 像素×260 像素，如图 3－36 所示。

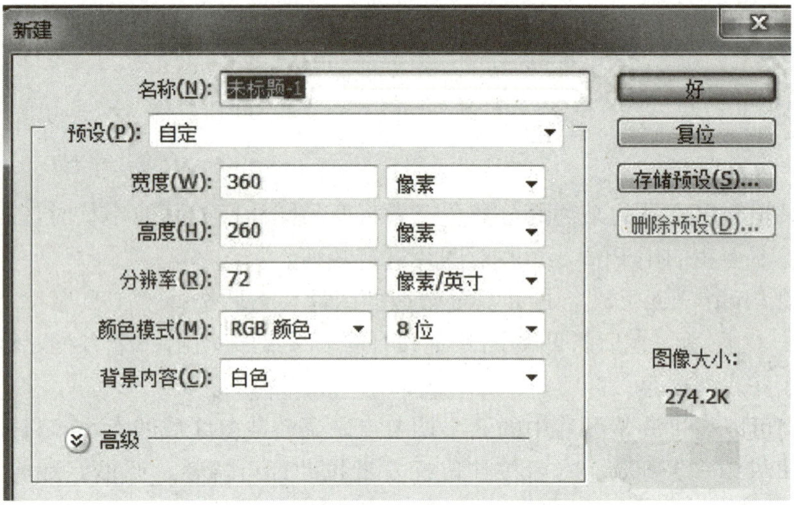

图 3－36 新建画布

（2）双击鼠标左键，打开需要处理的图片，然后用 Photoshop 中的拖动工具将需要处理的图片拖动到新建的图层中，如图 3－37 所示。

（3）按快捷键 Ctrl＋T（自由变换），之后再按快捷键 Shift＋Alt（等比例缩放图片），将图片拖到合适的位置后，按 Enter 键，此时图片已经处理好了，如图 3－38 所示。

3. 图片亮度和色彩的调节

在拍摄照片时往往因为光线的原因拍摄出曝光不足或者过曝的照片。我们需要对照片进行亮度和色彩的调整，来更好地反映商品的真实颜色。

（1）调整亮度。

我们经常使用色阶工具来对图片的亮度进行调整。所谓色阶就是指图像中从暗（最暗

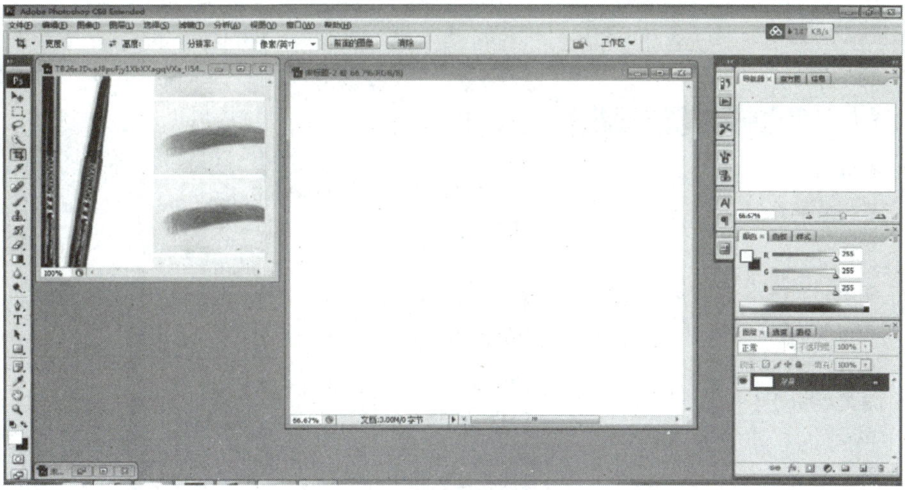

图 3 - 37　拖动

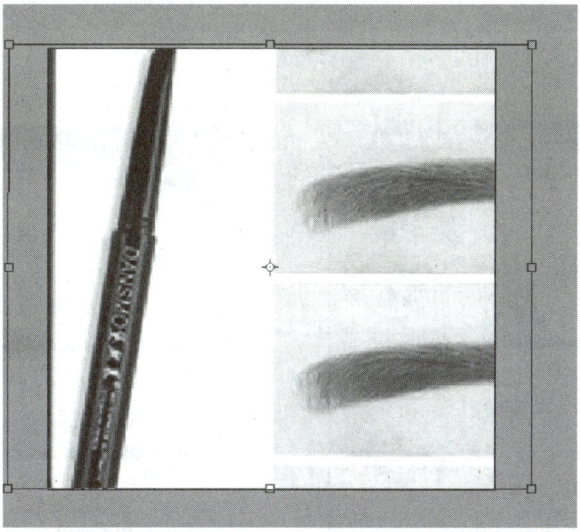

图 3 - 38　调整大小

处为黑色）到亮（最亮处为白色）像素的分布状况。通过 Photoshop 的色阶工具可以调整图片的亮度，如图 3 - 39 所示。

按住鼠标左键拖动图 3 - 40 中色阶右边的三角（白场三角），向左调整，整个图片的亮度就会增强；拖动中间的三角（灰场三角），向左调整，会增强中间调的亮度；向右反之。在调整的同时要观察图片的亮度变化，合适后即可松开鼠标，如图 3 - 41 所示。

（2）调整偏色图片。

你是否有这样的经历，明明看到商品图片显示的是某种颜色，结果收到商品后发现其实是另外一种颜色，例如绿色变成了青色，橙色变成了黄色，等等。这是因为在拍摄商品时光线、色温、环境等因素会干扰图片的颜色，导致图片颜色失真。作为网店经营者，肯定不想消费者因为收到的产品颜色的问题给出差评，因此，商家要在产品照片拍摄

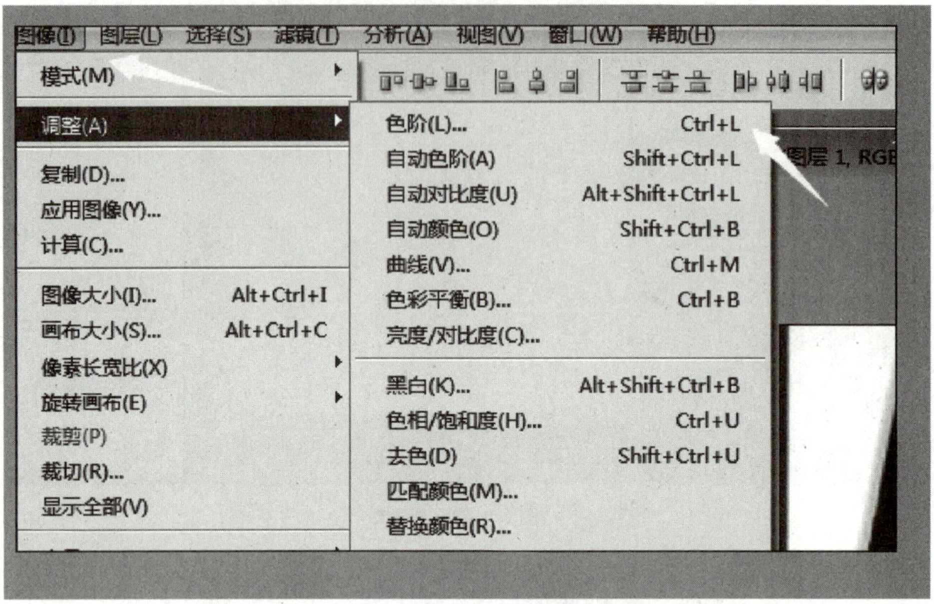

图 3-39 色阶

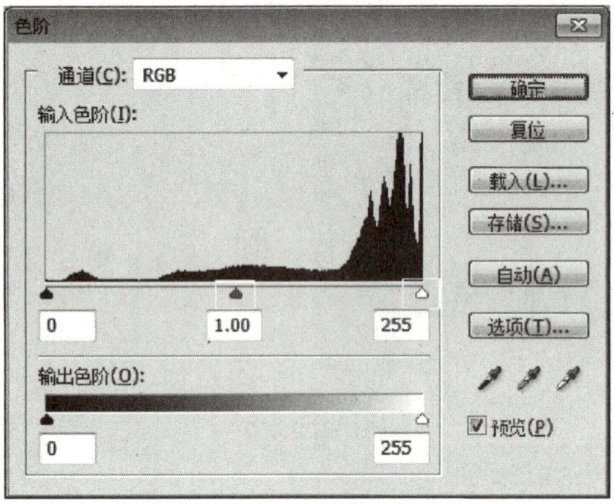

图 3-40 黑场三角、灰场三角、白场三角

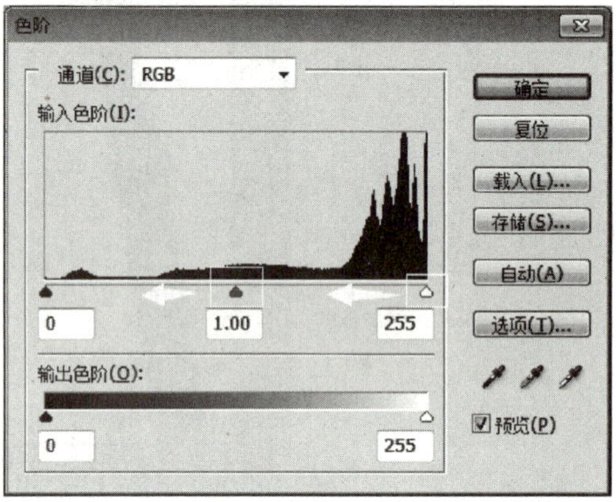

图 3-41 向左调整增加亮度，向右调整降低亮度

后对偏色的照片进行调色处理。

例如，图 3-42 所示的包由于环境干扰，原来的白色背景变成了偏蓝色的背景，这使得商品的颜色也失真了。现在我们利用色阶工具和直方图来对这张图片进行偏色的调整，使其更接近于真实颜色。

1）单击“窗口—直方图”，如图 3-43 所示。

2）在直方图面板的右上角，单击小三角标志，选择“全部通道视图”，如果 3-44 所示。

3）在直方图面板的右上角，单击小三角标志，选择“用原色显示通道”。因为一般来说，网络图片都是 RGB 模式，因此将直方图的通道设置为 RGB。通过直方图我们可以很直观地看到每个通道的色阶分布状况。此时，红、绿、蓝三色的色阶峰值并没有在一条垂直线上，如图 3-45 所示。

图 3-42 原图

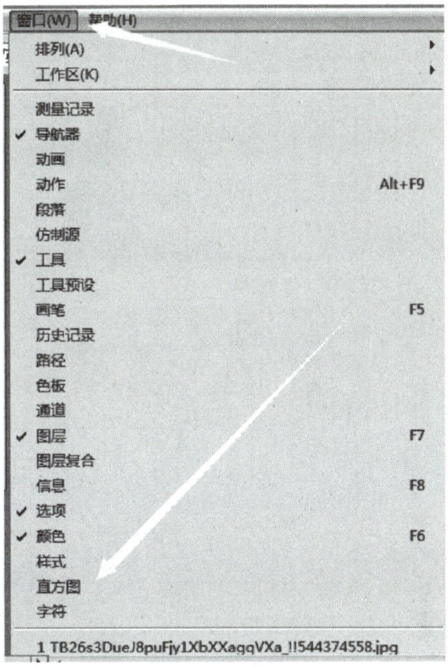

图 3-43 直方图

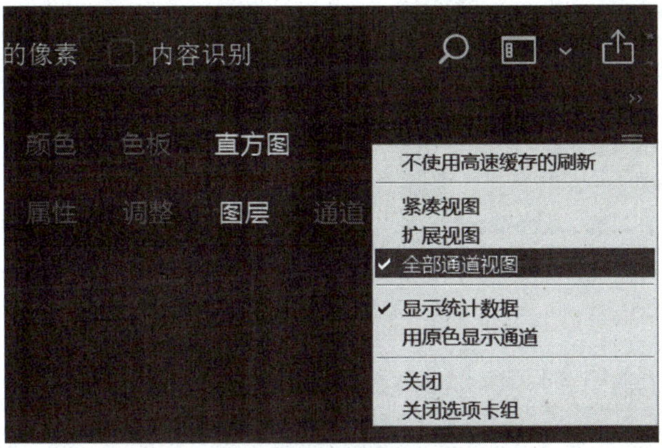

图 3-44 全部通道视图

4）选择“图像—调整—色阶”，在色阶面板里，先选择红色通道，调整白色三角向左移动到波峰位置，可以在直方图中观察到红色通道的色阶波峰向右移动，调整后的效果如图 3-46 所示。

5）同样的操作对绿色、蓝色通道进行调整，最后使红绿蓝三个通道的色阶波峰在同一垂直线上，如图 3-47 所示。最后可以看到图片的颜色和亮度都得到了非常好的还原，如图 3-48 所示。

（3）调整图片色相及饱和度。

有时候因为光线等原因，原来比较深的颜色会显得比较浅，原来比较浅的又会显得比较深，这时候就需要我们对图片进行色相及饱和度的调整。选择“图像—调整—色相/饱和度”，左右调整饱和度，使其接近真实的商品颜色，如图 3-49 所示。最后效果如图 3-50 所示。

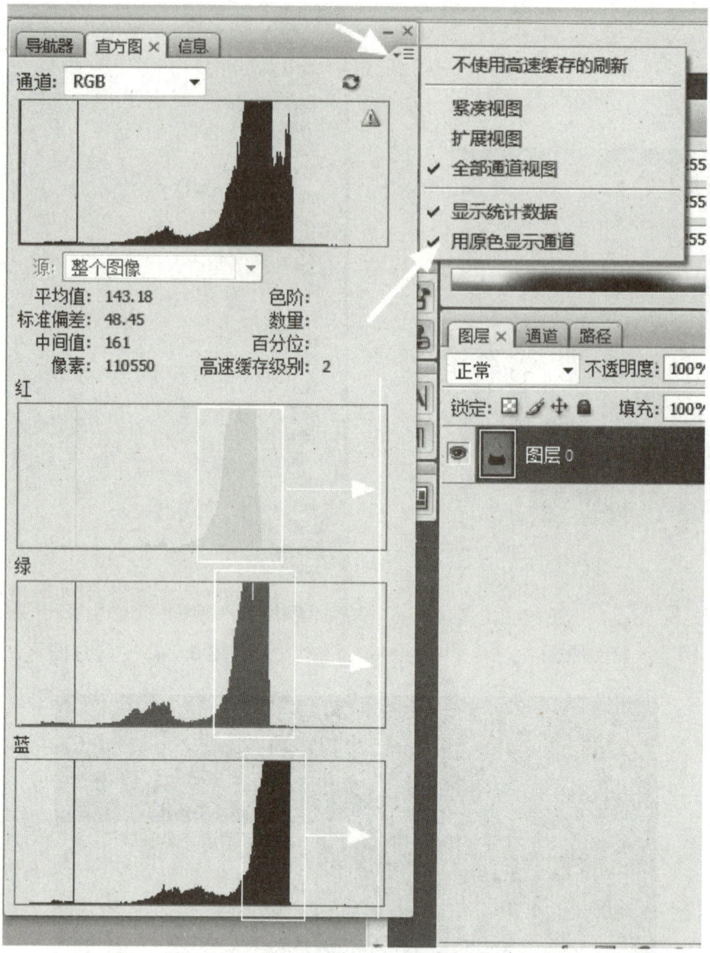

图 3-45 原图的红绿蓝三色色阶

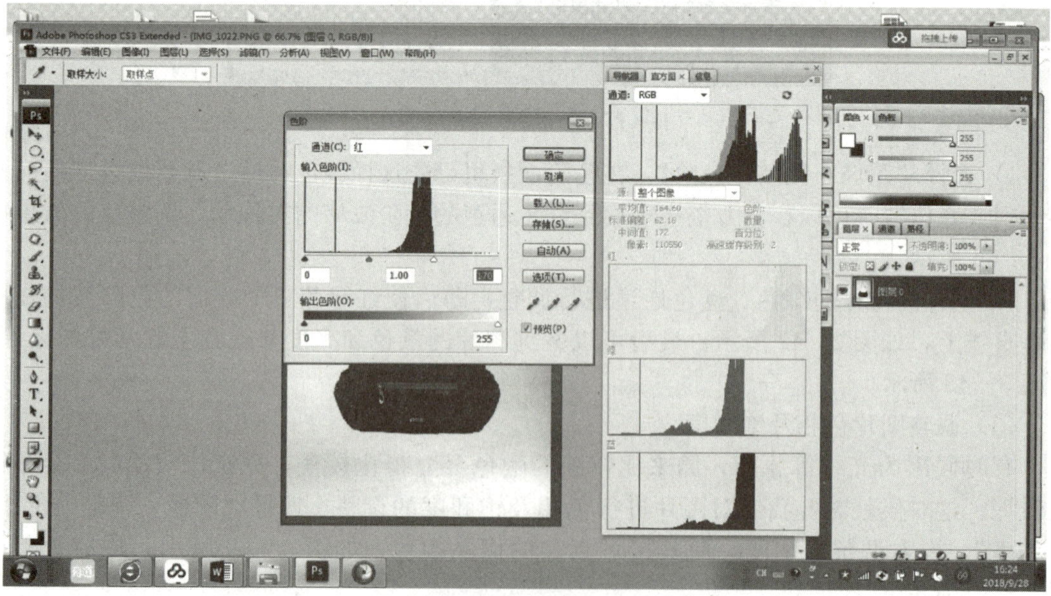

图 3-46 红色通道的白色三角左移到波峰

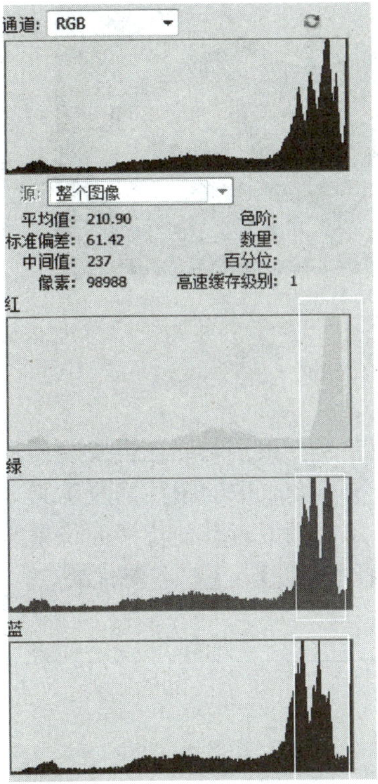

图 3-47　红绿蓝三个通道在同一垂直线上

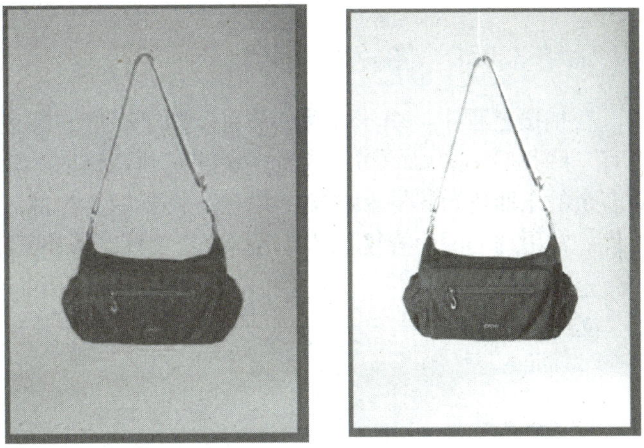

图 3-48　原图与调整后的对比

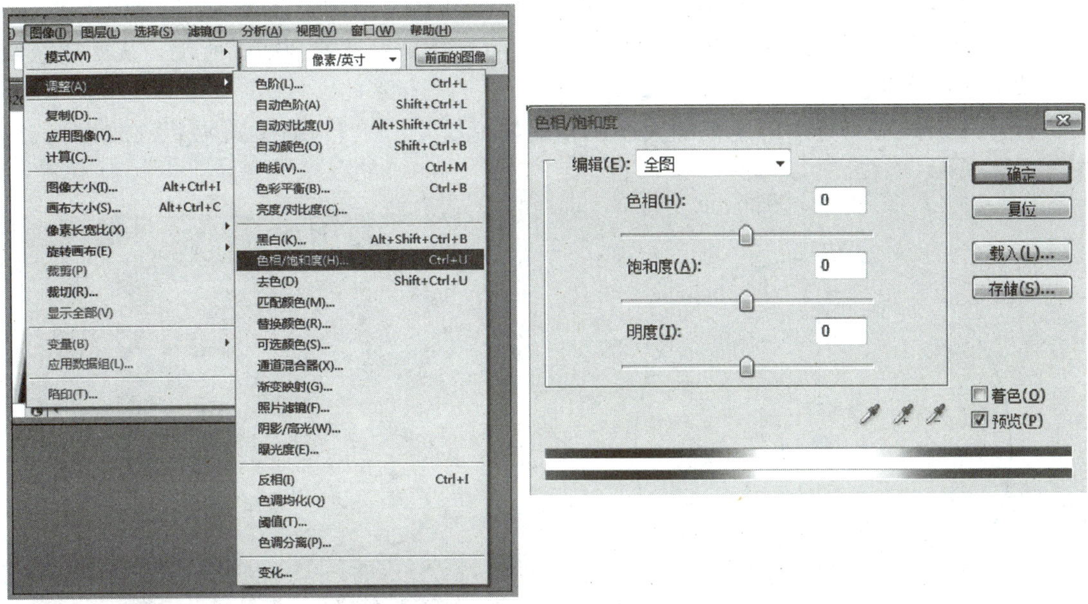

图 3-49　调整色相/饱和度

图 3-50　调整前后对比

活动 3.5.2　图片修复美化

在拍摄过程中，由于环境的关系，除了亮度、颜色会出现差异，很多时候还会发现照片中有一些我们不想要的污点或者多余的东西。这时候就要用 Photoshop 中的图片修复工具来对多余的东西进行排除和修复。原理是将要修复的像素信息，用周围或者其他位置的像素来替代。常用到的图片修复工具有污点修复工具、修补工具和仿制图章工具，它们各有优缺点。

必备知识

1. 污点修复工具的使用

污点是指范围比较小的斑点，例如人脸上的痘痘或者雀斑、衣服上的小污渍等。处理这类污点最常用的就是污点修复工具。它的功能是在画笔单击处，画笔的中心内容将由画笔的周边内容来替代，但保留中心点的亮度信息，如图 3-51 所示。

例如，设定图 3-51 中的圆点为污点，那么污点修复工具就会如图所示，从四周获取图片数据进行修复。

打开污点修复工具，画笔范围大小调整的快捷键是“［”（缩小）、“］”（放大）。如图 3-52 所示。

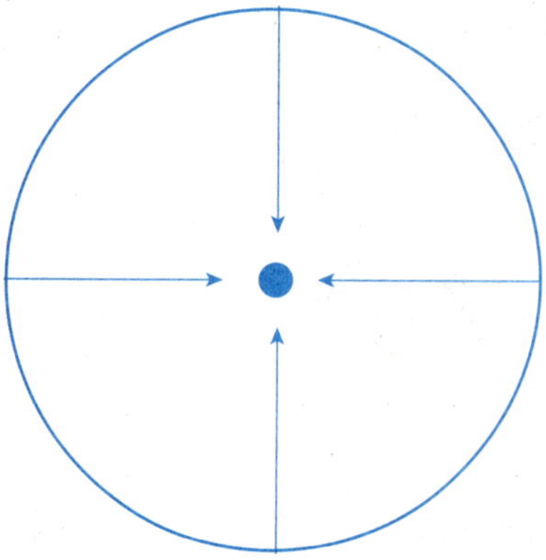

图 3-51　污点修复工具就是用画笔周边的内容来替代中心内容

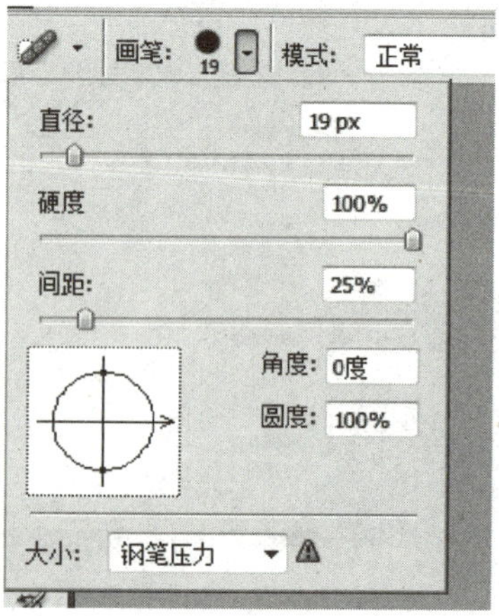

图 3-52　污点修复中画笔的调整

模式一般选择“正常”模式。

污点修复的类型有三种：近似匹配表示取样点向污点填充时边界较生硬；创建纹理表示污点由纹理内容填充；内容识别表示取样点向污点填充时自然过渡，效果较近似匹配要好一些。

根据污点大小设置画笔大小为 19，选择类型为内容识别。在污点上点一下，污点就被画笔周围的像素填充取代了，污点修复前后对比如图 3－53 所示。

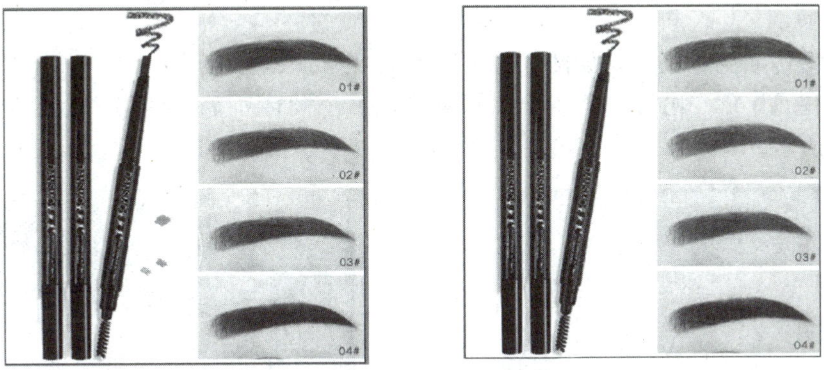

图 3－53　污点修复前后对比

2. 修补工具的使用

修补工具用于修改有明显裂痕或污点等有缺陷或者需要更改的图像。选择需要修复的选区，将需要修复的选区拖动到附近完好的区域方可实现修补，一般可以用来修复照片上一些大面积的皱纹之类的。细节处理则需要用仿制图章工具，并且在选择状态为“源”的时候（源需要被修复），将污点选区拖动到完好区域实现修补，如图 3－54 所示。

图 3－54　修补工具选择状态为“源”

选择状态为“目标”的时候（目标需要被修复），选取足够盖住污点区域的选区，并将其拖动到污点区域，盖住污点实现修补。用户可以通过修补工具用其他区域或图案中的像素来修复选中的区域。像修复画笔工具一样，修补工具会将样本像素的纹理、光照和阴影与源像素进行匹配，如图 3－55 所示。

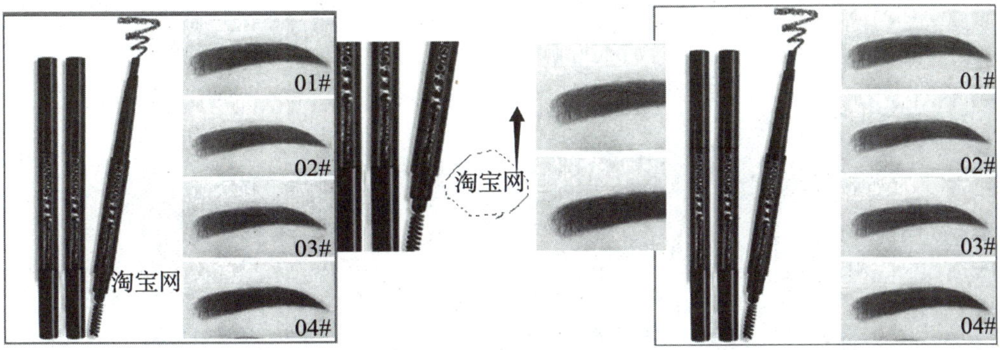

图 3－55　使用修补工具将“淘宝网”三个字去除

3. 仿制图章工具的使用

当用修补工具不能完全消除图片中的障碍物时，我们可以借助仿制图章工具来修复。例如，图 3-56 中包的手提处有根绳子，这是为了让包站得更稳，使包的形象更立体，视觉效果更好，全面展现商品所用，但是在后期，我们就要把这根绳子去掉，以保持商品的美观。

（1）选择仿制图章工具，如图 3-57 所示。

（2）按住 Alt 键，出现一个有十字的圆环，这个圆环所盖住的像素就是复制的部分，如图 3-58 所示。

图 3-56　包袋上的绳子是不需要的，要去掉

图 3-57　仿制图章工具

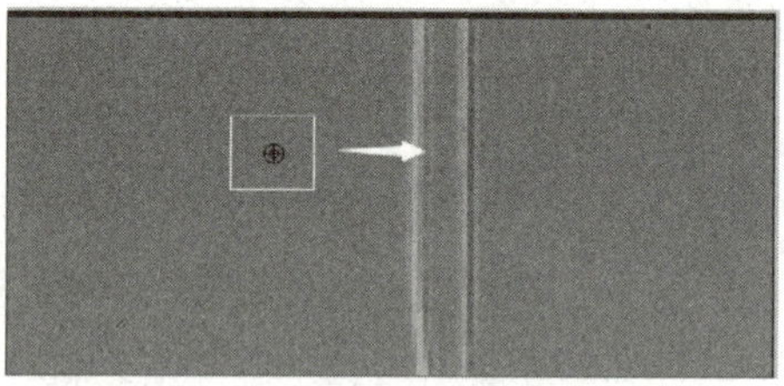

图 3-58　十字圆环盖住的像素就是复制的部分

（3）单击需要修复的部分，“+”就是采集的像素，将其覆盖到“○”上，达到修复的目的，如图 3-59 所示。

（4）用同样的办法将绳子的剩余部分消除，最终效果如图 3-60 所示。

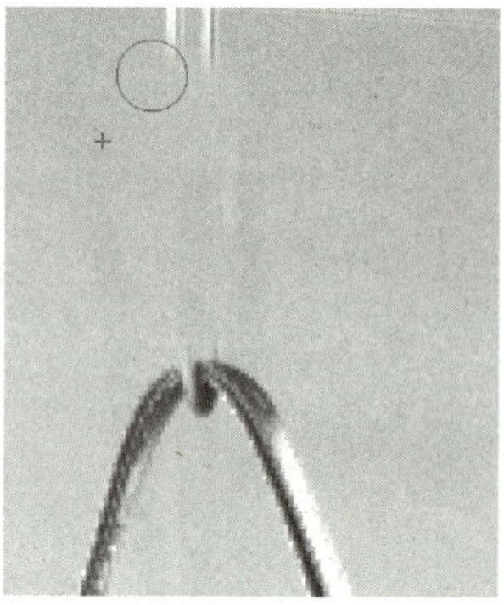

图 3-59　“+”就是采集的像素，将其覆盖到“○”上

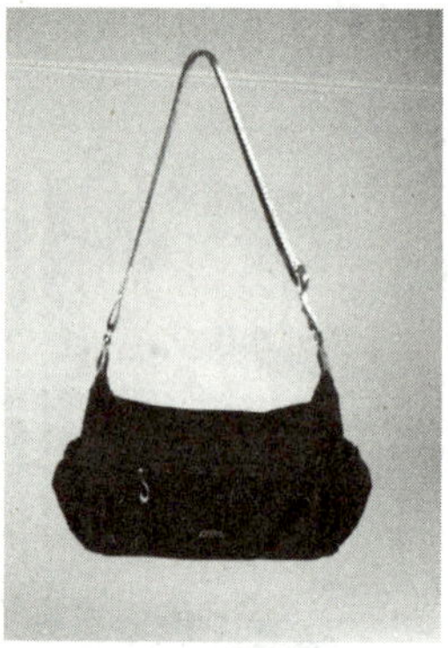

图 3-60　最终效果图

做中学

（1）选择一个皮质比较柔软的包，通过塞报纸、挂绳子等办法使皮包立体有型，再进行拍摄；

（2）运用 Photoshop 对背景进行美化，去掉绳子；

（3）小组评比做好的皮包图片，选出最优秀的组予以奖励。

拓展学习

（1）Photoshop 软件还有哪些修复图片的工具？每种工具是怎么操作的？

（2）修补工具和仿制图章工具的区别在哪里？

活动 3.5.3　图片抠图取像

平常摄影师在拍摄商品的时候，多是用白布做背景，后期再把商品放到其他场景，这个过程就要把商品抠出来，即抠图取像。抠图的办法有很多，针对不同的对象和要求可以使用不同的方法。

必备知识

1. 选框工具

选框工具包括矩形选框工具、椭圆选框工具、单行选框工具和单列选框工具，如图 3 - 61 所示。点选相应的工具，按住鼠标左键，就可以在画布中创建矩形、椭圆形、行或者列的选区，然后对选区内的内容进行复制、剪切、填充等操作。

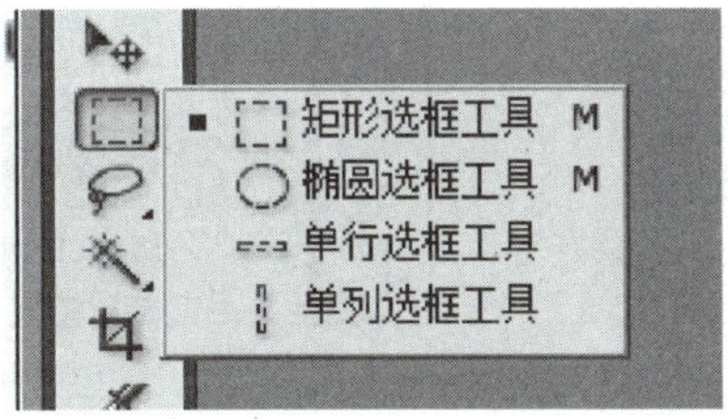

图 3 - 61　选框工具

下面是一个女式猫跟鞋的商品图的例子。我们想给顾客展现漂亮的鞋跟和鞋头的细节部分，所以我们将原图中的鞋跟和鞋头剪切下来进行细节展示。鞋跟部分可以用矩形选框工具剪切，鞋头部分可以用椭圆选框工具剪切，操作步骤如下：

（1）打开图片，单击工具栏里“放大镜”工具，选择“实际像素”按钮，如图 3 - 62 所示。

（2）新建一个名为“细节图”的画布，将画布的宽度、高度分别设置为 240 像素和 240 像素，如图 3 - 63 所示。

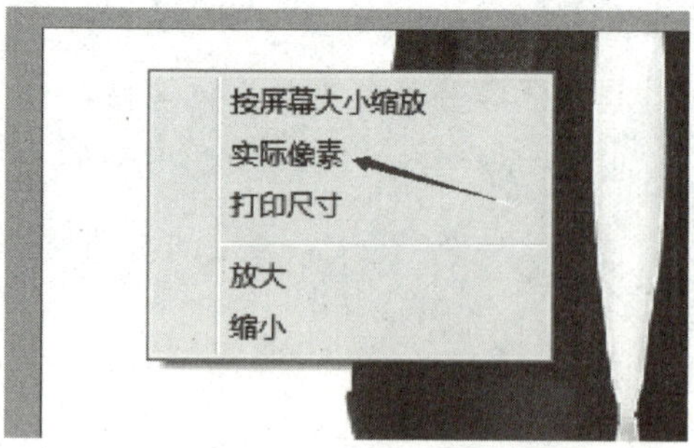

图 3-62 放大镜—实际像素

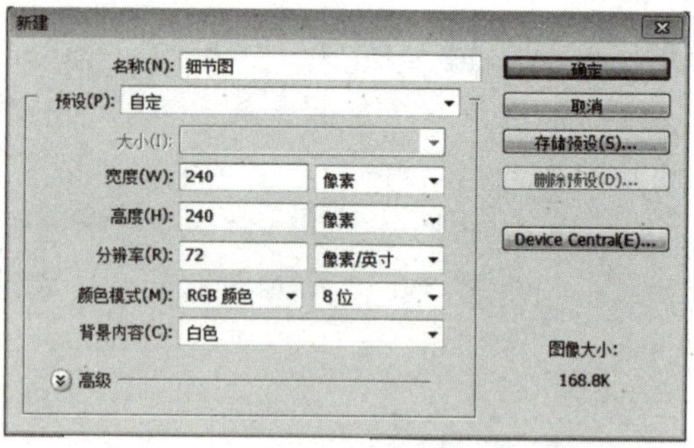

图 3-63 新建画布

（3）单击工具箱中的“矩形选框工具”，在需要裁剪的部分，按住鼠标左键设置选区，如图 3-64 所示。

（4）选择“编辑—拷贝”对选区进行复制，如图 3-65 所示，然后在“细节图”窗口中进行“编辑—粘贴”操作，矩形选区内的细节图就被粘贴到新画布中了。

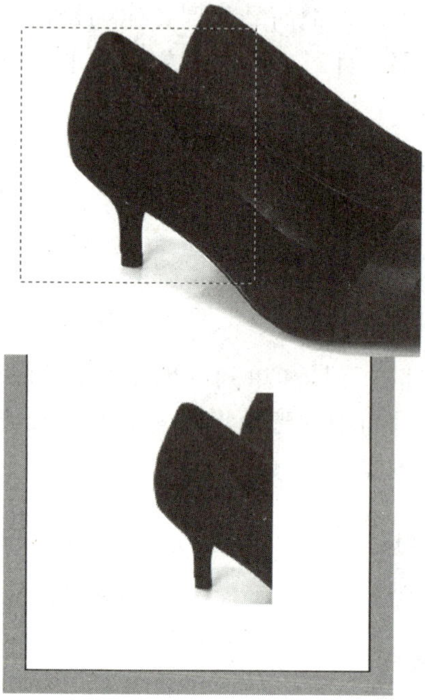

图 3-64 选区

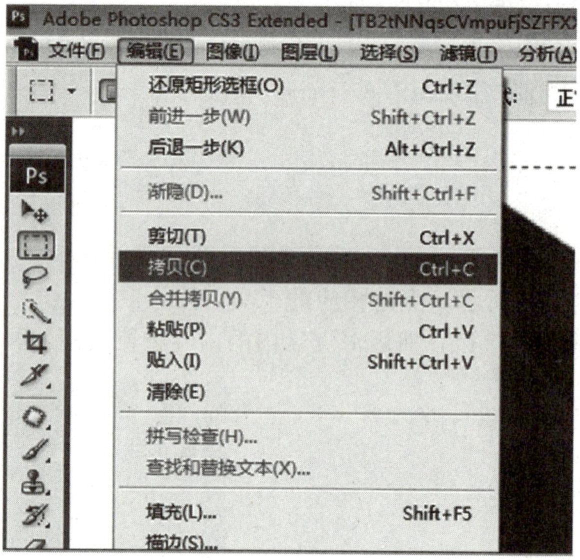

图 3-65 编辑—拷贝

（5）在工具箱中选择“移动工具”，拖动粘贴过来的鞋跟细节图到合适的位置。用同样的办法，用“椭圆选框工具”将鞋头剪切下来到细节图中。最终效果如图 3-66 所示。

图 3-66 最终效果图

2. 套索工具

套索工具有三种：套索工具、多边形套索工具、磁性套索工具。套索工具用于做任意不规则选区，多边形套索工具用于做有一定规则的选区，磁性套索工具则用于做边缘清晰且与背景颜色差别较大的图片的选区，如图 3-67 所示。

下面我们一起用磁性套索工具来抠图。磁性套索工具的使用方法是按住鼠标左键在图像中不同对比度区域的交界附近拖拉，Photoshop 会自动将选取边界吸附到交界上，当鼠标回到起点时，磁性套索工具的小图标右下角就会出现一个小圆圈，这时松开鼠标就会形成一个封闭的选区。使用磁性套索工具，可以轻松地选取具有相同对比度的图像区域。

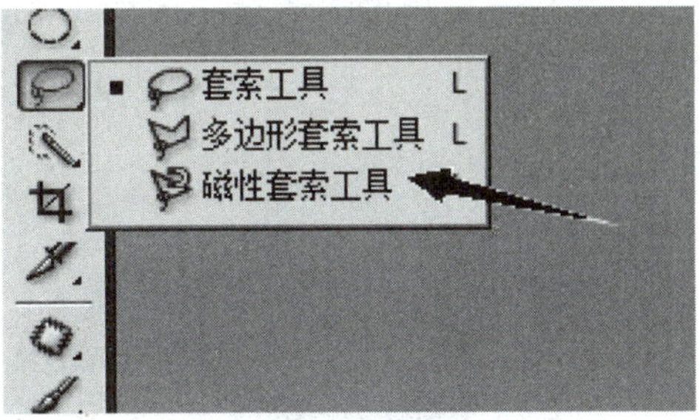

图 3-67 套索工具

使用磁性套索工具时，会发现其属性栏中有几个参数需要设置，这几个参数会对工具的选取有一定影响，如图 3-68 所示。

图 3-68 磁性套索工具的参数设置

宽度：数值框中可输入 0～40 的数值。对于某一给定的数值，磁性套索工具将以当前用户鼠标所处的点为中心，以此数值为宽度范围，在此范围内寻找对比强烈的边界点作为选界点。

频率：它对磁性套索工具在定义选区边界时插入的定位锚点数量起着决定性的作用。可以选择 0～100 任一数值输入，数值越高则插入的定位锚点就越多，反之定位锚点就越少。

对比度：它控制了磁性套索工具选取图像时边缘的反差。可以输入 0～100%的数值，输入的数值越高则磁性套索工具对图像边缘的反差越大，选取的范围也就越准确。

提示：当发现套索偏离了轮廓（图像边缘）时，可以按 Del 键删除最后的一个锚点，并单击鼠标左键，手动产生一个锚点固定浮动的套索。

下面我们来操作一遍，将惊恐的猕猴桃抠出，放到普通猕猴桃中。

(1) 打开惊恐的猕猴桃图片（见图 3-69），选择工具箱中的磁性套索工具。

图 3-69 惊恐的猕猴桃图片

(2) 单击选择相应的猕猴桃边缘，出现锚点，拖动鼠标沿着猕猴桃边缘选择需要抠取的部分。

(3) 最后回到原点，形成封闭的虚线框，复制并粘贴到图 3-70 中。

(4) 在工具箱中选择"移动工具"，拖动惊恐的猕猴桃到合适的位置，最后效果如图 3-71 所示。

图 3-70 普通猕猴桃

图 3-71 效果图

3. 其他抠图工具

除了选框工具、套索工具外，魔棒工具和钢笔工具也可以抠图。

(1) 魔棒工具。

魔棒工具是 Photoshop 提供的一种比较快捷的抠图工具，对于一些分界线比较明显的图像，通过魔棒工具可以快速将图像抠出。魔棒工具的作用是可以知道鼠标单击处的颜色，并自动获取附近区域相同的颜色，使它们处于选择状态。

容差：指所选取图像的颜色接近度，也就是说容差越大，图像颜色的接近度也就越小，选择的区域也就相对变大了。

连续：指选择图像颜色的时候只能选择一个区域中的颜色，不能跨区域选择，比如一个图像中有几个颜色相同的圆，当然它们都不相交，如果选择了连续，在一个圆中选择，这样只能选中一个圆，如果没选择连续，那么整张图片中相同颜色的圆都能被选中。

用于所有图层：选中这个选项，整个图层中相同颜色的区域都会被选中，没选择该选项的话只会选中单个图层的颜色。

(2) 钢笔工具。

钢笔工具是在绘图软件中用来创造路径的工具，创造路径后，还可再编辑。钢笔工具属于矢量绘图工具，其优点是可以勾画平滑的曲线，在缩放或者变形之后仍能保持平滑效果。

钢笔工具画出来的矢量图形称为路径，路径允许呈不封闭的开放状，如果把起点与终点重合绘制就可以得到封闭的路径。

知识拓展

魔棒的使用技巧

(1) 在勾选选区的时候注意图像的放大放小操作，这对于细致位置的勾选大有益处。

(2) 放大图像快捷键为"Alt＋滚动轮往上"，放小图像快捷键为"Alt＋滚动轮往下”。

（3）使用快速选择工具时，缩小画笔的快捷键为“[”（字母 p 右边的键），放大画笔的快捷键为“]”。注意：英文输入法的状态下才可以操作！

拓展学习

除了书上讲的几种抠图的工具，请问还有哪些工具可以用来抠图？分别适用什么情况呢？

项目小结

本项目从相机、镜头、配套工具的选择，认识相机的模式和常用功能，明确曝光的三要素：光圈、快门和感光度，进行室内、室外商品的拍摄，最后利用 PS 处理商品图片，使读者了解设备的选择和商品拍摄的基础知识及技巧。

项目 4

网店的设计与搭建

网店设计是品牌形象与商品展示的关键，店铺设计是否美观合理，会直接影响消费者在网店购物时的体验及视觉感受。项目 4 通过对优秀淘宝网店铺各模块模板的分析，找出网店的 logo、店招、导航栏设计等各个模块，使读者了解网店装修的流程。通过项目 4 的学习，读者能够为自己的网店进行设计与搭建。

学习目标

通过学习本项目，你应该能够：

（1）了解网店的 logo 并能制作网店 logo；

（2）理解店招的几种结构，能制作网店店招；

（3）能设置网店的导航栏；

（4）能设计网店促销海报；

（5）了解分类导航的作用，能对网店商品进行分类。

任务 4.1 制作网店的 logo

本任务分析了淘宝店铺的 logo 的几种构成，通过赏析了解各家网店的 logo 设计，读者应模仿并设计出属于自己店铺的 logo。

活动 4.1.1 认识网店的 logo

店铺 logo 是一家店铺的标志，是店铺形象和文化的最直接体现，没有 logo 的淘宝店铺就像是缺少了灵魂。一个好的 logo 设计，不但能吸引人的眼球，更能增加店铺的浏览量。所以，logo 的设计是非常重要的。

请浏览淘宝店铺，将你浏览的 logo 画到下面的方框中。

必备知识

1. 淘宝店铺 logo 的构成标志

（1）文字标志：主要是以文字和拼音字母等单独构成的标志，适用于口口相传等多种传播方式，如图 4－1 所示。

图 4－1　文字标志 logo

（2）图案标志：顾名思义，是仅用图形构成的标志。这种标志比较形象生动，色彩明快，而且不受语言限制，易于识别，如图 4－2 所示。但图案标志没有名称，因此表达的意思不如文字标志准确。

图 4－2　图案标志的 logo

（3）组合标志：就是把文字标志与图案标志两种构成方式组合而成的标志。这种标志发挥了文字及图案标志的优点，图文并茂，形象生动，又易于识别，如图 4－3 所示。

2. 淘宝店铺 logo 的设计原则

（1）构图要有创意，做到构图新颖，富于

图 4－3　组合标志 logo

个性化，才容易与其他店铺标志有区别。

（2）含义要深刻，才能体现出店铺的个性特征、独特品质以及精神风貌等。

（3）保持稳定性，店标一旦确立，不要随意改动。

（4）设计必须符合法律法规，且注重国际化、统一化。

知识拓展

淘宝店铺 logo 设计要点

1. 设计要有领导性

logo 的设计，是网店视觉营销传达的核心要素，也是网上店铺开展信息传递的主导力量。标志是店铺经营理念和经营活动的集中表现。其贯穿了整个店铺的所有相关活动，不仅具有权威性，还是其他视觉要素构成的核心。因此，设计的前提就是要有领导性。

2. 设计要有造型

网上店铺 logo 的设计千变万化，琳琅满目，有抽象符号、中外文字组合等。logo 的造型，不仅决定了其传达网上店铺情况的能力，而且会影响到消费者对商品品质的信心与对店铺形象的认同。

3. 设计要具有识别性

识别性是店铺 logo 设计的基本要求。通过独具个性的标志，与别的店铺及商品进行区别，是现在电子商务市场竞争的利器。因此，通过整体规划和设计的视觉符号，只有具有独特的个性和强烈的冲击力，才能有较高的竞争力。

4. 设计要具有统一性

logo 的形象设计，需要与该网店的经营理念、文化特色，以及经营的内容和特点相统一。只有这样，才能获得消费者的一致认同。

5. 设计要具有系统性

logo的识别设计一旦确定，随之展开的就是logo的精细化，这其中包括logo与其他基本设计要素的组合规定。目的就是要对未来logo的使用进行规划，达到系统化、规范化、标准化的科学管理。

6. 设计要具有时代性

在网店发展迅速的社会，面对日益紧张的市场竞争形势，商家有必要对现有的logo形象进行检讨和改进，这样才能使网店logo更与时俱进，具有鲜明的时代特征。

7. 设计要具有延伸性

网店店铺logo识别设计是应用最为广泛、出现频率最高的视觉传达要素，可以在各种传播媒体上广泛应用。logo图形要针对印刷方式、制作工艺技术、材料质地和应用项目的不同，采用多种对应性和延展性的变体设计，以产生适宜的效果与表现。

活动 4.1.2 制作网店的logo

在制作自己的网店logo之前，先要确定好店铺的风格。比如零食的店铺，logo可以设置可爱类型的；数码产品的店铺，logo可以设置简单大气型的。小萌要在网上开专门卖宠物用品的店铺，为设置店铺logo烦恼，于是请求我们的帮助，那么我们如何去制作一个简单的logo呢?

必备知识

淘宝店铺logo的尺寸为：80px×80px，大小为80k以内，支持的格式为GIF、JPG和PNG，直接上传图片即可，若是要制作动态图标，则要下载相关的GIF设计软件。

【操作步骤】

(1) 打开Photoshop。新建一张80px×80px的画布（新建画布快捷键Ctrl+N)，如图4-4所示。

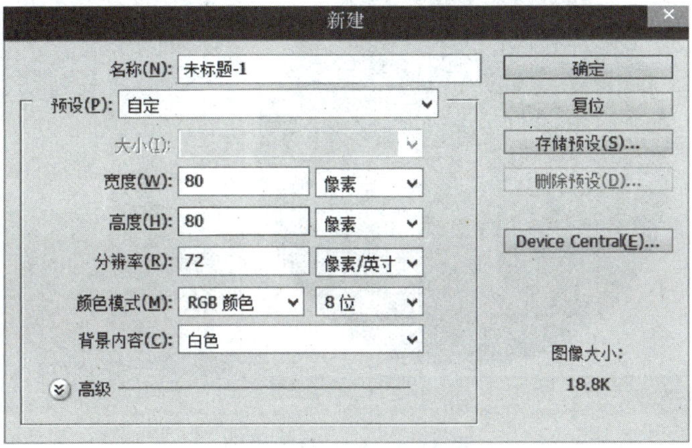

图4-4 建立画布

（2）按住 Alt 键，滚动鼠标滚轮将画布放大到合适大小，找到“椭圆工具”，如图 4－5 所示。

图 4－5　椭圆工具位置

（3）新建图层（快捷键 Shift＋Ctrl＋N），按住 Shift 键或者 Alt 键，在画布中间拉出一个圆形。建立选区（新建选区的快捷键 Ctrl＋Enter），填充颜色＃f83737（前景色填充快捷键 Alt＋Delete）。注意不要将圆形边缘贴在画布边缘，不然会影响后续操作，如图 4－6 所示。

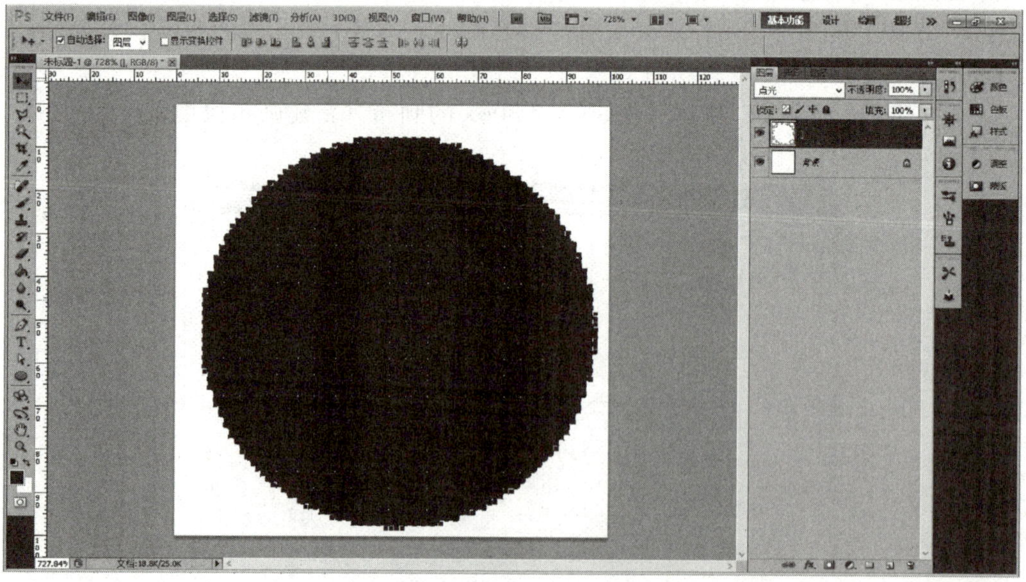

图 4－6　logo 设计步骤

（4）选择“菜单栏—选择”（快捷键 Alt+S），“修改”（快捷键 M），“收缩”（快捷键 C），将收缩量调整为 3 像素，如图 4－7 所示。

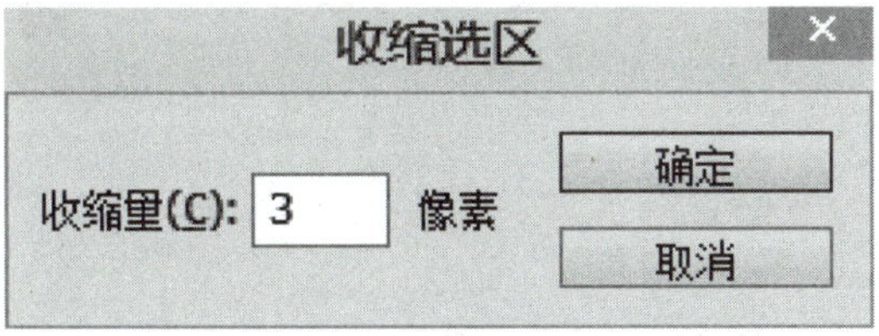

图 4－7　收缩选框

（5）将缩小后的选区填充颜色 # ffffff（背景色填充快捷键 Ctrl+Delete）。取消选区（取消选区的快捷键 Ctrl+D），并将圆环调整到合适的尺寸，如图 4－8 所示。

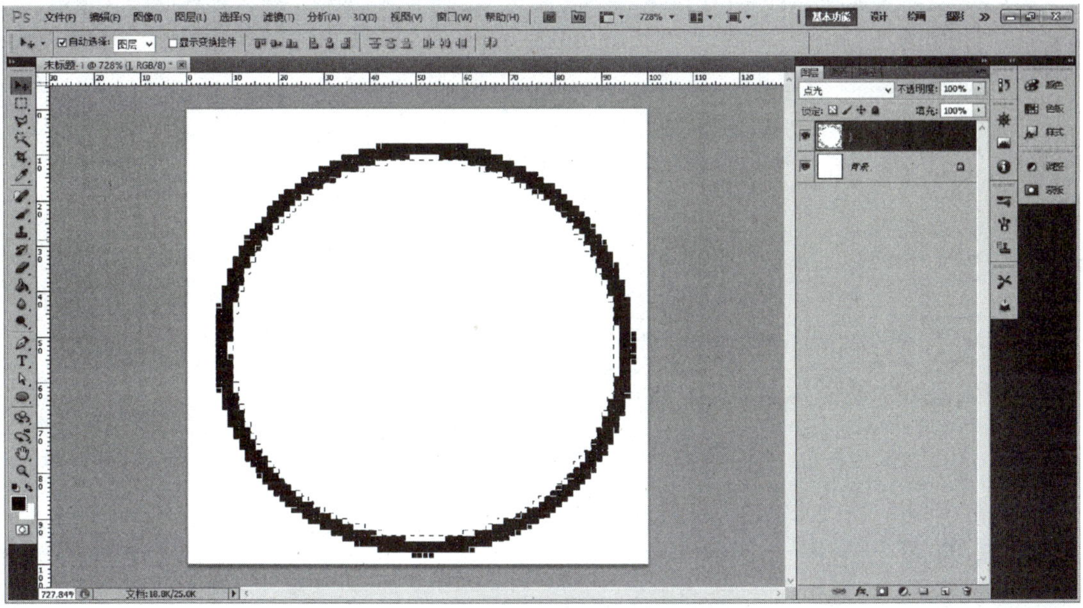

图 4－8　logo 设计步骤

（6）在“工具”中找到“自定义形状工具”，选择自己喜欢也与店铺形象符合的图形，再将自己的店铺名称填在合适的地方，一个简单的 logo 就做好了，如图 4－9 所示。

图 4－9　logo 效果图

活动 4.1.3　上传 logo

小萌对我们设计的店铺 logo 很满意，她想将 logo 传到淘宝店铺中，那如何上传我们制作好的店标呢？

【操作步骤】

（1）选中卖家中心，点击免费开店，进入自己的店铺，将光标放置于头像框处，点击店铺设置，如图 4－10 所示。

（2）修改个人信息，并将 logo 上传至淘宝店铺中，如图 4－11 所示。

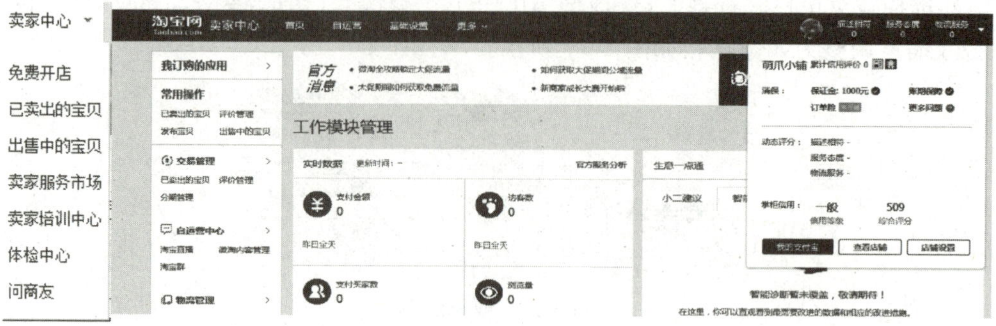

图 4－10　店铺设置界面

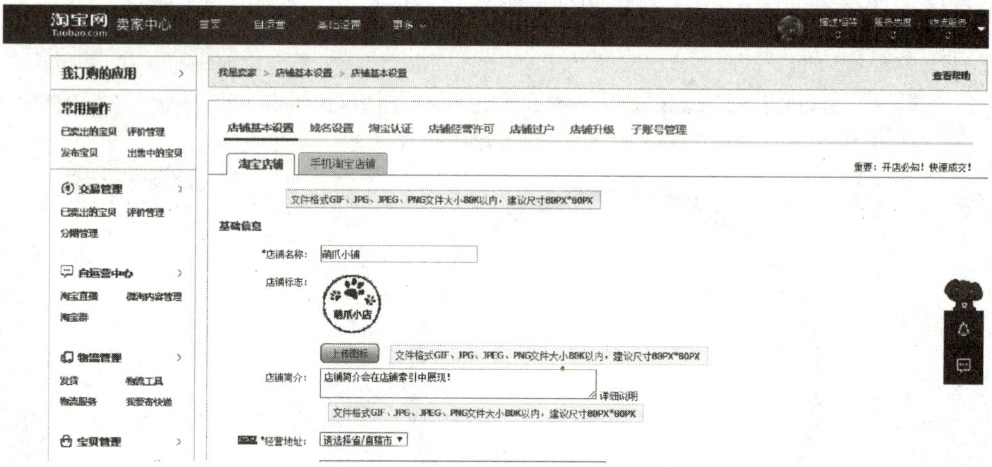

图 4－11　店铺基本信息更改界面

拓展学习

通过这一活动的学习，为自己的店铺设计一个 logo 并且上传到淘宝店铺中。

任务 4.2　制作网店的店招

店招设计是网店装修的一部分，它在网店店铺视觉营销中占据了相当重要的位置，它就像一块“明镜高悬”的牌匾一直在我们视线的上方“持”着。作为卖家，最好是把它当广告牌来用，要将最核心的信息展示出来，让消费者一看就懂，一目了然。

活动 4.2.1　确定店招内容

店招到底怎么设计才好？首先我们要知道店招的内容是什么，再想一想它的功能是什么，最后再动手开始设计。

打开淘宝网，浏览网店店招部分，讨论店招包含哪些内容，并填入表 4 - 1 中。

表 4 - 1 店招内容

店铺名称	内容

必备知识

1. 店招必备的四点内容

(1) 图形标识（logo）；
(2) 店铺名称；
(3) 店铺收藏；
(4) 广告语。

2. 店招可以选择的内容

(1) 爆款宝贝；
(2) 搜索（旺旺）；
(3) 二维码（可微信）；
(4) 优惠券；
(5) 联系方式。

知识拓展

三个公式

1. 傻瓜型公式：产品关键词＋联系方式

网店店铺是卖产品的，当店主实在不知道店招如何设计的时候，可以直接将店铺所卖产品的关键词写上去，并留下店主的联系方式。这样一来，买家看到店招自然就能知道店主是卖什么产品了，达到立竿见影的效果，如图 4 - 12 所示。

图 4 - 12 傻瓜型公式

2. 营销型公式：主营业务+促销活动+联系方式

营销型公式主要是为了促进商品售出，引导消费者点击购买。其店招可以做得内容全面、完善，将店铺的 logo、店铺名、主营业务、店铺二维码等全部展示出来。这样的内容在后期运营中也变化不大，非常适合非快销品行业和走品牌化路线的店铺，如图 4－13 所示。

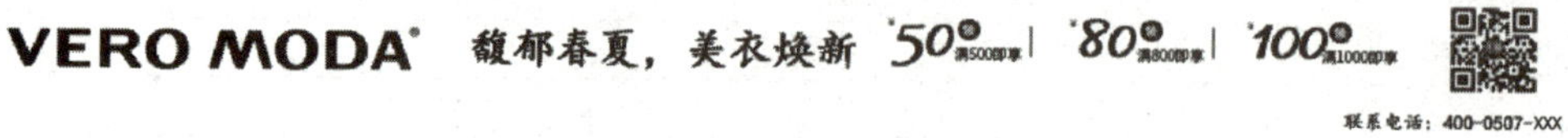

图 4－13　营销型公式

3. 标准型公式：logo+店铺名+主营业务+联系方式

有些网店店铺经常在做促销活动，比如春季新品、换季清仓、满就送、包邮等。不管消费者来源于自然搜索还是活动入口，势必都会看到店招内容。因此，我们如果将店铺的促销活动直接展示在店招上，一来方便消费者了解店铺近期活动，二来吸引消费者点击活动，如图 4－14 所示。

图 4－14　标准型公式

通过这几个公式，我们可以很快确定店招的内容。

活动 4.2.2　店招构图

在上个活动中，我们已经了解了如何快速确定网店的店招内容，但是如何构思店招的布局也是至关重要的。

必备知识

在店招的构图中最常用且最容易掌握的构图有两种：居中构图和三步跳构图。

（1）居中构图：就是将重点信息放在画面的正中，这种构图版面相对来说有点严肃、庄重，常用在旗舰店、形象店等。布局如图 4－15 所示。

图 4－15　居中构图

（2）三步跳构图：在以 950px×120px 为有效区域的基础上，店铺名、logo 放左上角，主营业务区（促销产品、活动信息、爆款商品等）放中间，联系方式放右下角。三步跳的构图方式显得更灵活，版面也很活泼，有很强的层次感。如图 4－16 所示。

图 4－16　三步跳构图

接下来就可以设计店招了，如果希望店招看上去美观，就要多运用 Photoshop 工具，比如模糊工具、高光工具、添加素材等。

活动 4.2.3　上传店招

设计好自己的店招，就要上传到我们的淘宝网店中了。

必备知识

在店招的设计过程中，要注意以下 4 个细节：

（1）淘宝店招一般尺寸为 950px×120px，阿里巴巴店招最大可以做成 1920px×200px，但是核心的内容如店铺名、促销商品务必放在画面中央，即 950px 以内。不同的电商平台有不同的店招尺寸、内容等规定，具体尺寸、内容等要按照该平台的规定来确定。

（2）店招上可以留下卖家的联系方式，这样更方便消费者与卖家取得联系，更好地维系消费者与店铺之间的情感联系。

（3）店招上可以放促销商品，并且将促销内容加上超链接，链接到该商品的详情页界面。

（4）整体风格要与 logo 相匹配，要与网店整体设计风格协调。

【操作步骤】

（1）点击进入店铺装修界面，选择“首页”，装修该界面，如图 4－17、图 4－18 所示。

图 4－17　PC 端网店装修界面

图 4-18 初次进入淘宝默认的店招

（2）单击“编辑”按钮，就可以设置我们的店招了，如图 4-19 所示。

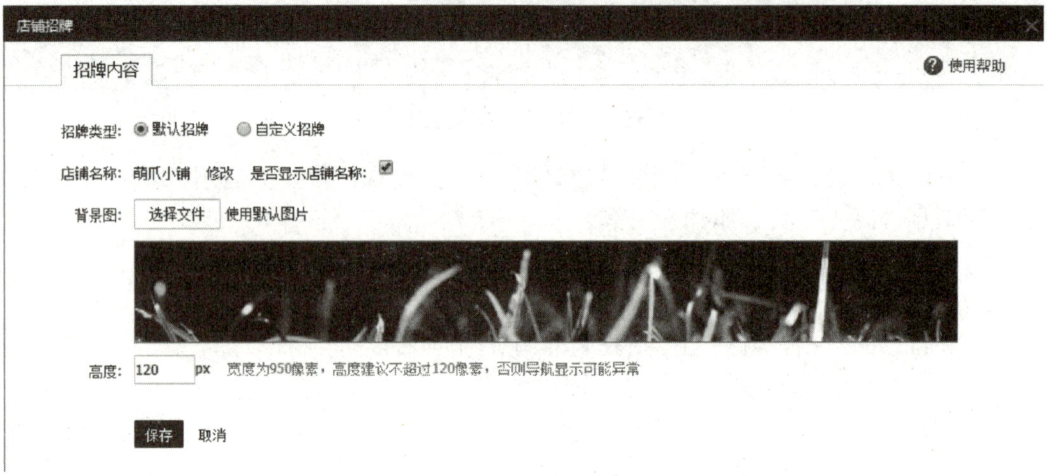

图 4-19 店铺招牌

（3）单击“选择文件—添加图片”，将自己设计好的店招图片上传至淘宝图片空间，再选择这张图片为我们的店招即可，如图 4-20 所示。

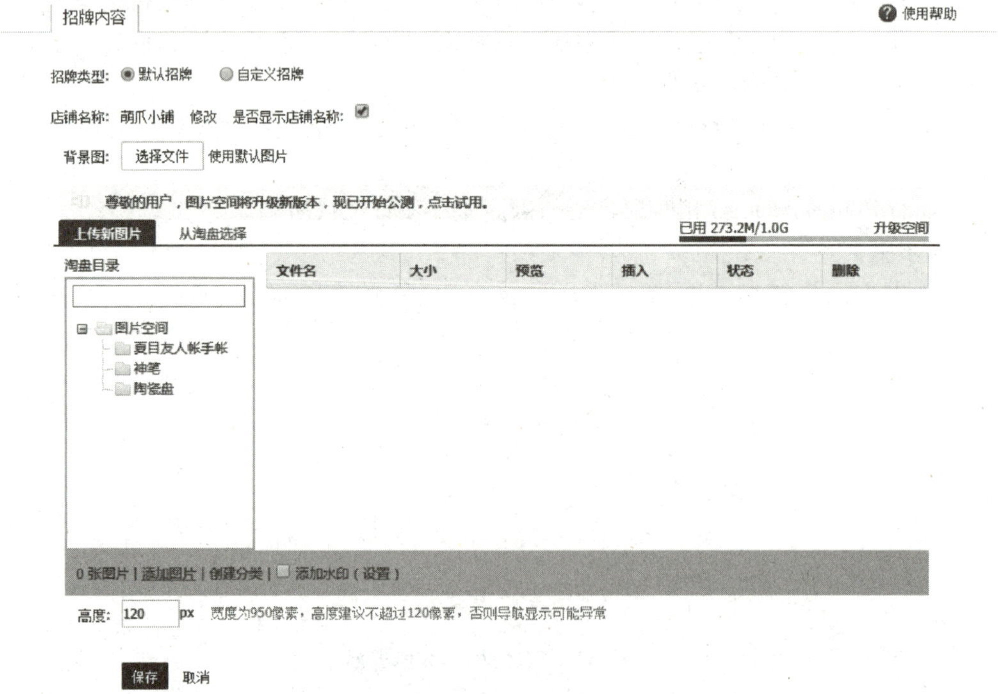

图 4-20 添加图片

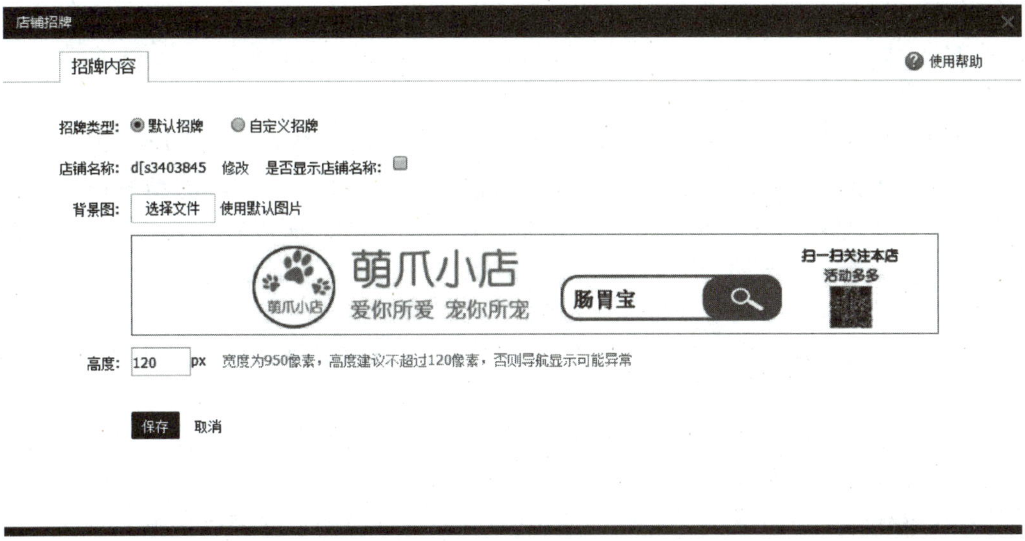

图 4－20　添加图片（续）

拓展学习

根据任务 4.2 为自己的淘宝店铺设计一张店招并且上传。

任务 4.3　制作网店的导航栏

当买家进入你的网店首页时，看到这么多产品，不知如何快速找到自己想要的产品，这就需要导航栏给予恰当的引导。那么淘宝店铺首页导航栏设计需要注意哪些问题呢？

活动 4.3.1　认识导航栏

先登录天猫，查看“三只松鼠”（见图 4－21）、“茵曼”（见图 4－22）、“阿芙”（见图 4－23）等官方旗舰店的导航栏。通过观察，说一说店铺的导航栏有哪几种类型。

图 4－21　“三只松鼠”导航栏

图 4－22　“茵曼”导航栏

图 4－23　“阿芙”导航栏

必备知识

首先我们要认识导航，导航≠分类。现在就连有些店家都有一个误区，以为导航就是分类。其实不然，导航指的是能让买家快速查看店铺某些页面的功能型按钮，和分类属于包含与被包含的关系，可以理解为分类是导航的一种。所以在优化导航栏的时候，绝不仅仅是把分类重新整理下，而是应从导航栏入口入手来进行优化。

通常按位置可以将导航划分为三个区域：

(1) 顶部导航：包括商品分类、搜索栏、自定义页面（品牌故事、会员专区、购物须知等）。

(2) 左侧栏：包括商品分类、收藏按钮、在线客服、热销热藏、商品推荐、其他超链接（手机店铺、加入帮派等）。

(3) 自由导航：包括图片（文字）、超链接（可以指向某一分类或自定义页面，多数用于活动，可摆放在页面的任意位置）。

活动 4.3.2 导航栏内容

在上一个活动中，我们已经初步认识了几种导航的类型，那么导航栏中的内容应该如何安排？查看“阿芙”（见图 4－24）、“茵曼”（见图 4－25）、“欧舒丹”（见图 4－26）等官方旗舰店的导航栏。

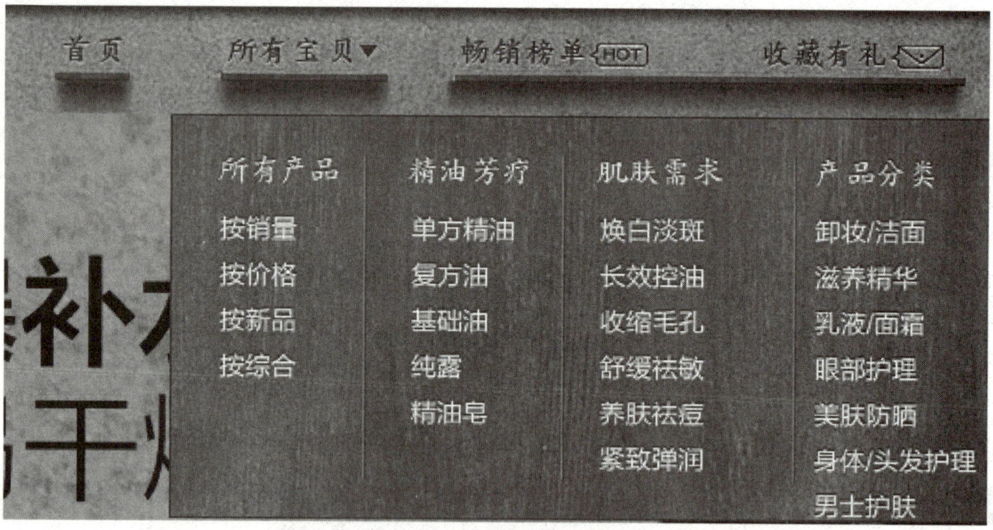

图 4－24 阿芙官方旗舰店

图 4－25 茵曼官方旗舰店

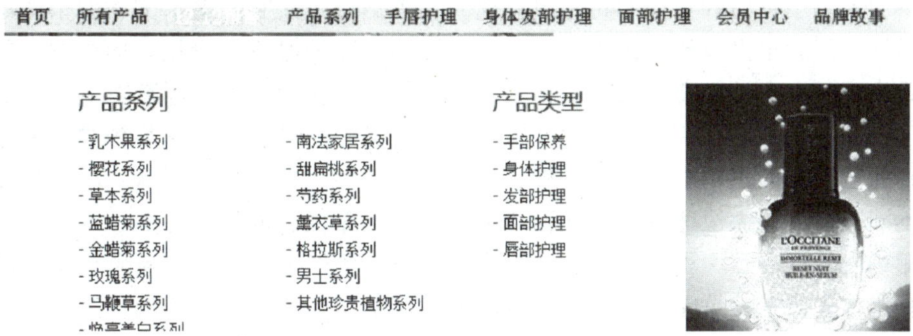

图 4－26　欧舒丹官方旗舰店

必备知识

1. 顶部导航：隐形推荐

很多店家为了页面美观，特意将导航栏设计为“漂亮的图片＋超链接”的形式，而不是常规的下拉分类的形式。其实从用户体验的角度来讲，大多数的淘宝买家已经习惯了简单粗暴、常规且“不漂亮”的导航栏。如果店铺导航栏的设计会让买家花费很多时间去思考下一步应该点击什么，那么这个顶部导航栏的设计就是失败的，因为它违背了导航“以快为准”的原则。假如店铺商品比较多，但又想将导航栏分类划分很细致的话，那么950px 是远远不够的。

在导航栏分类页面上，给商品分类的方式很多，但需要记住：“舒服和准确是比漂亮更高层次的艺术。”常见商品分类方式如下：

（1）理性分类：按品牌划分、按材质划分、按价格划分、按季节划分等，如果店铺有老客户基础，通过稳定上新提升用户黏性还可以按上新时间划分（不宜过多）。

（2）感性分类：按风格分类（日韩风、欧美风）、按活动划分、按感官划分（显瘦、显白区）。

店家可以根据自身产品的特性，以及受众的特性着重细化某一种分类，但其他分类形式也应该有。比如，男装店铺的受众是男性，通常男性购物往往带有明确的目的性，只打算买一个商品，很难去浏览其他品类。所以理论上来讲应该把这个店铺的分类做成理性类型的。但是商品受众群体为男性，并不代表所有入店的访客中就没有会按照“牛仔控、潮流范”标签去查看商品的消费者。数据显示，搜索男性衬衫的男女比例约为 6∶4，也就是说其中还包括四成女性访客，所以我们在设置分类的时候应该设置得十分全面，可以偏重某一个点但不能忽略其他。

2. 左侧栏：推荐利器

商品分类、收藏按钮、在线客服、热销热藏、商品推荐、其他超链（手机店铺、加入帮派等）这些都可以是左侧栏的内容，其实和顶部导航一样，左侧栏早已被买家熟悉，很多买家已经习惯从左侧栏寻找信息。但随着店铺模板升级，现在很多店铺的左侧栏渐渐少了，不少卖家为了页面的美观而将左侧栏遗弃到了角落。其实，追求美丽的事物本身并没有什么不好，但如果没有超强的页面布局能力，建议还是保留左侧栏，毕竟浏览器下拉的浏览模式决定其存在的必要，因为只要买家下拉网页，左侧栏就会逐渐展现在买家面前。

合理布局左侧栏。在结构上建议卖家在设计左侧栏的时候，将商品分类放在第一屏就可以看到的位置。而热销、热藏宝贝展示建议放到左侧栏的底端。配置“回到顶端”按钮能方便不同习惯的买家快速查看，从而增加店铺访问深度，提升销售率。

左侧栏内外应一致。很多淘宝店家认为首页的左侧栏和详情页的左侧栏不是同一个模块，因此有很多店铺首页左侧栏和详情页左侧栏布局完全不同，这样的设置，其实是错误的，容易造成用户体验上的不快，挑战买家耐心的做法是不理智的。

拓展学习

运用这一活动的知识点，根据自己对店铺产品的了解，来设计一下自己的店铺导航栏。

任务 4.4 制作网店的促销海报

很多电商平台会在不同的时间举办许多活动，店家可以参加活动，促进自身产品的销售。为了让消费者更快、更直观地看到店铺的活动产品和促销力度，需要精心制作网店的促销海报。

活动 4.4.1 认识促销海报

小萌想要制作自己店铺的促销海报，决定先去其他店铺看看它们的促销海报。阿芙官方旗舰店促销海报如图 4-27 所示，茵曼官方旗舰店促销海报如图 4-28 所示，欧舒丹官方旗舰店促销海报如图 4-29 所示。

图 4-27 阿芙官方旗舰店促销海报

图 4-28　茵曼官方旗舰店促销海报

图 4-29　欧舒丹官方旗舰店促销海报

活动 4.4.2　促销海报的内容与设计要素

根据小萌所查看的店铺促销海报图，同学们再根据自己的理解，说一说促销海报有哪些内容。

必备知识

1. 促销海报的内容

通过观察淘宝店铺的促销海报，可以发现促销海报包括以下六点内容：

（1）促销品牌。在海报中展现店铺的名称（品牌）能够激励消费者初次购买或者多次购买，有利于树立品牌形象，提高店铺的知名度。

（2）促销产品。利用库存较大的产品或者爆款商品进行促销。对于店家而言，选择库存较大的商品作为促销对象，能够消化库存，促进资金周转；选择爆款商品作为促销对象，能够增加流量，激起消费者购买欲望，扩大品牌知名度。

（3）促销价格。消费者一般对新产品具有抗拒心理。由于使用新产品的初次消费成本是使用老产品的一倍（对新产品一旦不满意，还要花同样的价钱去购买老产品，这等于花了两份钱才得到一个满意的产品，所以许多消费者在心理上认为买新产品代价高），消费者就不愿冒险对新产品进行尝试。但是，促销价格的展示可以让消费者降低这种风险意识，降低初次消费成本，而去接受新产品。当消费者使用了产品，如果是基本满意的，可能会产生重复使用的意愿。这种消费意愿在初期一定是不强烈的、不可靠的，促销价格的展现可以帮助他实现这种意愿。如果有一个持续的促销计划，可以使消费群基本固定下来。

（4）促销时限。在海报中加入促销时限，提醒消费者活动的起始和结束时间，给消费者一种紧迫感，有利于促成消费者下订单，提高店铺成交额。

（5）促销文案。促销文案在海报中也是至关重要的。诙谐幽默的语句、醒目的标题往往能够吸引顾客点击海报，进入商品的详情页，从而促成交易。

（6）色彩搭配。色彩搭配对于海报整体也是举足轻重的，属于视觉营销。

2. 促销海报的设计要素

在设计海报时需要充分考虑到以下两个要素：

（1）促销海报要求主题鲜明，在把握好海报的主题定位时把想表现的主要内容体现出来。促销海报除了要有夺人眼球的画面外，文案设计也是不可或缺的重要组成部分。当人们看到一张海报时，首先关注的是文字信息，因为文字信息是促销海报主题元素传达最有效的方式。可想而知，一个具有创意的文案会让促销海报起到事半功倍的作用。

（2）用醒目的字体。重点要突出的内容用粗黑体。在淘宝网，95%以上的海报都会使用粗黑体字。乍一看粗黑体字很丑，事实上当它被用到网页上，这种粗黑体字相当显眼，横平竖直，干净利落。常用的字体如图 4－30 所示，卖家可以从网上下载到自己电脑中，以备不时之需。

字型	名称	用途
普通黑体字	汉仪大黑简体	标题　广告语
普通黑体字	方正正粗黑简体	
普通黑体字	方正大黑简体	
普通黑体字	迷你简汉真广标	
普通黑体字	微软雅黑	正文　小标
普通黑体字	普通黑体	

图 4－30　字体式样

知识拓展

海报设计中常见的文案表现技法有以下8种：

1. 借用比喻法

借用比喻法是“以此物喻彼物”，比喻的事物与主题没有直接的关系，但是某一点上与主题的某些特征有相似之处，因而可以借题发挥，进行延伸转化，获得“婉转曲达”的艺术效果。

2. 幽默法

幽默法通过人们的性格、外貌和举止的某些有趣的特征表现出来，体现喜剧化的特征。把某种需要肯定的事物，转成漫画的形式，表现出一种充满情趣、引人发笑而又耐人寻味的幽默意境，从而刺激消费。

3. 以小见大法

以小见大法是以独到的想象抓住一点或一个局部加以集中描写或延伸放大，更充分地表达主题思想，是小中寓大、以小胜大的高度提炼的产物，是简洁的刻意追求。

4. 联想法

联想法是从人体的心理学角度出发，使人们在审美对象上看到自己或与自己有关的经验，与海报本身融为一体，在产生联想过程中引发美感共鸣，其感情的强度总是激烈的、丰富的。

5. 直接展示法

直接展示法将某产品或主题直接如实地展示在促销海报上，充分运用摄影或绘画等技巧的写实表现能力，细致刻画产品的质感、形态和功能用途，将产品精美地呈现出来，给人以逼真的现实感，使消费者对所促销的产品产生一种亲切感和信任感。

6. 以情托物法

“感人心者，莫先于情”这句话已表明了感情因素在艺术创造中的作用，在表现手法上侧重选择具有感情倾向的内容，以美好的感情来烘托主题，真实而生动地反映这种审美感情，就能达到以情动人，发挥艺术感染力的效果。

7. 悬念法

悬念法在文章中出现得比较多，它是利用人们猜疑和紧张的心理，产生夸张的效果，驱动消费者的好奇心，使其做出强烈举动。悬念法也可以运用在我们的促销海报中。

8. 时事热点法

根据时事热点设计出来的文案，能第一时间抓住消费者的眼球，引起反响。比如《创造 101》的综艺节目，带起了一个个话题。欧舒丹官方旗舰店里的促销海报的文案设计采用了“Pick”和“菊”文化（如图 4-31 所示），吸引了一波喜欢看《创造 101》的消费者眼球，使消费者对促销产品产生亲切感和信任感。

图 4-31　欧舒丹活动海报

拓展学习

（1）按照给定的素材，模仿欧舒丹的海报，设计一张店铺的促销海报。
（2）选择自己店铺中的一件商品，设计一则促销文案。

任务 4.5　制作网店的分类导航

店铺中的分类导航即店铺商品类目，不论是在普通店铺中还是在旺铺中都非常需要，用于显示商品的分类。

活动 4.5.1　认识分类导航

对一家店铺而言，当首页产品较多时，所售商品分类合理是十分重要的，合理的分类图或者文字，便于顾客选择商品路径。分类导航可运用简单的文字展现，也可使用独具特色的图片来展现，从而让店铺更加吸引人。

请同学们到淘宝网等相关的电子商务平台查看各类店铺，寻找有关分类导航的模块并截图，在小组中展示小组成员的作品。

在欣赏了各个店铺的分类导航后，我们可以了解到分类导航使用了两种元素：文字和图片。使用文字分类，字体的大小与颜色都是不能变的。店主如果想让自己店铺的分类导航显得与众不同，可将各项分类导航制作成图片。对图片的高度没有严格的要求，只需合适就行，但图片的宽度最好不超过 160 像素。

我们若想让自己的分类导航给进入店铺浏览的买家留下一个深刻的印象，就需要自己动手进行设计了。在设计中，品类可以用图文并茂的形式表达，画面色调统一，文字造型统一，图形元素风格统一，如图 4 - 32 所示。

图 4 - 32　选购会场导航图

在安排分类导航时，可以把点击量稍微靠后的词条放在前面，吸引消费者点击，从而提高店铺内某些产品的销售量。

必备知识

左侧栏分类：首页布局在布局单元设置为左右两栏时使用，放置的分类图如同导航栏，但是比导航栏更加细致，分类清晰，子分类可以展开显示，每个主分类可用图片进行表达，以便识别分类的类型。在后期的经营中，可以通过店铺的热力图查看消费者点击情况。把点击次数少的分类及图片放置到点击次数多的位置，及时调整分类位置及图片效果，有利于店铺产品的销售，不让个别商品发生囤积的现象，如图 4 - 33 所示。分类图片规格：宽度不超过 160px，高度随意。

【操作步骤】

制作分类导航模板。在 Photoshop 软件中制作分类导航模板的具体操作步骤如下：

(1) 打开 Photoshop 软件，选择菜单“文件—打开”命令，打开已搜集的两幅素材图片。可以仿照自己搜集到的两幅素材图片进行分类导航的设计。

（2）开始制作欢迎图片。素材图片尺寸为200像素×200像素，首先要把它的宽度修改为160像素。选择菜单“文件—新建”命令，打开“新建”对话框。设置宽度为160像素，高度为200像素，分辨率为72像素/英寸。单击“确定”按钮，在Photoshop软件编辑窗口中新建一个空白图片文件，如图4-34所示。

（3）切换到素材图片，选择菜单“选择—全部”命令，然后选择菜单“编辑—拷贝”命令复制图像。单击新建的空白图片，选择“粘贴”命令将图片粘贴过来，如图4-35所示。

（4）在工具栏中单击“移动工具”按钮，水平移动图层至右侧。在工具栏中单击“缩放工具”按钮将图片放大，接下来调整图片大小。在工具栏中选择“矩形选框工具”按钮，在图层右侧从顶部到底部拖出一个矩形区域。在应用移动工具水平移动图层时，图层会自动和边框对齐，就像被吸附住一样，这一功能有利于准确地调整、定位图层位置。如图4-36所示。

（5）如果原先素材较宽，要将其变窄，可以单击“移动工具”按钮，向左水平拖动选择的区域。选择菜单“选择—取消选择”命令取消区域选择。使用移动工具将图层移动到中间位置。此时如果宽度没有调整到位，可以重复上面的步骤，直到调整为合适的边框。

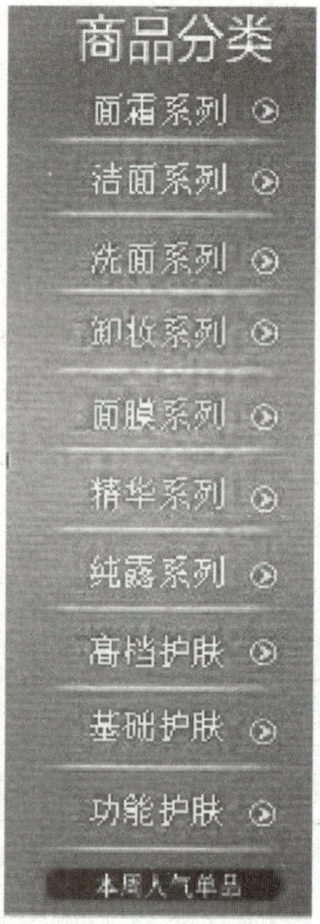

图4-33 商品分类导航栏

（6）选择菜单“文件—保存”命令，弹出“存储为”对话框，将图片保存为“欢迎.psd”和“欢迎.jpg”。

图4-34 新建空白图片文件

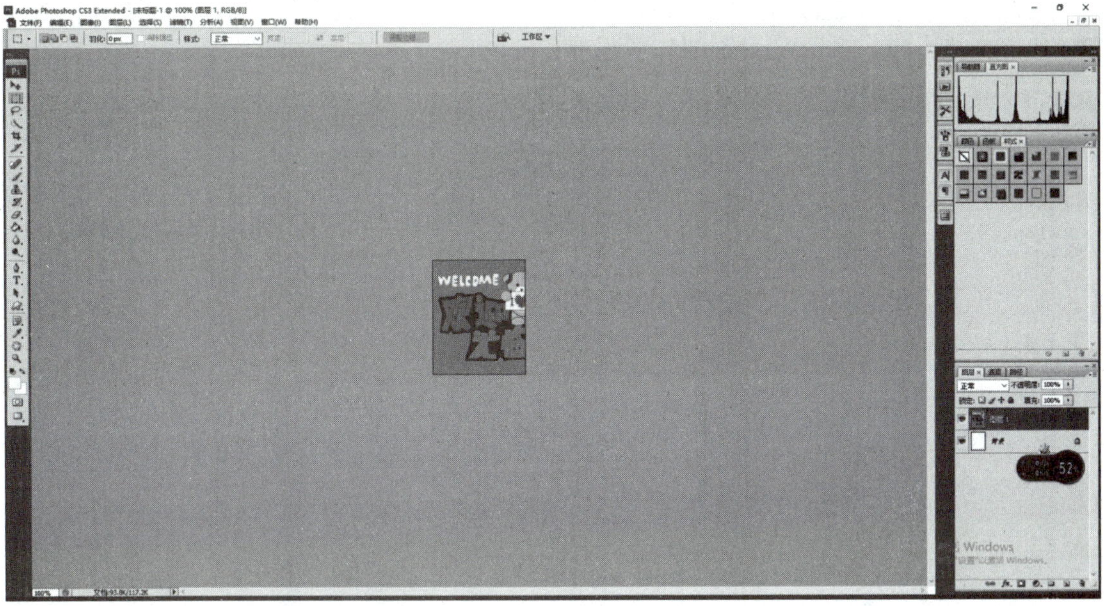

图 4-35 复制素材

图 4-36 移动和缩放图片

（7）新建一个尺寸为 155 像素×72 像素的空白文件，将另一幅素材图片用同样的方法粘贴到新建的空白文件中。将图片放大并移动到右对齐的位置。使用“矩形选框工具”按钮选择矩形区域。如图 4-37 所示。

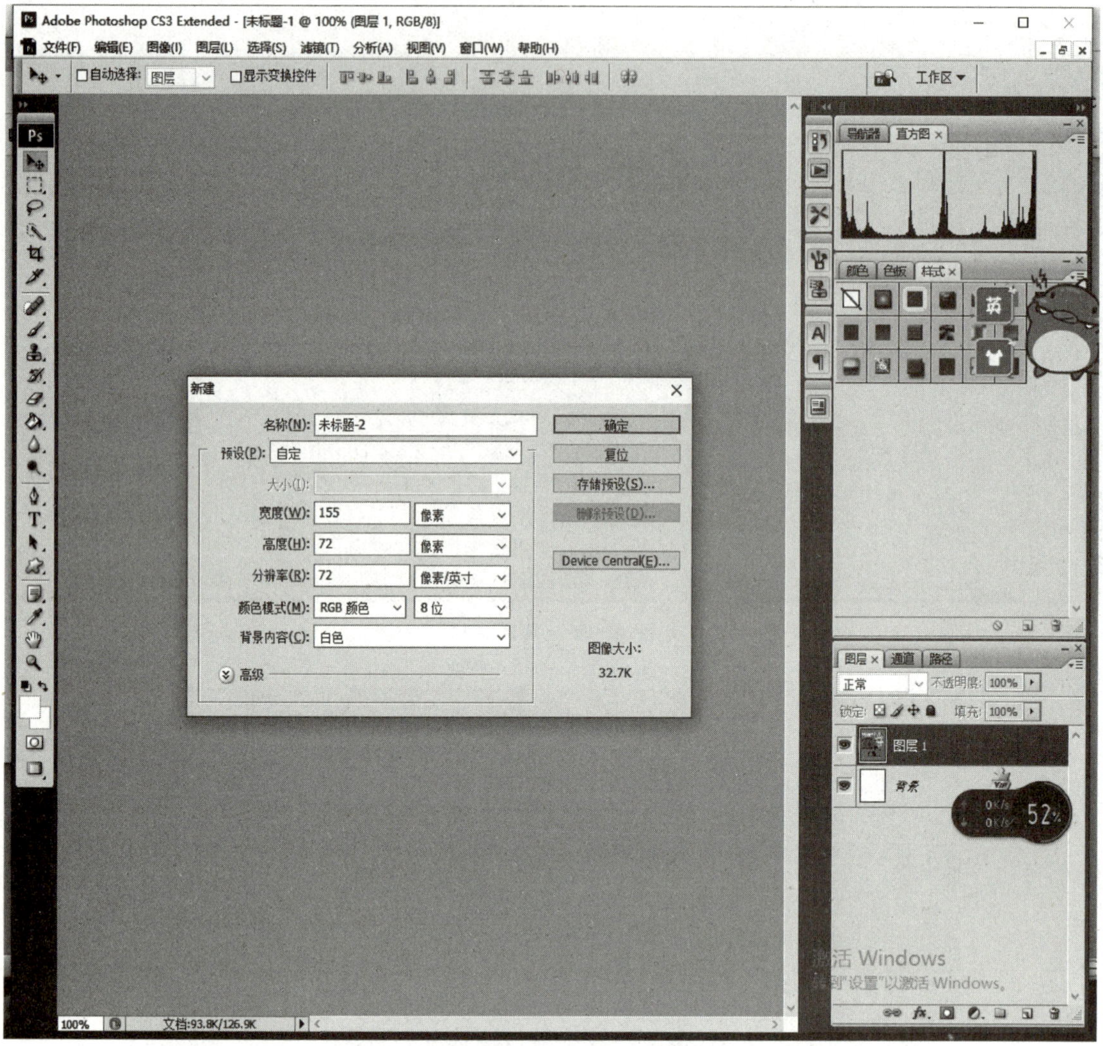

图 4-37 新建另一幅素材文件

(8) 在工具栏中单击“移动工具”按钮，然后按下 Alt 键的同时拖动图片上的矩形选区，即可在同一图层中对选区进行移动，如果图片上有文字可将其覆盖。按照以上方法能够将图片变宽。图片宽度和高度调整完成后，将图片保存为“按钮.psd”。如图 4-38 所示。

(9) 为分类导航添加文字。我们可按照自身需要来制作商品分类图片上的文字。可在欢迎图片上标注联系方式、工作时间和店铺名称等内容，在商品分类图片上则可标注不同商品的名称。在欢迎图片与商品分类图片上制作文字的具体操作步骤如下：

1) 打开“欢迎.psd”图片，在工具栏中单击“横排文字工具”按钮输入店铺名称“××××”，并利用“裁剪工具”将图片拉长。

2) 双击选中文字，在“选项”面板中将字体设置为“微软雅黑”，设置字体大小为“18 点”，设置消除锯齿的方法为“平滑”，设置文本颜色为“白色”。

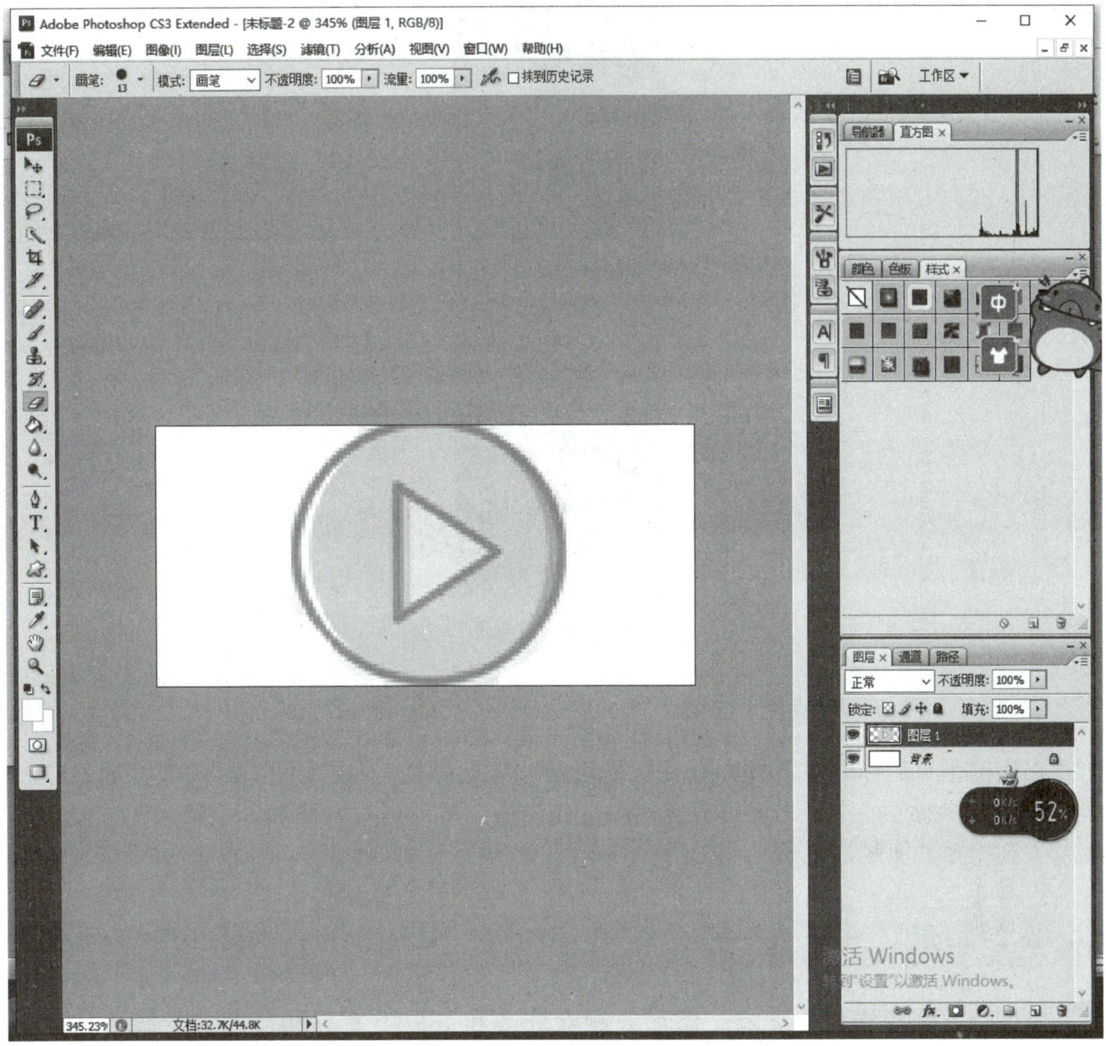

图 4-38 按钮素材完成图

3）选择菜单“图层—图层样式—描边”命令，打开“图层样式”对话框。在左侧“样式”列表中选择“描边”选项，在右侧的“大小”文本框中输入 1 像素。单击填充类型的“颜色”按钮，选择填充颜色为“蓝色”。

4）在店铺名称下输入工作时间与联系方式，文字样式延续前面的设置。

5）接着修改刚才输入的字体样式与颜色。双击选中输入的文字，在“选项”中设置字体为“楷体”，字体大小为“12 点”，填充颜色为“白色”，单击“确定”按钮。

6）设置行距为 18 点，设置消除锯齿的方法为“平滑”，然后将商品分类名称如“肠胃宝”文字移动到图片中间位置，为文字加上 1 像素的描边效果。

7）打开商品分类图片“按钮 .psd”添加在第六步文字的后方。效果图如图 4-39 所示。

图 4-39　效果图

活动 4.5.2　分类导航管理

在店铺主页店标的左下方，有一个模块是“宝贝分类”，买家网购时一般都通过这些链接快速查找想要的宝贝。宝贝分类可以按我们的宝贝种类自行添加，主要为了方便顾客快速查到想要购买的商品。

必备知识

宝贝分类管理操作主要有：添加或删除分类和子分类及其相应图片，调整分类的位置。

【操作步骤】

（1）登录淘宝网，进入卖家中心的“宝贝分类管理”。如图 4-40 所示。

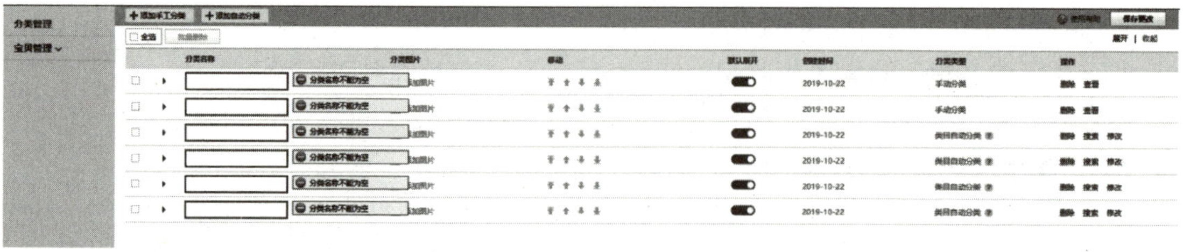

图 4-40　宝贝分类管理

（2）在出现的编辑框里输入分类名称。

（3）左边有显示黑色三角形的是分类（要用“添加手工分类”来添加），没有显示黑色三角形的是子分类。单击“添加手工分类”，在“添加子分类”输入框中输入子分类名称。输入完成后要单击网页右上角的“保存更改”。如图4－41所示。

图4－41　添加子分类

（4）如果有实物和虚拟的分类和子分类，需要把要卖的商品的分类和子分类先添加好。保存好分类以后，再来给分类添加图片，如果不添加图片，在店铺主页上的宝贝分类就只会显示简单的文字，添加图片可以让主页看起来更美观。可以先把要添加到分类的图片上传到图片空间。

（5）进入卖家中心的图片空间。选“上传图片”，单击“通用上传”，单击“添加图片”。把“分类图片”文件夹中的图片全部上传。单击分类后面的“添加图片”，单击“插入图片空间图片”，为添加好的分类加上相应的图片。选好合适的图片后保存。图片只能一个一个添加。“添加图片”后面的上下箭头是调整分类上下位置的。为了方便管理子分类，不用为子分类添加图片。添加好图片后单击网页右上角的“保存”按钮。操作完毕请在卖家中心，单击查看淘宝店铺。如图4－42所示。

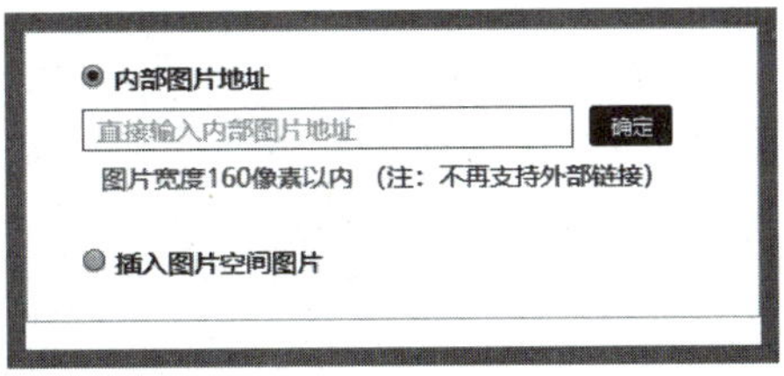

图4－42　添加图片

（6）添加分类图片，分类和子分类可以按自己的需要添加。如果不需要，分类后面有“删除”按钮，单击即可。可在图片上加入联系方式、营业时间等信息。

拓展学习

（1）根据所学知识设计分类导航。
（2）将自行设计的分类导航上传至网店中。

项目小结

本项目以淘宝网为例，从店铺装修中的 logo 设计、店招设计、海报设计、导航设计等几个方面系统地介绍网店装修的基本知识，使读者掌握网店设计与搭建的方法和技巧。得体的网店设计能够提升店铺在买家心中的印象，有利于网店品牌的形成。

项目5

电子商务网站的动态效果

电子商务网站的竞争愈演愈烈，已经不只是信息内容的竞争、视觉效果的竞争，更是对传播信息的方式与为用户所提供信息的附加值的竞争，这类竞争是全面的竞争。卖家在充分考虑商品价格因素的前提下，越来越不满足于静态图像的商品展示。如何采取有效的、能更好地满足网络消费者商品体验的展示方式值得我们深思。

在以采用静态图像展示商品为主流形式的环境中，运用 Photoshop 的“动画”功能对商品进行展示，会让网络消费者产生更大的兴趣，能大大增强消费者对商品属性与商品形态的感知，方便消费者从多个方位了解商品的属性，具有较大的研究价值。

项目 5 通过对电子商务网站的动态效果的学习研究，使读者了解动态效果的制作方法并能制作简单的动态效果，能够让电子商务网站的设计与制作更上一层楼。

学习目标

通过学习本项目，你应该能够：

(1) 了解电子商务网站动态效果的相关基础知识；

(2) 分析电子商务网站的动态效果；

(3) 理解电子商务网站相关动态效果的制作方法；

(4) 了解电子商务网站的风格及趋势。

任务 5.1 快乐闪烁的店招

本任务通过对快乐闪烁的店招的讲解，使读者对 Photoshop 的“动画”功能有一个基本的了解，并会简单使用“动画”功能，完成简单动态效果的制作。

活动 5.1.1 了解动画制作

动画是在一段时间内显示的一系列图像或帧，当每一帧较前一帧都有轻微的变化时，连续快速地显示这些帧就会产生运动或其他变化的视觉效果，从而达到动画的效果。

必备知识

可以用 Photoshop 在网页中制作简单的动画效果。在开始制作动画之前，需要了解一些动画制作的基础知识。

1. GIF 动画格式

如果需要使用 Photoshop 制作动画图片，则最终需要将所制作的动画图片输出为 GIF 动画格式，因为只有 GIF 格式才支持动画效果，而 JPG 和 PNG 等格式的图像并不支持动画效果。

2. 帧的概念

电影是通过胶片的连续转动来记录活动影像的。电影摄像机每秒拍摄 24 幅静止画面，每一幅称作一帧。由于人眼有视觉暂留现象，所以人们在观看这些静止的画面时，感觉像是一个连续运动的影像。在 Photoshop 中制作动画也是同样的道理。首先使用静态文件生成各个帧，然后再为它们制作各种效果，最后播放图像。这些静态帧画面在被播放时，它们会因为人眼的视觉残留现象而变成活动影像。

3. 认识“时间轴”面板

要想使用 Photoshop 制作动画图片，必须熟知 Photoshop 中的“时间轴”面板。

执行“窗口—时间轴”命令，打开“时间轴”面板，如果面板为视频模式“时间轴”面板，可以单击“转换为帧动画”按钮，即可转换为帧模式“时间轴”面板。帧模式“时间轴”面板会显示动画中的每个帧的缩览图，使用面板底部的工具可浏览各个帧，设置循环选项，添加和删除帧，预览动画。

当前帧：选中该帧后，即可对该帧上的图形进行相应的处理。

帧延迟时间：该选项用于设置帧在回放过程中的持续时间。单击该选项，在弹出的菜单中可以选择一个帧延迟时间。如果选择“其他”选项，将弹出“设置帧延迟”对话框，用户可以自定义帧延迟的时间。

“转换为视频时间轴”按钮：单击该按钮，可以将帧模式“时间轴”面板切换为视频模式“时间轴”面板。

循环选项：该选项用于设置动画在作为 GIF 文件导出时的播放次数。单击该选项，在弹出的菜单中可以选择一个循环选项。如果选择“其他”选项，将弹出“设置循环次数”对话框，用户可以自定义循环的次数。

帧控制按钮：该部分 4 个按钮主要用于对动画帧进行控制。单击“选择第一帧”按钮，可以自己选择序列中的第一个帧作为当前帧；单击“选择上一帧”按钮，可以选择当前帧的前一帧；单击“播放动画”按钮，可以在窗口中播放动画，再次单击则停止播放；单击“选择下一帧”按钮，可以选择当前帧的下一帧。

“过渡动画帧”按钮：如果要在两个现有帧之间添加一系列帧，并让新帧之间的图层属性均匀变化，可单击该按钮，弹出“过渡”对话框来进行设置。

“复制所选帧”按钮：单击该按钮，可以复制所选中的帧，得到与所选帧相同的帧。

“删除所选帧”按钮：选择要删除的帧后，单击该按钮，即可删除所选择的帧。

活动 5.1.2 制作简单的闪烁店招

如果把淘宝网店的装修比喻成一张脸，那么一个独具个性的店招，就是脸上点亮神采的眼睛。所以，想要吸引买家的注意，一定要制作一个闪亮的店招。

必备知识

动态图像（Dynamic Image）是由一组在时间上不断变化的若干帧的静态图像组成的序列，是视觉上运动的图像。动态图像可分为视频和动画两类，实际上两者没有严格的区分。一般认为，如果每一帧画面是实时获取的自然景物的真实图像则称为视频，通常由视频摄像设备获得；而每一帧画面是由计算机或人工制作的具有真实感的图形则称为动画。

动态图像的实现是建立在人类视觉暂留的基础之上的。视觉暂留是指人在观察物体之后，物体的映像在人眼的视网膜上保留一段短暂时间（0.1 秒）的一种生物现象。当以足够快的速度连续地、每次略微改变物体的位置和形状时，人眼的视觉暂留效应会使人感觉到物体在连续运动。如果按一定顺序排列的一系列静态画面以一定速度连续播放时，人眼则将感受到连续的动态效果。例如，电影是以 24 帧/秒的速度放映，且采用遮挡板遮挡 24 次/秒来实现克服视觉暂留，从而使人看到连续流畅且无闪烁的画面。

动画是一种通过将一系列差别很小的单个相邻的画面，以一定速率连续放映而产生的动态视觉的技术。动画信息存储在记录媒体上，如胶片、磁带、磁盘、光盘等；其放映是通过灯光投影、电视屏幕、显示器以及投影仪等放映设备进行的。电视视频图像的更新速率是 25 帧/秒（PAL 制），而二维动画的更新速率一般是 8～15 帧/秒。

动态图像具有连续性的特点，图像在时间轴上以帧为运动单位，属于离散型媒体类。动态图像比静态图像表示的范围广，表现力强。

动态图像具有相关性特点，图像帧之间的关联是动态图像连续动作形成的基础，也是进行压缩和其他处理的条件。动态图像对错误的敏感性较低。

动态图像的文件格式通常有以下 7 种：

(1) GIF 格式。GIF（Graphics Interchange Format）即图形交换格式。它是一种用来交换的图片格式。GIF 格式的特点是压缩比高，支持 2D 动画，应用广泛。GIF 格式支持 256 种色彩的图像，在一个文件中可记录多张图像。其采用 LZW（串表压缩）算法的无失真压缩技术和变长代码，占用空间小，控制各个图像的显示位置、显示时间及透明度等参数灵活，并具有交错显示功能（即下载最初以低分辨率显示，以后逐渐达到高分辨率）和简单的帧动画效果（同一文件中几幅画面连续显示），适合网络传输及应用。

（2）MOV格式。该格式是Apple公司推出的基于Quick Time for Windows的以.mov为后缀的视频文件格式。该文件可采用压缩和不压缩的方式，应用和效果与AVI格式类似。其压缩比大，质量较高，在Windows系统中可用Quick Time进行播放。它适合采集和压缩模拟视频，并可从硬件平台上高质量回放。

（3）SWF格式。SWF（Shock Wave Flash）是Adobe公司的动画设计软件Flash的专用格式，是一种支持矢量图形和像素图像的动画文件格式，被广泛应用于网页设计、动画制作等领域。SWF文件通常也被称为Flash文件。SWF普及程度很高，现在超过99%的网络使用者都可以读取SWF文件。SWF可以用Adobe Flash Player打开，前提是浏览器必须安装Adobe Flash Player插件。

（4）AVI格式。该格式是Microsoft公司推出的一种以.avi为后缀的数字视频文件格式。该文件将视频和音频以交叉方式存储，压缩比较高，读取音像信息流畅，易于再编辑和处理，且独立于硬件设备。AVI文件包含3部分：文件头（文件的通用信息、定义数据格式及所用的压缩算法等）、数据块（文件容量的主要部分）和索引块（数据列表及其在文件中的位置等）。可根据要求将该格式的图像分辨率从全屏的640×480调到1/2（320×240）或1/4（160×120）。该文件的容量等于该文件的数据率乘以视频播放的时间。各种多媒体制作软件，如Authorware等都支持该格式。该格式是目前开发多媒体演示节目的主流，主要用于保存电影、电视等各种影像信息，多用于多媒体光盘。

（5）MPEG格式。该格式是基于MPEG（Moving Picture Experts Group）组织所制定的以.mpeg或.mpg为后缀的动态影像存储标准文件格式。该文件格式压缩比高，可以全画面、全动态、CD音质的模式混合存储视频、音频、文本以及图形数据等。实际上，VCD就是用CD-ROM来记录MPEG-1的数字视频记录的特殊光盘，其最大压缩比可达1∶200，并具有VHS的显示质量和CD-DA高保真立体伴音效果。而DVD采用的MPEG-2的标准，也是高清晰电视和数字广播电视的基本标准。

（6）WMV格式。该格式是Microsoft公司推出的一种以.wmv为后缀的独立于编码方式的在Internet上实时传播多媒体应用标准的高级流媒体视频文件格式，其目的是取代WAV、AVI文件格式以及Quick Time之类的技术标准。该文件格式的主要优点是：本地或网络回放、可扩充的媒体类型、部件下载、可伸缩的媒体类型、流的优先级化、多语言支持、环境独立性、丰富的流间关系以及扩展性等，压缩比高，质量好。

（7）RM（Real Video）格式。该格式是Real Networks公司推出的一种以.rm为后缀的采用压缩技术和流式播放技术而形成的流式视频文件，也是目前Internet上最流行的跨平台的C/S结构多媒体应用标准。其压缩比高，适用于网络电影、电视的应用等。自从Real Encoder 5.0问世后，视频RM与音频RA统称为RM文件。

【操作步骤】

（1）新建文件，宽：950像素，高：120像素，背景颜色：黑色，如图5-1所示。

（2）输入“新尚美时尚女鞋”，设置字体：微软雅黑，字号：48点，如图5-2所示。

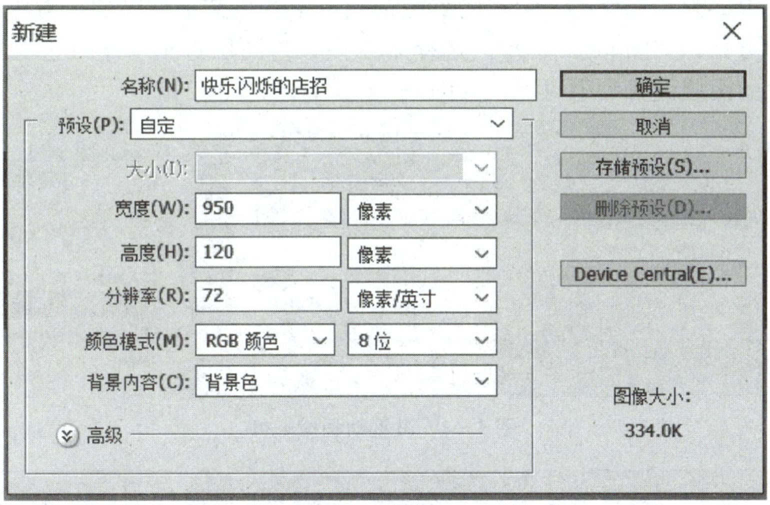

图 5－1　新建文件

图 5－2　输入文字

(3) 复制文字图层“新尚美时尚女鞋”，将文字图层“新尚美时尚女鞋副本”中的字体颜色更改为红色，如图 5－3 所示。

图 5－3　复制文字图层并改变字体颜色

(4) 执行“窗口-动画”命令，选中当前帧，按“复制所选帧”按钮，这样“动画

(帧)”界面出现 2 帧。选择第一帧，将图层选项卡中红色文字的图层设置为不可见，白色的图层设置为可见，如图 5-4 所示；选择第二帧，将图层选项卡中红色文字的图层设置为可见，白色的图层设置为不可见，如图 5-5 所示。

图 5-4　设置动画第一帧

图 5-5　设置动画第二帧

（5）将 2 帧的延迟时间均设置为 0.1 秒，如图 5-6 所示。

图 5-6　设置 2 帧的延长时间

（6）将循环选项设置为“永远”，如图 5-7 所示。

图 5-7　设置帧循环选项

（7）按“播放动画”按钮，对所做店招的动态效果进行测试。

(8) 执行“文件—存储”命令，将文件存储为“快乐闪烁的店招 . psd”。

(9) 执行“文件—存储为 Web 所用格式”命令，弹出“存储为 Web 所用格式”对话框，参数设置如图 5 - 8 所示。单击“播放动画”按钮，可以在该对话框中预览动画效果。

图 5 - 8　存储为 Web 所用格式

(10) 单击“存储”按钮，弹出“将优化结果存储为”对话框，对相关选项进行设置，单击“保存”按钮，即可输出 GIF 动画，如图 5 - 9 所示。打开该 GIF 动画图片，可以看到所制作的简单的闪烁的店招。

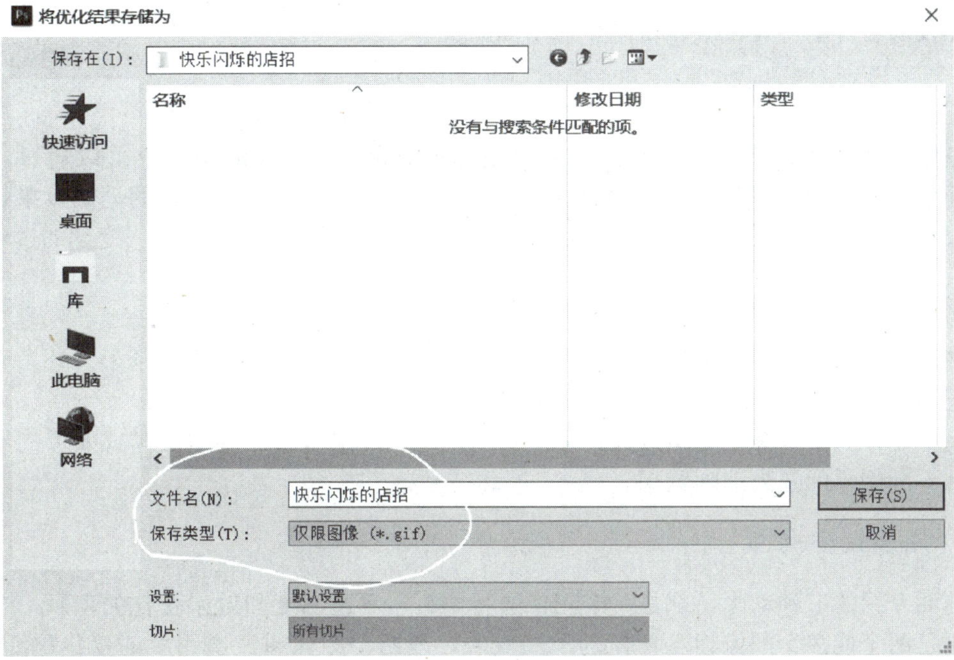

图 5 - 9　文件保存

拓展学习

(1) 结合课本案例，设计一个美观的动态店招。
(2) 根据自家网店的特色，将动态效果运用在店招设计之中。

任务 5.2 促销海报的动态和轮播

本任务通过对促销海报的动态和轮播设置，让读者对 Photoshop 的“动画”功能有一个深入的了解，并会使用“动画”功能完成丰富的动态效果的制作。

活动 5.2.1 常见动画效果

在 Photoshop 中通过“时间轴”面板制作动画，可以实现图像位置、不透明度和效果变化的动画效果，接下来分别介绍各种动画的制作方法和技巧。

必备知识

1. 位置变化动画

位置变化动画是最常见的动画形式，可以在两帧之间添加一序列逐渐变化的帧，只要改变图像源文件的位置，就能自动生成中间帧。

2. 渐隐渐现动画

渐隐渐现动画效果也是一种常见的动画展示效果，在 Photoshop 中可以通过“时间轴”面板制作图像有不透明度变化的过程动画，这样就实现了渐隐渐现的动画效果。主要通过修改产品所在图层的不透明度值，从而实现产品不透明度从 0～100%变化的过程。

3. 效果变化动画

在 Photoshop 中，图层样式的应用比较广泛，不但可以为图像添加投影、外发光等效果，还可以利用图层样式制作效果变化的动画。

例如制作光晕闪烁的动画效果，即主要通过改变图层所添加的图层样式效果的不透明度实现不断闪烁的发光动画效果。

4. 图像切换动画

前面介绍的三种动画，都是一个图像进行位置、不透明度和效果变化的动画。图像切换动画是两个或多个图像相互切换的动画效果，即两个图像通过透明度的变化逐渐过渡，从而实现两个图像相互切换的效果。

主要的制作思路是：将需要切换的两个素材叠加在一起，在第 1 帧显示其中一个图像，隐藏另一个图像，在第 2 帧则显示另一个图像，隐藏前一个图像，通过创建动画过渡帧，自动生成两个图像之间过渡的动画效果。

活动 5.2.2 动态海报的制作与轮播

在新媒体时代，制作动态海报已经是专业设计师的必备技能。若动画效果较为简单，可以用 Photoshop 的动画功能来处理；若碰到复杂的动画效果，则可以用 Flash 来实现。

必备知识

1. Flash 简介

Flash 是一种集动画创作与应用程序开发于一身的软件工具。Adobe Flash CS3 是 Adobe 公司收购 Macromedia 公司后将享誉盛名 Macromedia Flash 更名为 Adobe Flash 后的一款动画软件。Flash 软件可以实现多种动画特效，动画都是由一帧帧的静态图片在短时间内连续播放而形成的视觉效果，是表现动态过程、阐明抽象原理的一种重要媒体。尤其在医学 CAI 课件中，使用设计合理的动画，不仅有助于学科知识的表达和传播，使学习者加深对所学知识的理解，提高学习兴趣和教学效率，同时也能为课件增加生动的艺术效果，特别对于以抽象教学内容为主的课程更具有特殊的应用意义。

Adobe Flash CS3 Professional 只是 Adobe Flash Platform 中的一个产品。除了 Flash 之外，Adobe 还提供了 Flash Catalyst 和 Flash Builder。Flash Catalyst 是一个设计工具，它无须编写代码即可快速创建富有表现力的界面和交互式内容。Flash Builder（以前称为 Flex Builder）是适合于程序开发人员创建交互式内容的以代码为中心的环境。尽管开发平台不同，但这 3 种工具最终都将生成相同的 Flash 内容（SWF 文件）。Flash SWF 文件在浏览器上的 Flash 播放器中、浏览器外面的桌面上的 Adobe 集成运行环境（Adobe Integrated Runtime，AIR）中或者在移动电话上运行。

2. Flash 的特点与优势

Adobe Flash 具有以下特点与优势：

(1) 短小精悍、兼容性好。Flash 采用矢量图形技术，播放画面的尺寸可以任意缩放而不影响播放的质量，文件较小，不影响网络传输速度，生动活泼，趣味性强。

(2) 内容丰富、生动活泼。Flash 动画是通过计算机对文字、图形、图像、动画、声音等信息的处理，组成图、文、声、像融为一体的演播文件，实现视觉上的和听觉上的、静止的和运动的、空间的和时间的、分散的和集成的、同步的和异步的等形式多样而又生动活泼的动态效果。

(3) 高度交互、表现力强。Flash 利用 ActionScript 编程的目的就是更好地使 Flash 作品能与用户进行人机自由交互。简单的 Flash Action Script 编程可以实现场景的跳转、与 HTML 网页的链接、动态装载 SWF 文件等；高级的 Flash Action Script 编程可以实现复杂的用户交互设计，Flash 文件能根据用户的操作进行响应与动态表现各种设计的图像效果，能与外界进行数据交流，如 XML、PHP、SQL Server 等。

Flash 是一个非常优秀的矢量动画制作软件，它以流式控制技术和矢量技术为核心，制作的动画具有短小精悍的特点，所以被广泛应用于网页动画的设计中，已成为当前网页动画设计最为流行的软件之一。

3. Flash 的专业术语

创建 Flash 动态图像过程中涉及以下 5 个专业术语：

(1) 舞台。舞台是 Flash 在回放过程中显示图形、视频、按钮等内容的位置。

(2) 时间轴。时间轴用来通知 Flash 显示图形和其他项目元素的时间，也可以使用时间轴指定舞台上各图形的分层顺序。位于较高图层中的图形显示在较低图层中的图形的上方。

(3) 库面板。库面板是 Flash 用来放置 Flash 文档中的媒体元素列表的位置。

(4) ActionScript。ActionScript 用来向文档中的媒体元素添加交互式内容工具。例如，可以添加代码以便用户在单击某按钮时显示一张新图像，还可以使用 ActionScript 向应用程序添加逻辑。逻辑使应用程序能够根据用户的操作和其他情况采取不同的工作方式。

(5) 元件。元件是 Flash 中使用的一种物件类型，英文版中叫 Symbol。使用者既可以创建新的元件，也可以使用 Flash 提供的元件。使用元件可以减小文件的大小，加快网页的浏览速度。元件有三种类型，即影片图形 Graphic、按钮 Button 和剪辑 MovieClip。

图形元件一般用来存放单独的图像或动画，它不能产生互动效果和声音。图形元件所制作的动画，会随主动画运转而运转，如果主动画停止，此类元件的动作也会停止。

按钮元件主要用于检测鼠标的动作，以产生互动的动画，也可以产生声音效果。

影片剪辑元件是动画，具有交互效果，可以产生语音。此类元件不随主动画运转和停止。

【操作步骤】

(1) 对素材图片 1.jpg 进行处理：在 Photoshop 中打开素材文件 1.jpg，执行“图像—图像大小”命令，勾选“约束比例”，将宽度设置为 730 像素，如图 5 - 10 所示。

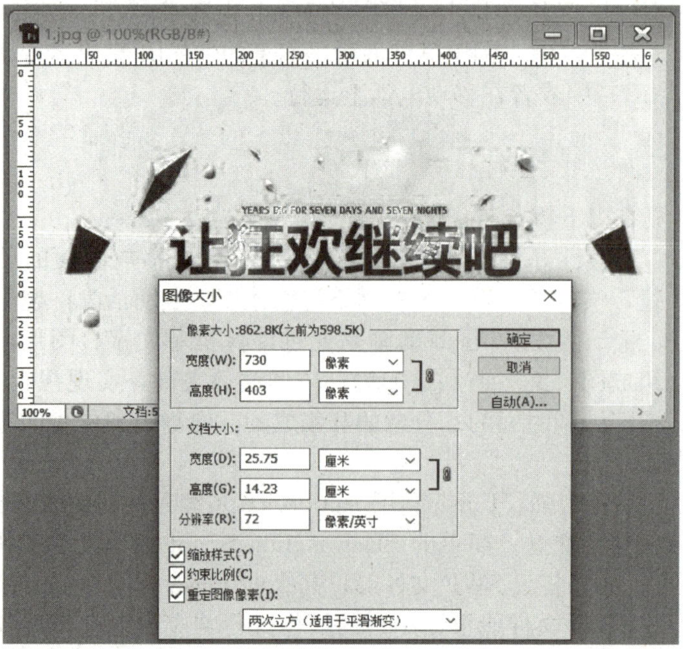

图 5 - 10 设置图片 1.jpg 的宽度

（2）对素材图片 2.jpg 进行处理：在 Photoshop 中打开素材文件 2.jpg，执行“图像—图像大小”命令，勾选“约束比例”，将宽度设置为 730 像素，如图 5-11 所示。

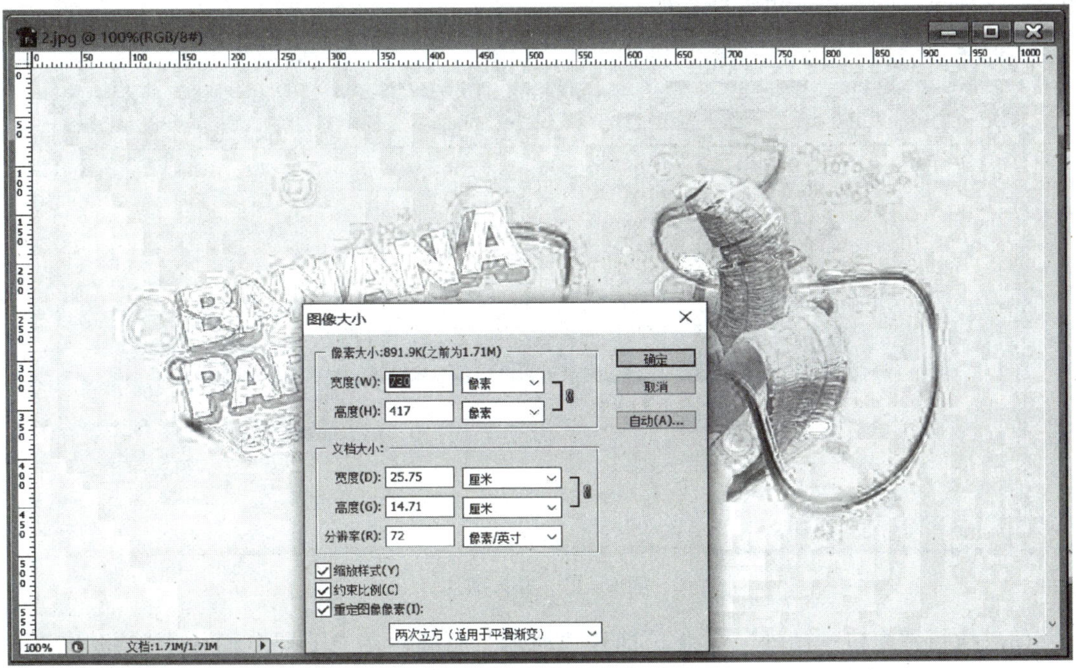

图 5-11　设置图片 2.jpg 的宽度

（3）新建文件，名称：动态海报的制作与轮播，宽：950 像素，高：400 像素，背景颜色：黄色，如图 5-12 所示。

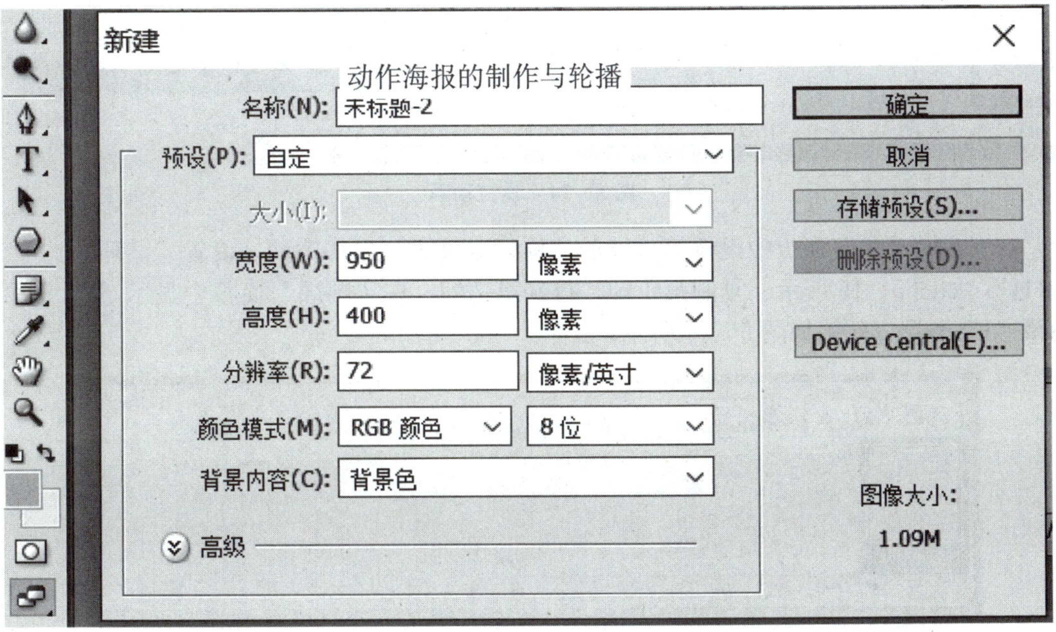

图 5-12　新建文件

（4）将重新设置过宽度的 1.jpg 和 2.jpg 导入新建的文件中，并居中显示，选中 1.jpg 所在的图层，按快捷键 Ctrl＋T，设置该图在背景中的坐标为 X：475px，Y：200px，如图 5－13 所示。对 2.jpg 也这样操作。

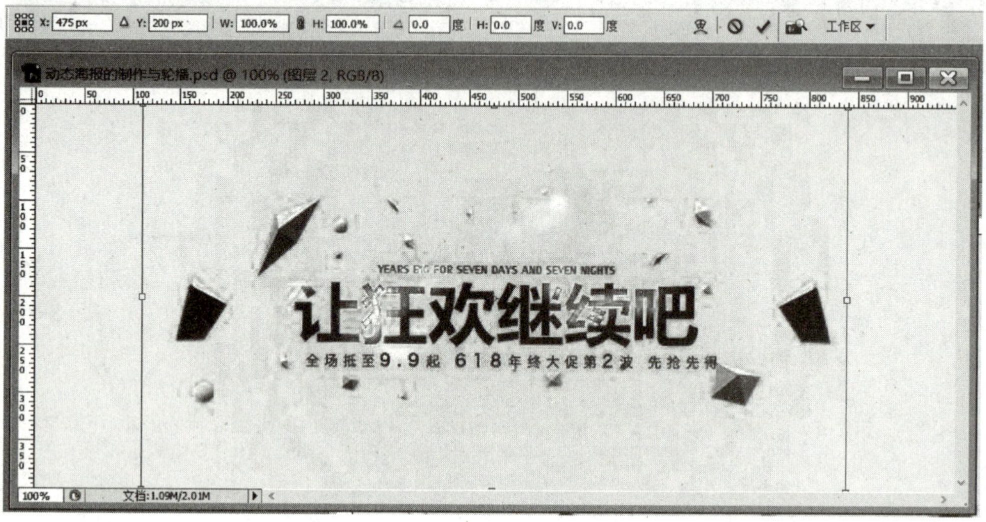

图 5－13 导入图片

（5）执行“窗口—动画”命令，打开“动画”面板，在“图层”面板中隐藏“2”图层，如图 5－14 所示。

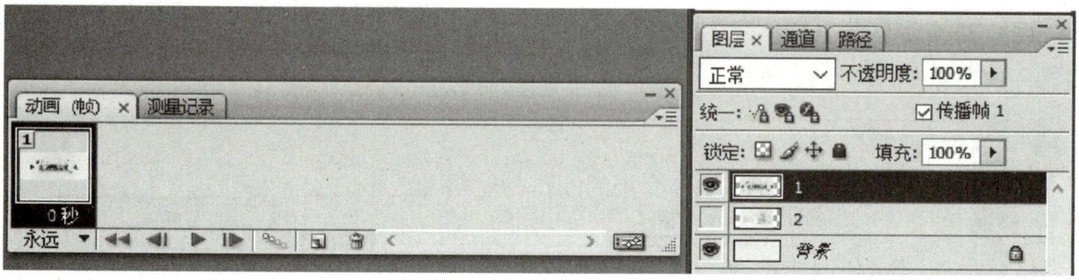

图 5－14 设置动画

（6）在“动画”面板中设置第 1 帧的“帧延迟时间”为 0.1 秒，设置“循环”选项为“永远”，如图 5－15 所示。复制第 1 帧，得到第 2 帧，在“图层”面板中显示“2”图层，隐藏“1”图层，效果如图 5－16 所示。

图 5－15 设置第 1 帧动画效果

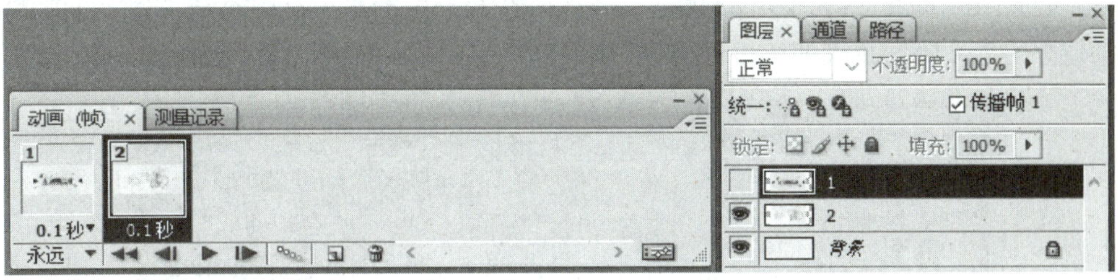

图 5 - 16　设置第 2 帧动画效果

（7）在“动画”面板中按 Ctrl 键同时选中第 1 帧和第 2 帧，如图 5 - 17 所示。

图 5 - 17　同时选中第 1 帧和第 2 帧

（8）单击“动画”面板上的“过渡动画帧”按钮，弹出“过渡”对话框，参数设置如图 5 - 18 所示。单击“确定”按钮，完成“过渡”对话框的设置，自动生成过渡帧，效果如图 5 - 19 所示。

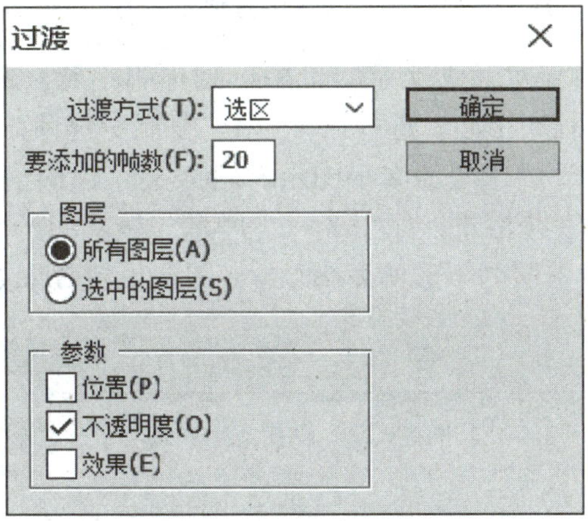

图 5 - 18　设置过渡动画帧

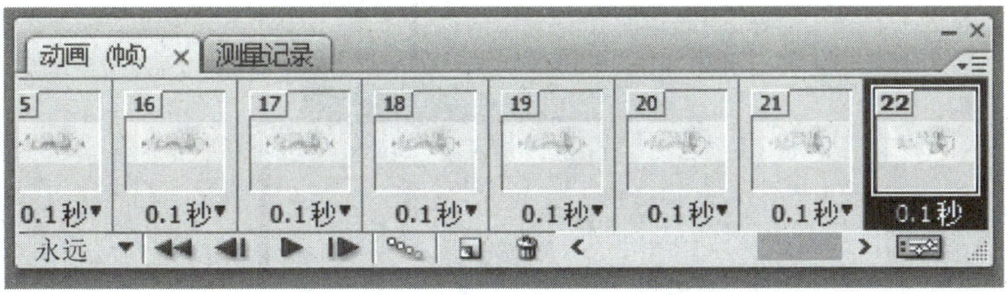

图 5 - 19　自动生成过渡帧

(9) 复制第 22 帧，得到第 23 帧，使用相同的制作方法，制作出从“2”过渡到“1”的动画效果，“动画”面板如图 5－20 所示。

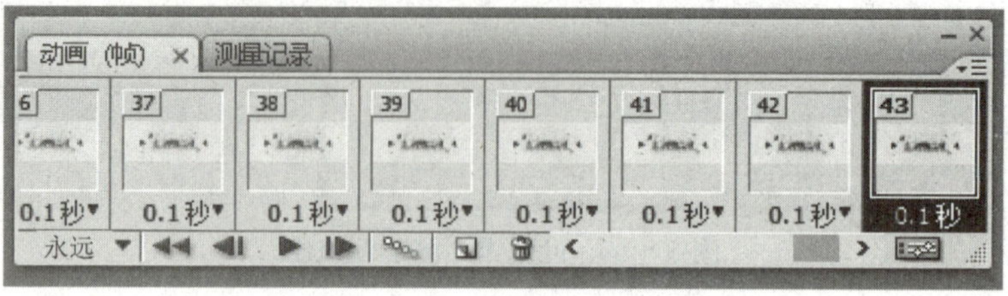

图 5－20　制作从“2”过渡到“1”的动画效果

(10) 按“播放动画”按钮，测试所做动画效果。

(11) 改进动画效果，除去过渡效果的显示时间，将每张海报上的停留时间设置为 2 秒。选择第 22 帧，设置停留时间为 2 秒；选择第 43 帧，设置停留时间为 2 秒，如图 5－21 所示。

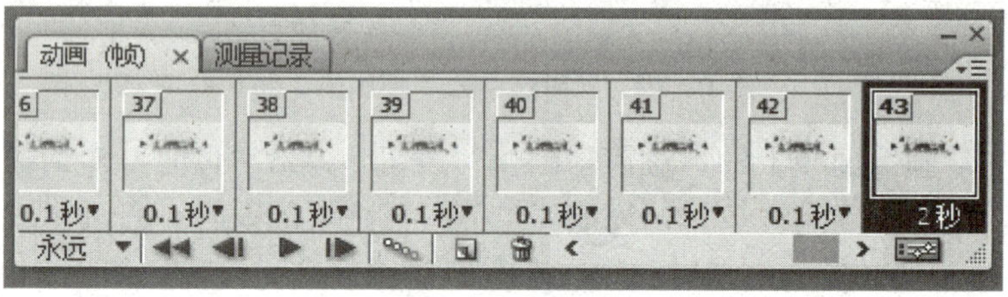

图 5－21　设置海报停留时间

(12) 增加动画效果，显示运动文字：价格低到你想不到，最后呈现的动画效果为文字从画布底端缓缓升起至画布中心。选择第 43 帧，复制所选帧，得到第 44 帧，隐藏第 44 帧中图层“1”和“2”的显示，增加文字图层，输入文字“价格低到你想不到”，将文字移动到画布的底端，设置字符格式，如图 5－22 所示。按 Ctrl＋T 键，设置文字的旋转角度为－10 度。设置该文字图层的不透明度为 0%，图层设置效果如图 5－23 所示。

图 5－22　设置文字属性

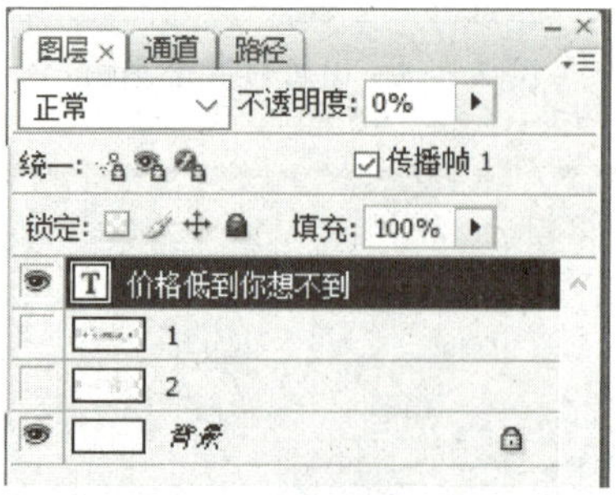

图 5－23　设置文字图层的不透明度

(13) 选择第 44 帧，复制所选帧，得到第 45 帧。将第 45 帧中文字图层的不透明度设置为 100%。移动文字到画布中心位置，图层及画布效果如图 5－24 所示。

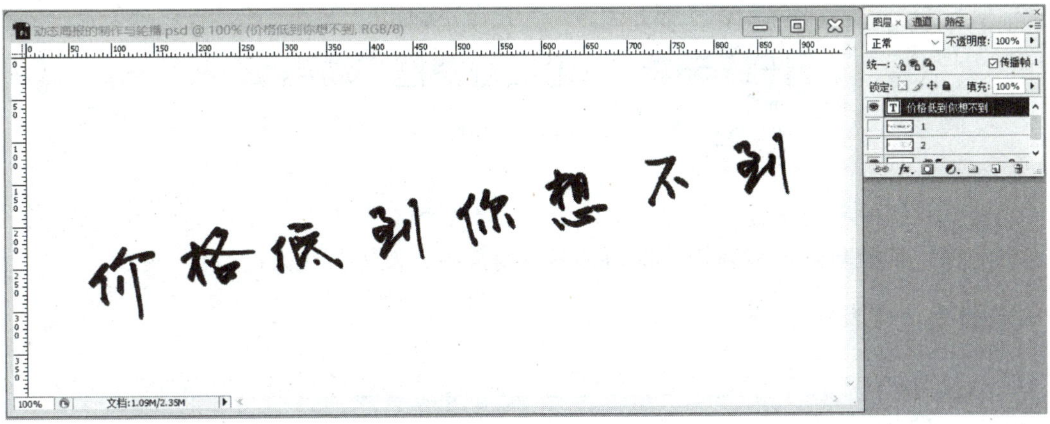

图 5－24　图层及画布效果

（14）选中第 44、45 帧，单击“过渡动画帧”按钮，设置过渡参数如图 5－25 所示。

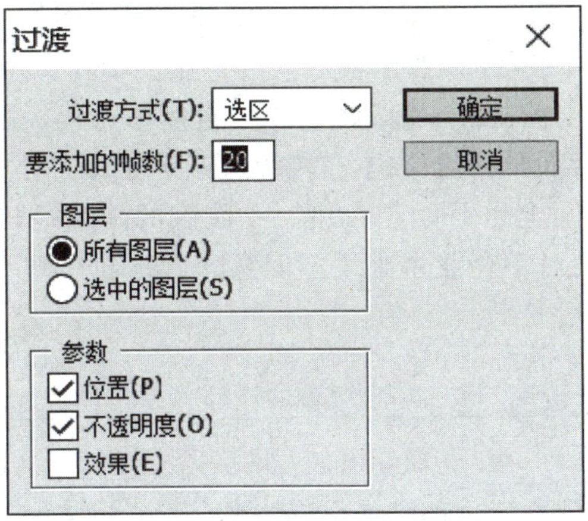

图 5－25　第 44 到 45 帧的过渡动画参数

（15）单击“确定”按钮，最后预览动画效果：前期为 2 张海报轮播，后期为文字从底部缓缓升起并且缓缓显示出来。

（16）执行“文件—存储”命令，将文件存储为“动态海报的制作与轮播 . psd”。

（17）执行“文件—存储为 Web 所用格式”命令，弹出“存储为 Web 所用格式”对话框，将文件存储为“动态海报的制作与轮播 . gif”，循环状态为“永远”。单击“播放动画”按钮，可以在该对话框中预览动画效果。

（18）单击“保存”按钮，即可输出 GIF 动画。打开该 GIF 动画图片，可以看到所制作的动态海报效果。

拓展学习

结合课本案例和自家网店的特色，对海报的动态和轮播效果进行制作。

任务 5.3 论坛营销推广动态图

随着互联网的不断发展，各种新兴推广方式不断崛起。论坛营销作为网络营销的老渠道，更应稳固其根基并开拓创新，将动态图应用其中，发挥其最大能效。

活动 5.3.1 认识论坛营销

论坛营销通过在论坛、博客等平台对企业和产品信息进行营销策划和推广，提升口碑和美誉度，达成推广目的。

“口口相传”“有口皆碑”一直以来都是所有品牌追求的结果——“好的口碑引起 7 次销售，坏的口碑丧失 30 个客户”，企业主深知“口碑”对于销售的影响力，也因此尤为注重企业声誉管理。“网络口碑营销”这个词很火，随着互联网的发展，中国的网络口碑营销被提到了空前的高度。“封杀王老吉”让广大的企业主看到了论坛营销的威力，“汶川地震”让“网络民意”力量空前高涨。2.0 时代——自媒体时代，网络成为信息沟通的主要途径，也成为可以自由发言的场所。原本在传统媒体一统天下时只能在线下形成的“口碑传播”在 2.0 时代的互联网上也开始起作用。一次次的网络危机让企业主在 2.0 时代谈“危”色变，网络口碑营销对于企业主来说不但意味着正面口碑引导，更重要的是意味着网络口碑声誉管理。

必备知识

论坛营销就是企业利用论坛这种网络交流的平台，通过文字、图片、视频等方式发布企业的产品和服务的信息，从而让目标客户更加深刻地了解企业的产品和服务，最终开展宣传企业的品牌、加深市场认知度的网络营销活动。

案 例

“封杀王老吉”事件

2008 年，在王老吉为汶川地震捐款一亿元之后，当天晚上在网络上出现一篇题为“让王老吉从中国的货架上消失！封杀它！”的帖子，这个引人注目的标题引起了被王老吉义举感动的公众的愤怒，但打开帖子一看，发帖者所指的“封杀”其实是要表达“买光超市的王老吉！上一罐买一罐！”的意思。正话反说产生的强烈反差刺激了无数公众跟帖留言，“今年夏天不喝水，要喝就喝王老吉”“王老吉捐了一亿元，我们要买光它的产品，让它赚十亿元”，类似这样的跟帖出现在大量网站的论坛上。数日后，网上甚至出现了王老吉在一些地方卖断货的传言。网络上数量惊人的讨论、转载和点击量，使这一事件引起大量传统媒体的关注和跟进报道。

活动 5.3.2 GIF 动图及动画制作

单一的文字营销并不足以引起观众的兴趣，所以每逢节日、热点、活动、产品发布上新等时期，海报是必不可少的最快速的传播手段。虽然文案只是寥寥几字，却把所有信息传递给观众；虽然画面一眼看过去只要几秒钟，却决定了观众会不会多看一眼，会不会心动。

GIF 动图因其强大的引流的效果，被视为营销推广的利器。GIF 动图“介于静态图片与动态视频之间”，是由短视频或照片序列生成的“迷你视频”，能给人新鲜感，又比视频柔和得多。

GIF 动图最早可以追溯到 1987 年。第一张火遍互联网的 GIF 动图是这张婴儿跳舞的图，如图 5-26 所示，很多人第一次接触 GIF 格式就是通过这张图。

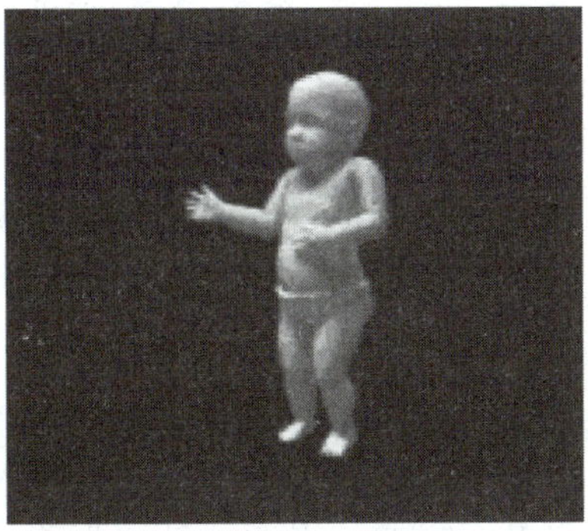

图 5-26 婴儿跳舞图

互联网时代，GIF 迎来了它最好的时代。由于 GIF 最擅长传达情绪，所以，最早流行起来的就是各类表情包。

2011 年，Cinemagraph 艺术形式开始流行，它让静止照片中某个位置以动态形式表现出现。

2015 年 GIF 动图开始用于商业用途，主要存在于各类品牌的营销推广中。虽然文件短小精悍，便于网络传播，但是画质粗糙、解析度低、颜色数量少。

为什么 GIF 在营销中的运用如此广泛？从传播介质本身分析，GIF 相对于传统平面包含的传播信息量更大，场景化表达、自带的跳跃感、视觉冲击更易引起用户注意，让用户的眼睛停留时间也更久，进入记忆程序的概率更大。从用户消费行为分析，用户移动化的生活消费习惯、碎片化的信息截取方式，催生 GIF 动图的应用。而个性有趣的形式内容，比平面更丰富、更生动，既符合网络交流的情感需求，也迎合了年轻用户的猎奇心，可以更好地引起互动、评论、分享。从媒体营销环境分析，GIF 生存瓶颈被打破。不管是 PC 端还是移动端 App，都在逐步使用 GIF 来做最简单最直接的信息发布，并渗透到营销以外的不同场景。

必备知识

1. 动态图像的获取

动态图像信息处理包括图形动画、数字图像处理以及视频、动画压缩等相关技术。常用的有代表性的动态图像编辑与制作软件有 Premiere、GIF Animator、Flash、3D max 和 Maya 等。用于商品展示的动态图像的获取可以通过以下三种途径：

（1）制作 Flash 动画图像。Flash 是网络上常见的表现形式。Flash 动画可以实现很多效果，比如移动、放大、缩小、跳动、旋转、扩散、渐强和渐弱、分割、排列组合等。Flash 在音画作品中被广泛使用。

（2）制作 GIF 动画图像。GIF 是动画图片，通过对多图层的图片按时间进行不同的切换，以达到动画的效果。

（3）制作 3D 动画图像。3D 动画是通过 3D max 软件制作的动态图片，由于可以表现图像三维的效果，所以又称为三维动画。3D 动画虽然效果好，但由于文件很大，其动画图像需要经过压缩处理后才能采用。

2. 动态图像制作的相关概念

（1）关键帧。

关键帧是指对象在舞台上产生变化的帧。它用来定义动画中的变化，包括对象的运动和特点（如大小和颜色）、在场景中添加或删除对象以及帧动作等。当动画发生变化或希望发生动作时，必须使用关键帧。

（2）逐帧动画。

逐帧动画也称关键帧动画，它通过一帧一帧显示动画的图像序列而实现运动的效果。逐帧动画是从传统动画基础上引申而来的。卡通片就属于逐帧动画。

（3）实时动画。

实时动画也称算法动画，它采用各种算法实现物体的运动。算法包括运动学算法、动力学算法、随机运动算法等。实时动画一般不需要记录在存储体中，运行时计算机对输入的数据进行快速处理，在人眼觉察不到的时间内将结果随时计算显示出来。电子游戏机中的动画一般都是实时动画。

（4）对象移动。

对象移动是指在实时动画中，屏幕上一个局部图像或对象在二维平面上沿某一固定轨迹做步进运动。运动的对象和物体本身的大小、形状及色彩等效果不变。用此方式可实现背景上前景的运动。该前景可以是一个物体，也可以是一段或几个文字。其优点是无须生成动画文件。

（5）运动控制。

运动控制也称模拟运动，它是指计算机先确定每个物体的位置和相互关系，建立其运动轨迹和速度，选择平移、旋转、扭曲等运动形式，再确定物体形体的变化方式和变异速度。

（6）动画数据与动画文件。

动画数据是由一帧帧静止图像的有序排列组成，并采用连续播放静止图像的方法产生景物运动的效果。其特点是数据量大、帧与帧之间只有局部内容不同。将动画数据进行压缩，并记录在一定格式的文件中，该文件为动画文件。

（7）流控制技术。

流控制技术是指边下载边播放的技术。其数据存放在一系列连续的帧里面，只要一个帧的所有数据收到后，就可在后续帧的数据到达前播放。其播放是否流畅取决于两个因素：一是每个帧的数据必须尽量小；二是一系列帧下载时间必须小于其播放时间。

案　例

支付宝——每一笔都是在乎

策略背景：支付宝 9.9 版本，首页大改版，可以“记录我的生活”。

策略：号召人们用支付宝记录生活。

概念：每一笔都是“在乎”。

创意：将用户和身边最亲近的人联系起来，通过一些具体的小事（买早餐、支付水电费、借钱、宠爱自己……），去证明你的每一笔付出都是在乎，如图 5-27 所示。

图 5-27　支付宝——每一笔都是在乎

让心意先到家，过年玩东南西北家

策略：与老字号品牌跨界合作。

概念：天猫年货节。

创意：提起新年，大家不由自主会和传统习俗挂钩，天猫通过具有年味色彩的传统文化“年画”与各地特色年货相关联，吸引消费者来天猫选购各地特产，如图 5-28 所示。

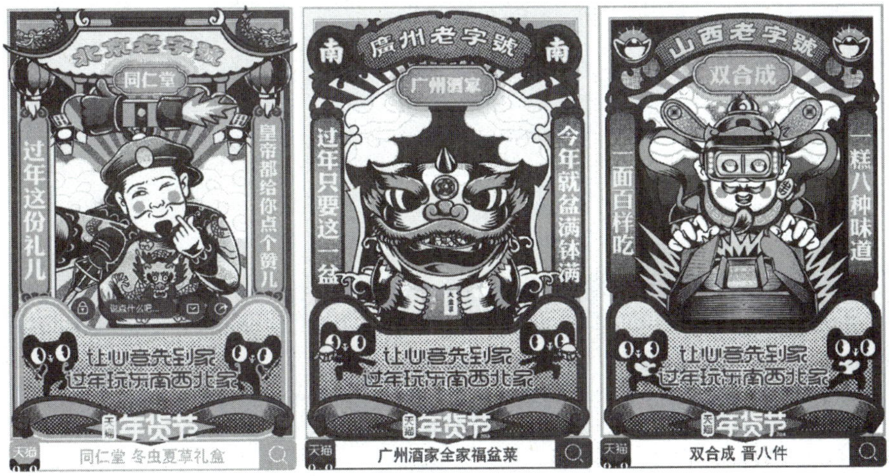

图 5-28　让心意先到家，过年玩东南西北家

拓展学习

请参考以上给定的两个案例，制作一个 GIF 动图。

概念：everybody 已出动，你呢？

创意："双十一"到了，所有商家已准备好大干一场，消费者也都摩拳擦掌，等着 11 月 11 日 00:00:00 这个时刻，各种秒杀抢购。

动图素材可自行设计或网上下载，配图文字自行设计，抓住主题即可。

项目小结

项目 5 通过学习制作快乐闪烁的店招以及制作与轮播动态海报，使读者对电子商务网站的动态效果有了初步认识，了解了动态效果的制作方法并能制作简单的动态效果。在此基础上学习电子商务网站中的经典案例，能更好地帮助我们理解掌握电子商务网站的动态效果这部分内容。

项目 6

创建与管理网站站点

Dreamweaver 站点是一种用于管理网站中所有关联文档的工具，用通俗易懂的话来说，站点就是一个特别的文件夹，存放做网页时用到的所有文件和文件夹，包括主页、子页、图片、声音、视频等。通过站点可以实现将文件上传到网络服务器、自动跟踪和维护、管理文件以及共享文件等功能。

学习目标

通过学习本项目，你应该能够：

(1) 掌握创建站点的基本方法；

(2) 掌握编辑、复制和删除站点的基本方法；

(3) 掌握导出和导入站点的基本方法；

(4) 掌握创建站点文件和文件夹的基本方法；

(5) 掌握管理站点文件和文件夹的基本方法。

任务 6.1 创建站点

本次任务主要掌握站点的创建，包括创建本地站点和创建远程站点。

活动 6.1.1 创建本地站点

本活动主要创建本地站点，包括了解站点的类型，创建本地站点的具体实施步骤。

必备知识

1. 站点

站点是构建在网络上、具有独立名称的逻辑上的独立体。大到一个网站，小到一个网页都可以是站点。通常将存储于 Internet 服务器上的站点和相关文档称为远程站点；将存储于本地计算机上的站点和相关文档称为本地站点。

Dreamweaver 中的站点包括本地站点、远程站点和测试站点等 3 类。

本地站点是指用来存放整个网站框架的本地文件夹，是用户的工作目录，一般制作网页时只需要建立本地站点即可。

远程站点是指存储于 Internet 服务器上的站点和相关文档。通常情况下，为了不连接 Internet 而对所建的站点进行测试时，可在本地计算机上创建远程站点，对真实的 Web 服务器进行模拟测试。

测试站点是指 Dreamweaver 处理动态页面的文件夹，使用此文件夹生成动态内容并在工作时可连接到数据库，对动态页面进行测试。

2. 站点定义的两种操作模式

“站点定义”对话框提供了两种操作模式：“基本”和“高级”。“基本”模式也称为“站点定义向导”，在这里可以指定编辑、测试和共享站点文件的要点。在“高级”模式中，可以指定从最基本的到最高深的所有站点参数。

3. 定义不使用服务器技术的站点

一个用于不使用服务器技术的站点，即不包括服务器端代码，只有客户端 HTML、JavaScript 等内容的站点。

4. 定义使用服务器技术的站点

一个使用服务器技术的站点，即包括服务器端代码，如 ColdFusion、ASP、JSP、PHP 等内容的站点。

5. 网站根目录

网站根目录是指 Web 服务器中存放网站的第一层文件夹。就是网站空间存放网站文件的逻辑盘根目录，用于存放网站程序的目录文件夹。简单地说，我们在建网站时，就是把网站程序传到根目录下。

案　例

创建本地站点

对网页设计兴趣十足的张天天，在读初中时就开始学习 Flash、Photoshop 软件，但是如何把自己制作的精美电子商务线上购物网站发布到网上，得到大家的关注呢？到底什么是站点？如何创建站点？

下面我们为张天天制作的电子商务网站创建本地站点，网站的本地根目录应该是为网站特别建立的文件夹，然后把本地站点的根目录放在文件夹里，一个本地根目录对应一个正在制作的网站。

（1）在 D 盘建立一个用来存放站点的文件夹 mywebsite，这个文件夹就是本地站点的根目录，网站相关文件将放在该文件夹中。

（2）在菜单栏上选择“站点—新建站点”，如图 6－1 所示。

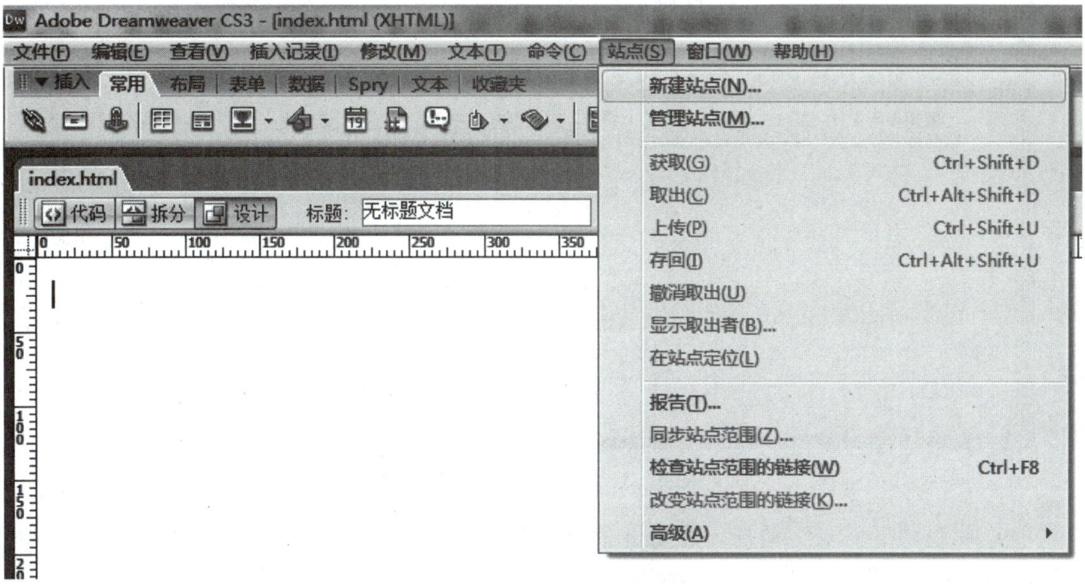

图 6－1　菜单栏新建站点

也可以单击“文件”面板中的“管理站点”超链接进行站点的新建，如图 6－2 所示。

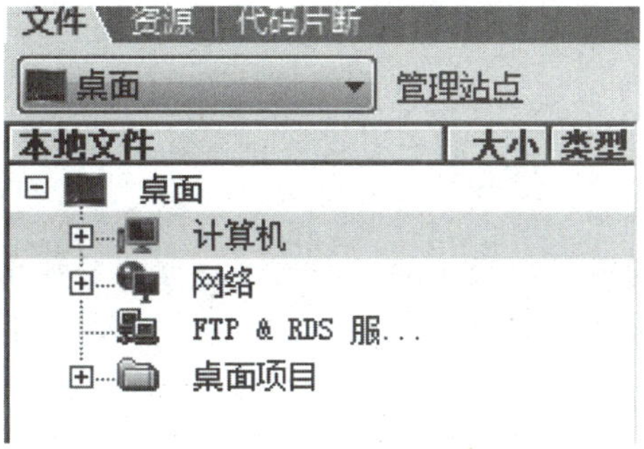

图 6－2　“文件”面板新建站点

(3) 在弹出的对话框中选择“基本”选项卡，如图 6-3 所示。这是一个创建站点的向导，可以带领用户逐步完成站点的创建。在文本框中输入新建站点的名称“mywebsite”，该名称可以任意选取，和网站内容本身无关。

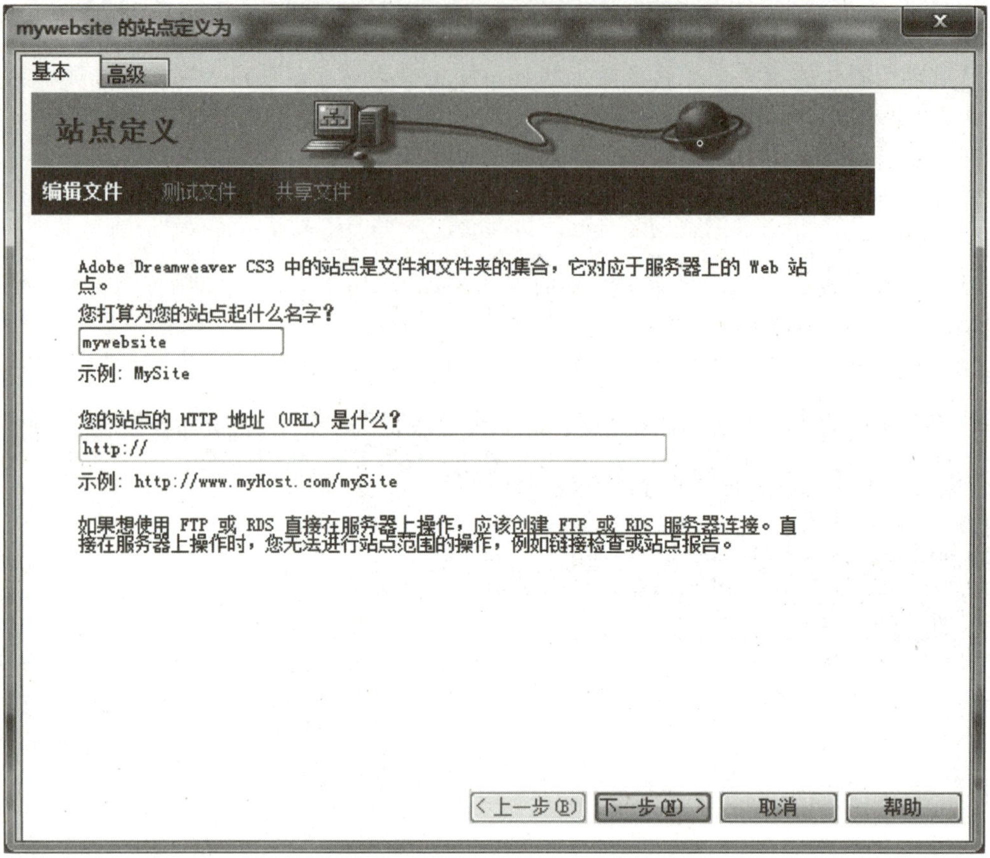

图 6-3 “站点定义”对话框

(4) 单击“下一步”按钮，在打开的对话框中选择将要采用的服务器技术，这里选中“否，我不想使用服务器技术。”，如图 6-4 所示。

(5) 继续单击“下一步”按钮，由于是在本地硬盘上进行站点的制作和测试，在打开的对话框中选择“编辑我的计算机上的本地副本，完成后再上传到服务器（推荐）”，如图 6-5 所示。

在该对话框中，最重要的是选择存放站点文件的位置，可以单击文本框右边的“预览”按钮，在打开的“选择站点 mywebsite 的本地根文件夹”对话框中找到将要存放站点文件的文件夹，如图 6-6 所示；也可以在文本框中输入站点文件夹的路径“D:\mywebsite”。

(6) 单击“下一步”按钮，在弹出的对话框中选择远程服务器连接方式，因为在本地硬盘制作网站，因此连接方式选择“无”即可，如图 6-7 所示。如果你已经购买网站虚拟空间，可以选择 FTP。而本地网络指的是你的站点在本地。

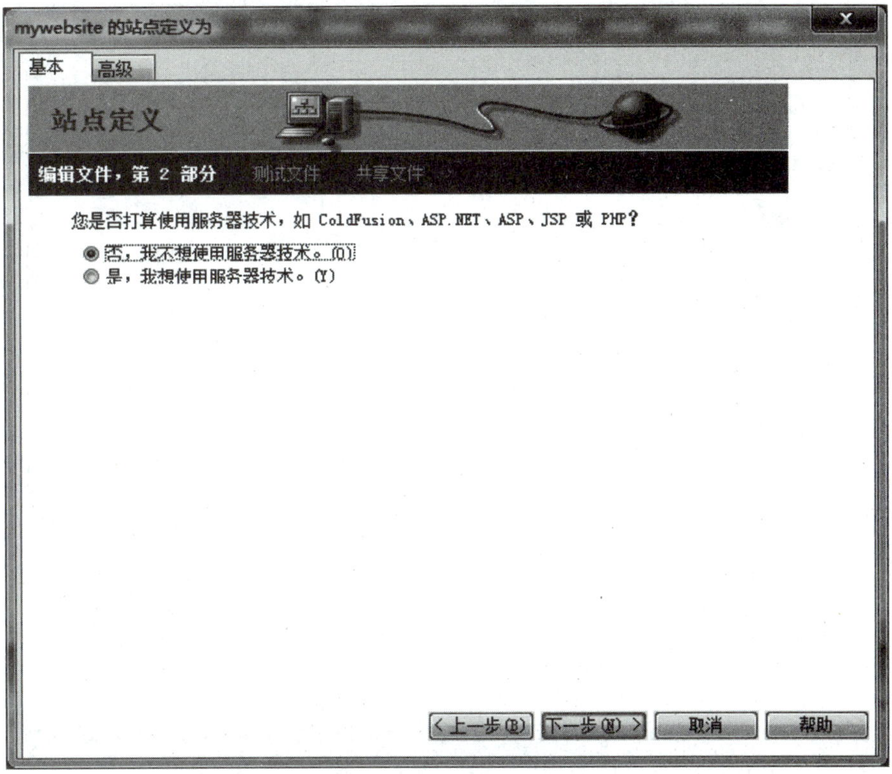

图 6-4 选择服务器技术

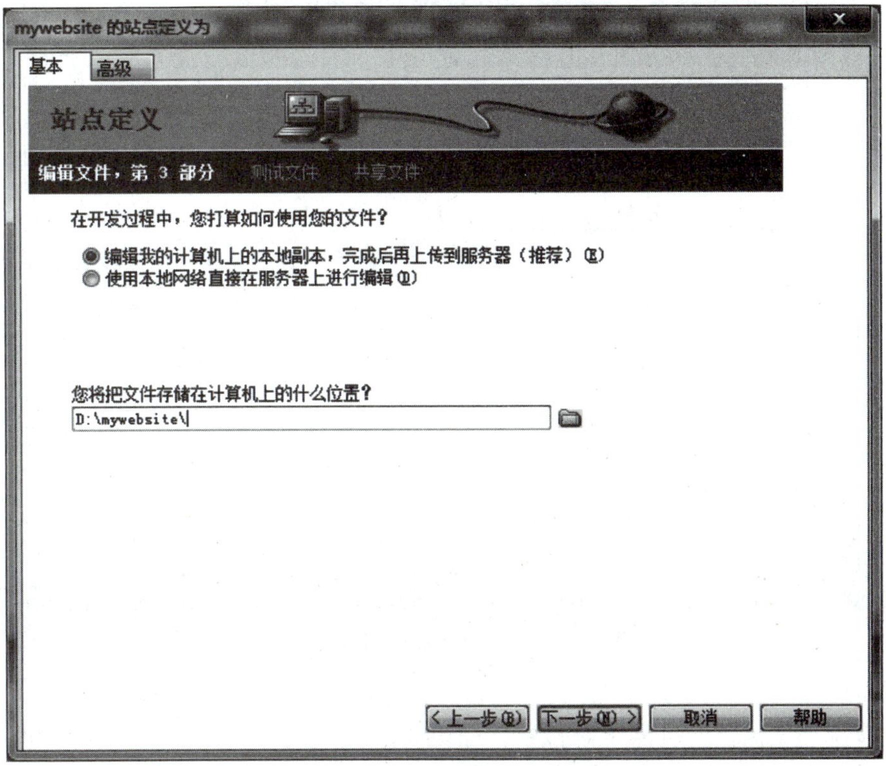

图 6-5 选择使用文件的方式

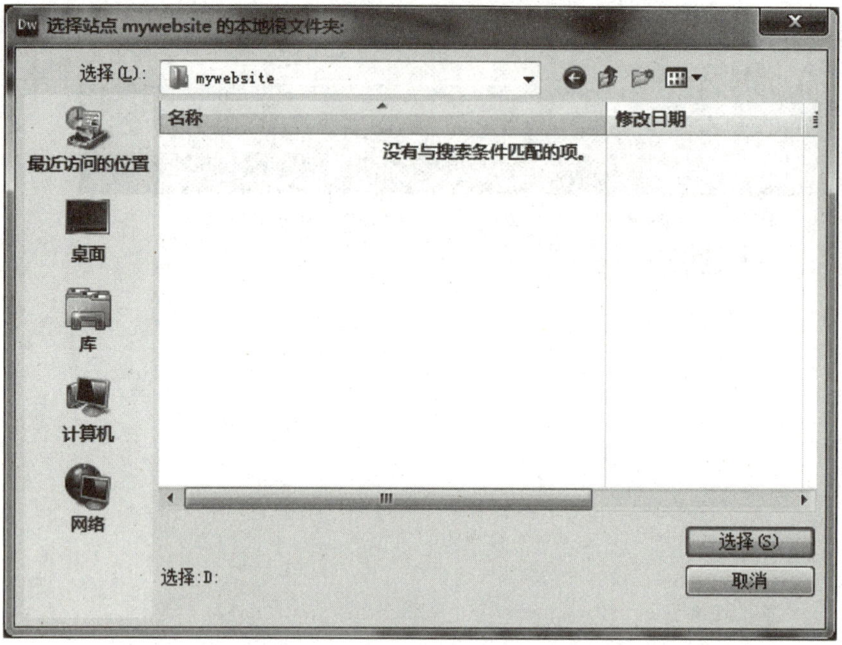

图 6-6　选择根文件夹的对话框

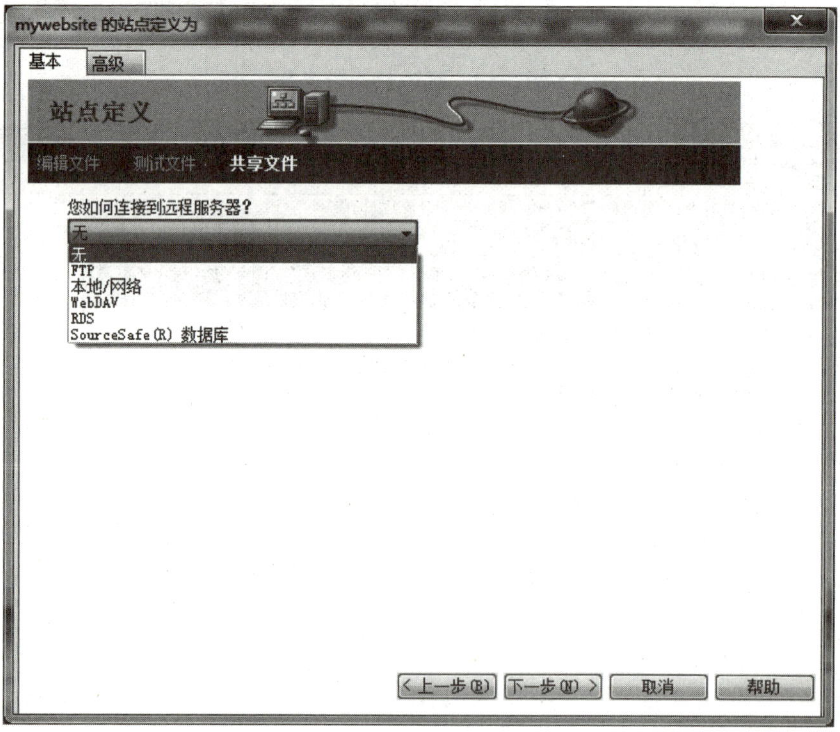

图 6-7　选择远程服务器连接方式

(7) 单击“下一步”按钮，进入“总结”对话框，列出设置中的关键信息，如确信没有问题，单击“完成”按钮关闭对话框，如图 6-8 所示。此时“文件”面板将会显示刚创建的本地站点的名称和存储路径，如图 6-9 所示。由于站点目录下还没有任何文件和文件夹，因此“文件”面板中只有“站点”一个项目。

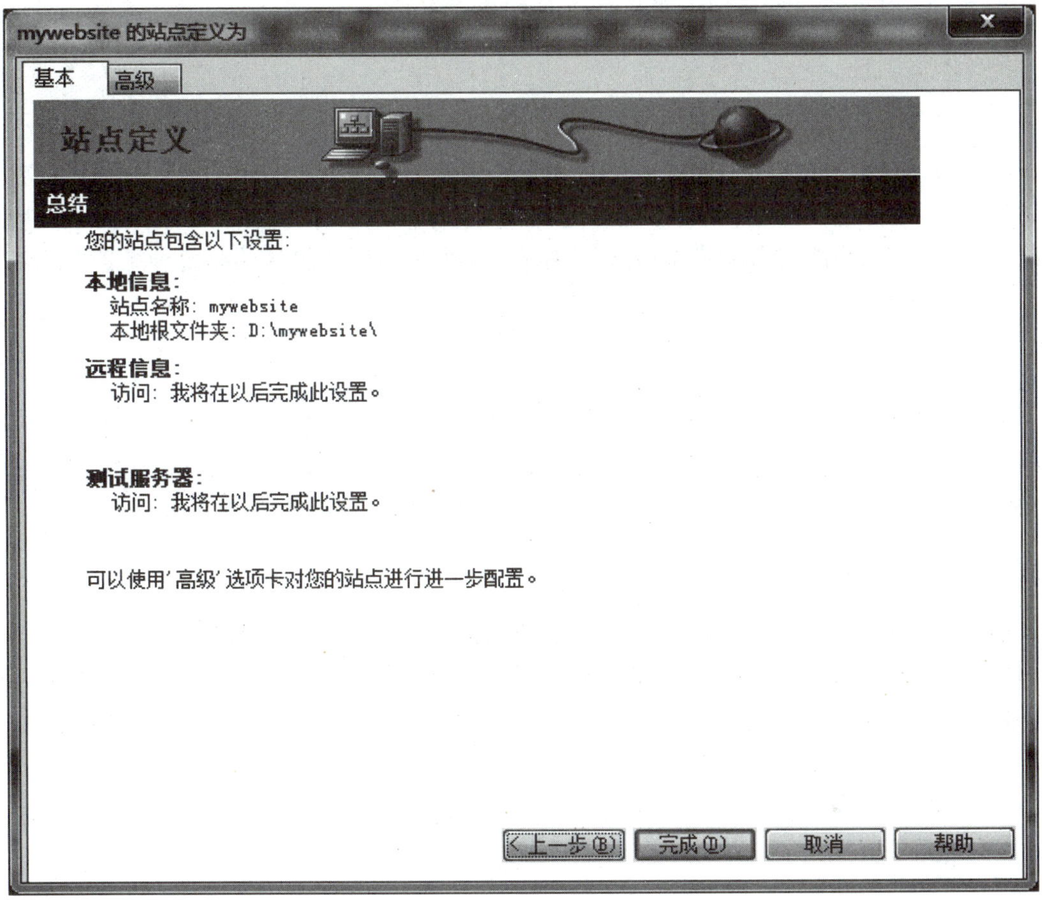

图 6-8　“总结”对话框

图 6-9　“文件”面板的站点信息

活动 6.1.2　创建远程站点

本活动主要创建远程站点，包括了解服务器，了解创建远程站点的具体实施步骤。

必备知识

1. 服务器

服务器是提供信息用于让别人访问的机器，通常又称为主机。由于人们任何时候都可能访问到它，因此主机必须每时每刻都连接在 Internet 上，且拥有自己永久的 IP 地址。因此不仅要设置专用的电脑硬件，还要租用昂贵的数据专线，另外还有各种维护费用如房租、人工、电费等。

2. Web 服务器

Web 服务器一般指网站服务器，是指驻留于 Internet 上某种类型计算机的程序。可以向浏览器等 Web 客户端提供文档；也可以放置网站文件，让全世界浏览；还可以放置数据文件，让全世界下载。目前最主流的三个 Web 服务器是 Apache、Nginx、IIS。

3. 远程站点

站点通常包含两部分：本地计算机（本地站点）上的一组文件和远程 Web 服务器上的一个位置（远程站点）。当你准备好将文件发布到网站上，使公众可以访问它们时，需要将其上传到远程 Web 服务器上。远程站点是指将存储于 Internet 服务器上的站点和相关文档。

想一想

分组讨论创建远程站点与本地站点的区别。要让客户访问你制作的网页，该选择何种方式建立站点？

案 例

创建远程站点

张天天琢磨着，我要让所有人都可以访问我做的网站。他了解到，如果要让别人浏览到网站，就必须把它放置在远程服务器上，浏览者通过输入网站的域名或 IP 地址，就能浏览到网站内容。如果使用 FTP 来连接服务器，应获得 FTP 服务器并确定主目录，以及登录和密码信息，在“站点定义”对话框的“远程信息”选项面板中将服务器与本地站点关联。

(1) 打卡站点定义对话框。

选择“文件”面板的“管理站点”，在打开的“管理站点”对话框中单击“编辑”按钮，此时将重新打开“mywebsite 的站点定义为”对话框。单击“高级”标签将切换到“高级”选项卡，选择“远程信息”选项面板，如图 6-10 所示。

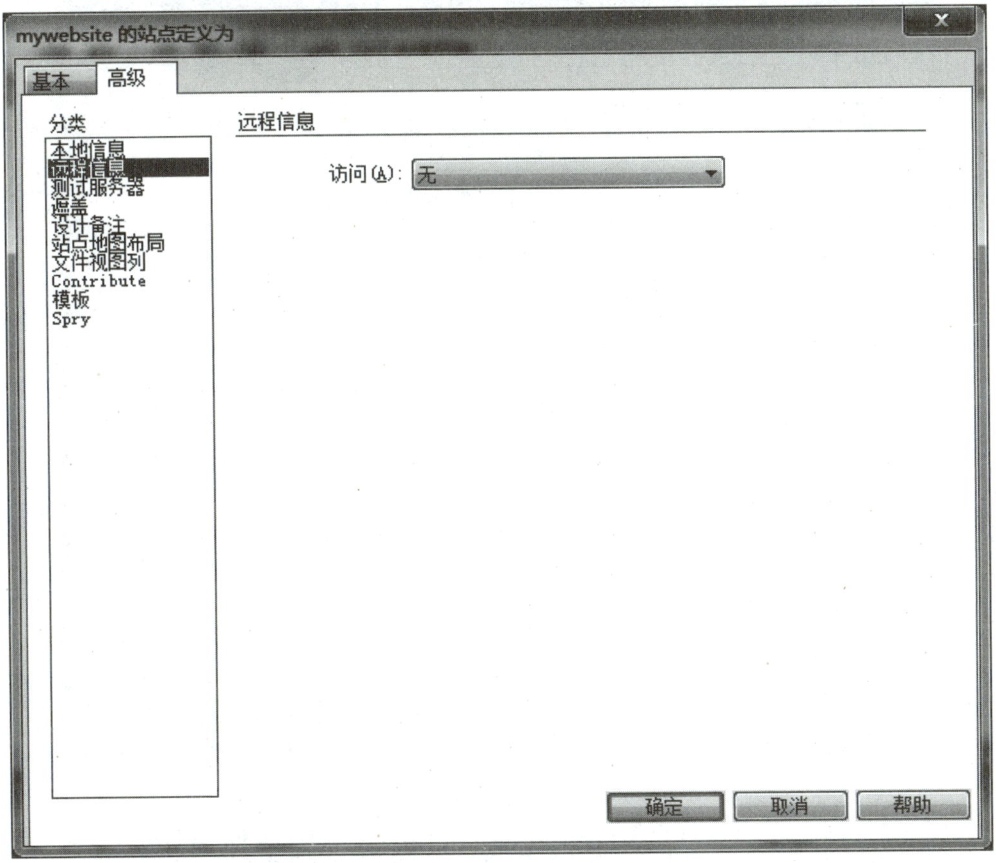

图 6-10　设置远程信息

（2）设置远程服务器类型为“本地/网络”。

“访问”下拉列表选项中可设置六种远程服务器类型，分别是无、FTP、本地/网络、WebDAV、RDS（远程开发服务器）、SourceSafe（R）数据库，如图 6-11 所示。相关类型说明如下：

1）无：不打算将站点上传到服务器。

2）FTP：使用 FTP 连接到 Web 服务器。

3）本地/网络：访问网络文件夹或者在本地计算机上运行 Web 服务器。

4）WebDAV：对于 WebDAV 这种访问方法，必须有支持此协议的服务器，如 IIS、Apache、Web 服务器。

5）RDS（远程开发服务器）：使用 RDS 连接到 Web 服务器，对于 RDS 这种访问方式，远程文件夹必须位于运行 ColdFusion 的计算机上。

6）SourceSafe（R）数据库：使用 SourceSafe 数据库连接到 Web 服务器。

由于本例使用本地计算机作为 Web 服务器，因此在“访问”下拉列表中选择“本地/网络”，如图 6-11 所示。远端文件夹设为“D：\ mywebsite”，如果想要自动刷新远程文件列表，就选中“维护同步信息”复选框，如图 6-12 所示。

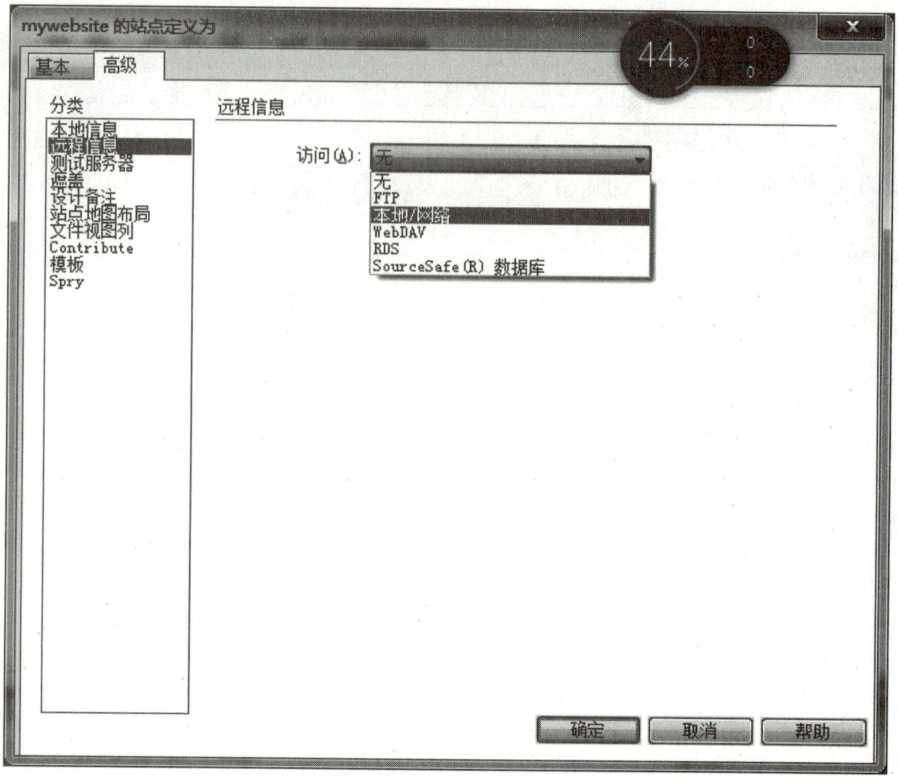

图 6-11 远程服务器访问选项

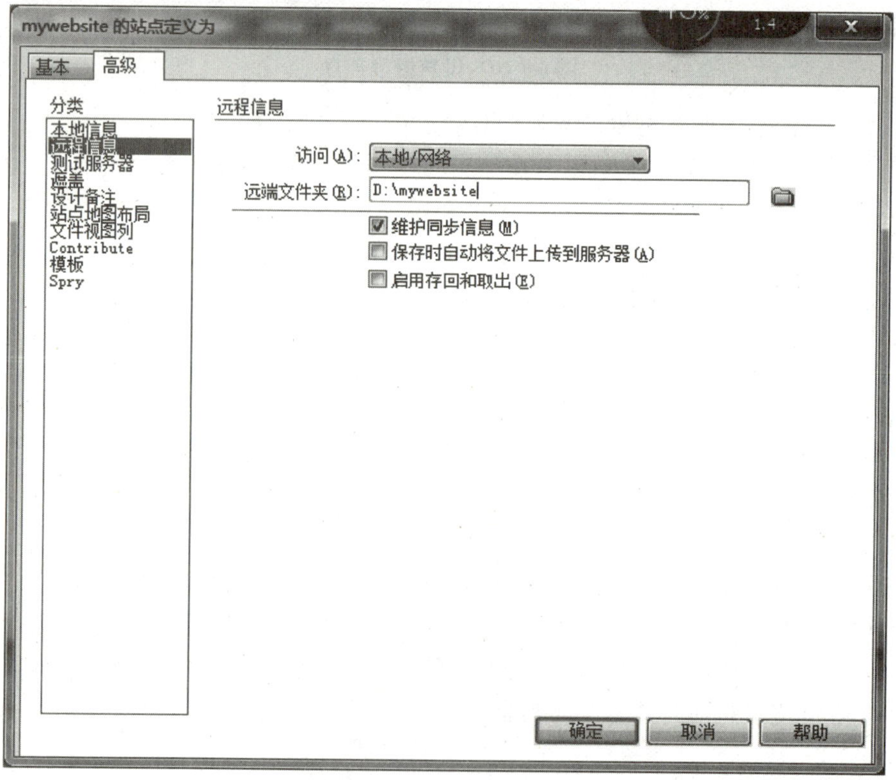

图 6-12 “本地/网络”设置

（3）单击“确定”按钮，完成远程站点的创建。

知识拓展

1. 使用“高级”模式创建本地站点

“高级”模式共有十个分类：本地信息、远程信息、测试服务器、遮盖、设计备注、站点地图布局、文件视图列、Contribute、模板和 Spry，前三类对站点定义至关重要。默认情况下，“高级”选项卡显示的是“本地信息”的参数设置。

（1）打开“mywebsite 的站点定义为”对话框。

选择“文件”面板的“管理站点”，在打开的“管理站点”对话框中单击“编辑”按钮，此时将重新打开“mywebsite 的站点定义为”对话框。单击“高级”标签将切换到“高级”选项卡，如图 6－13 所示。

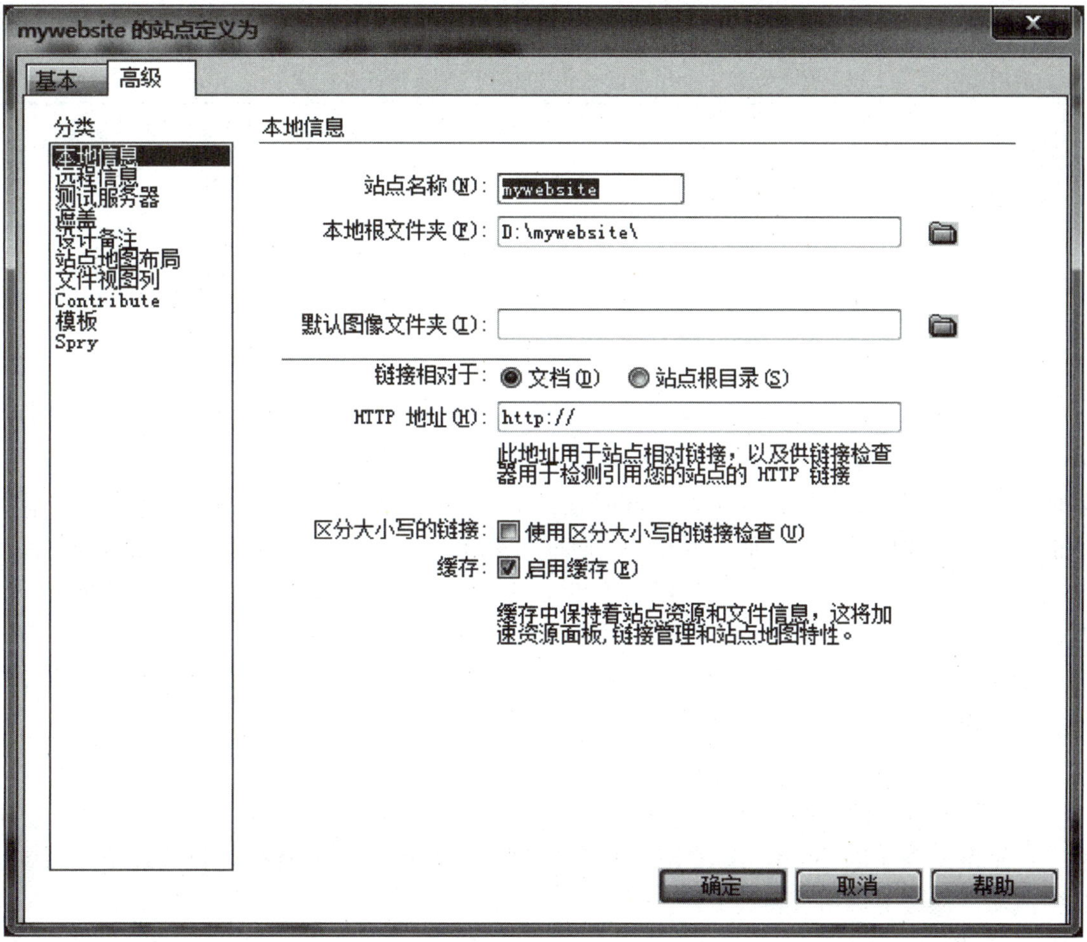

图 6－13　“高级”选项卡

（2）设置“本地信息”。

设置“本地信息”的参数，参数说明如表 6－1 所示。

表 6－1 “高级”选项卡中“本地信息”选项的参数说明

选项	参数说明
站点名称	输入网站名称，站点名称可以使用自己喜欢的任何名称，例如本例中的“mywebsite”，站点名称只是为了在站点比较多时能很方便地选择要管理的站点
本地根文件夹	站点在本地硬盘中的存放路径，如本例的“D：\ mywebsite \ ”
默认图像文件夹	用来设定默认的存放网站图片的文件夹，例如“D：\ mywebsite \ images \ ”
链接相对于	用来更改用户创建的链接到站点中其他页面链接的路径表达方式，更改此设置不会转换现有链接的路径。默认情况下使用相对文档的路径创建链接，如果选中“站点根目录”单选按钮，则将采用相对站点根目录的路径描述链接
HTTP 地址	填写站点根目录所在的 URL，例如将网站发布到 http：//www. mywebsite. com，则在文本框中输入该地址
启用缓存	选择是否创建一个缓存以提高链接和网站维护任务的速度

议一议

讨论站点定义向导与高级模式创建站点的区别，你更喜欢哪一种方式来创建站点？

2. 利用免费网络空间创建远程站点

家用计算机作为 Web 服务器，存在着很大的弊端。首先是带宽的问题，一般家用计算机的上网速度只适合十台左右的计算机同时在线，如果再有增加的话，将会导致网络堵塞而无法访问网站；其次是连续在线的问题，由于家用计算机和服务器在构造上不一样，不能连续长时间地工作，从而导致在某一时间可能无法正常访问你的网站；最后是网络安全的问题，由于专业的机房一般都配置有专业的软硬件防火墙，并且有专业的人员 24 小时进行专业的护理，而个人计算机从软件到硬件都不具有这些能力，从而导致系统的不稳定因素存在。你可以使用免费的网络空间，也可以购买网络空间，空间服务商会给你 FTP 地址、用户名和密码。

（1）在“远程信息”选项面板的“访问”下拉列表中选择“FTP”，如图 6－14 所示。

“远程信息”选项的参数说明如表 6－2 所示。

（2）根据表 6－2 所示，设置 FTP 的相关属性，如图 6－15 所示。登录名需要测试，连接成功后便可上传站点相关文件。

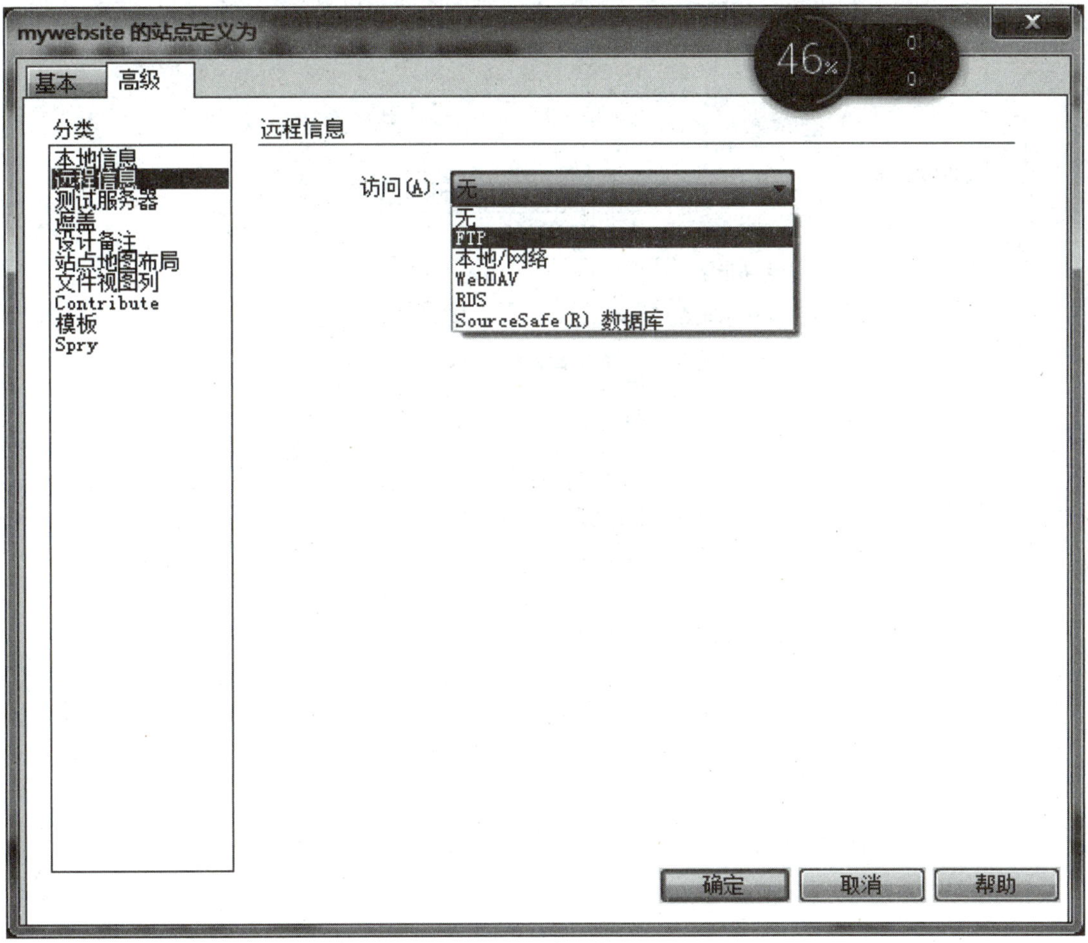

图 6-14 "FTP"远程服务器

表 6-2 "高级"选项卡中"远程信息"选项的参数说明

选项	参数说明
FTP 主机	输入远程的 FTP 主机名称，即域名或 IP 地址
主机目录	输入远程服务器上存放网站的目录
登录	输入用来连接 FTP 服务器的用户名
密码	输入连接到 FTP 服务器的密码。输入密码后会自动勾选"保存"复选框，若取消勾选，则每次连接到远程服务器时都将显示要求输入密码的提示信息
使用 Passive FTP	默认，不用选择。若默写防火墙要求让本地软件创建 FTP 连接，而不是请求远程服务器来建立远程连接时，必须勾选
使用防火墙	如果 FTP 服务器使用了防火墙，就对服务器起安全防护作用
使用安全 FTP	勾选后，所有传输的文件会完全加密，并阻止他人越权访问自己的信息、文件内容、用户名和口令

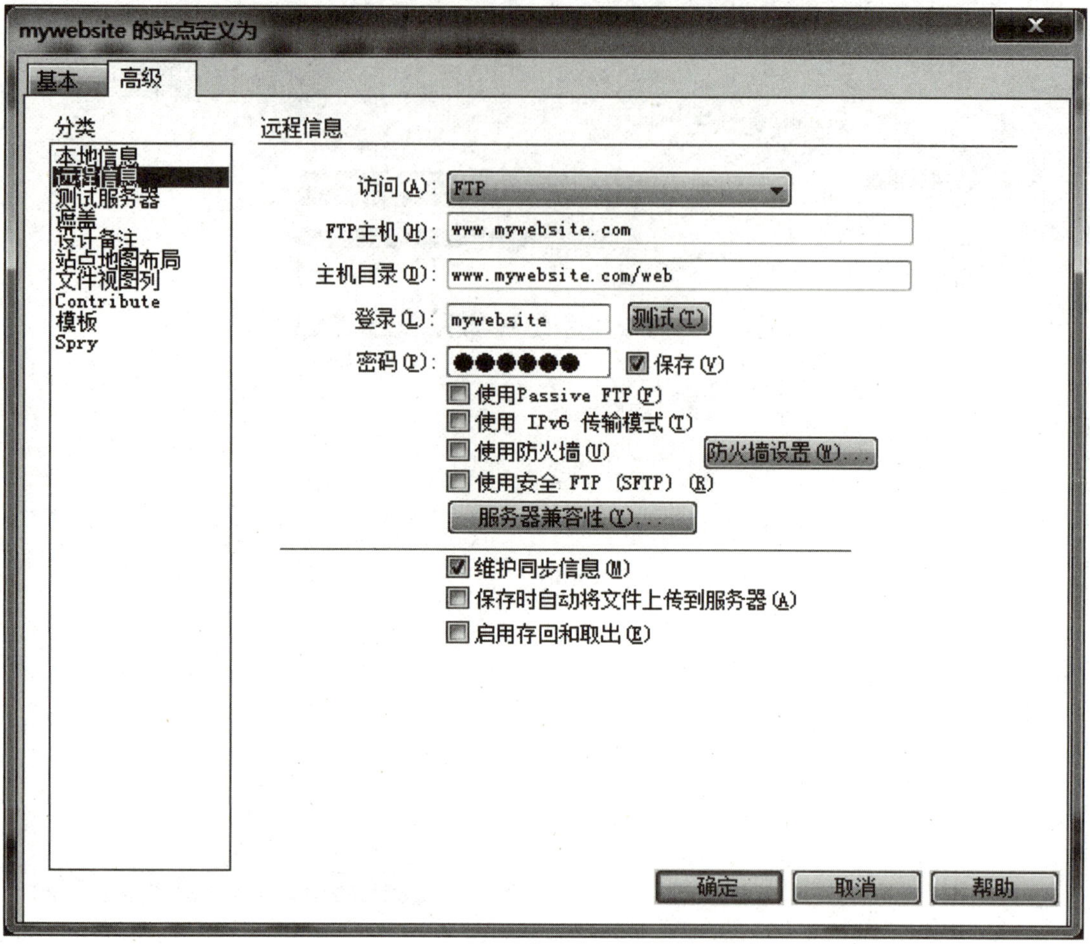

图 6-15　远程信息 FTP 设置

(3) 站点上传，鼠标右击，选择“上传”，根据连接速度的不同，可能需要经过一段时间才能完成。完成之后，远端站点栏中便会出现上传的文件。

拓展学习

百度搜索免费的域名和网络空间，并尝试将自己的网页通过 Dreamweaver 发布到网上。

任务 6.2　管理站点与文件

本任务主要使读者掌握站点编辑、复制和删除的基本方法；掌握导出和导入站点的基本方法；掌握创建和管理站点文件和文件夹的基本方法。

本任务的两个活动是管理站点以及建立站点文件和文件夹。

活动 6.2.1 管理站点

本活动主要使读者掌握站点的管理，包括站点编辑、复制和删除的基本方法，以及导出和导入站点的基本方法。

必备知识

建立文件目录的原则就是层次少，结构清晰，易访问操作。具体而言需要注意以下 8 个原则：

（1）站点根目录一般只存放 index. html 以及其他必需的系统文件，不要将所有网页都放在根目录下。

（2）每个一级栏目开设一个独立的目录。

（3）根目录下的 Images 目录用于存放各页面都要使用的公用图片，子目录下的 Images 目录用于存放本栏目页面使用的私有图片。

（4）所有 JavaScript 等脚本文件存放在根目录下的 Scripts 文件夹中。

（5）所有 CSS 文件存放在根目录下 styles 文件夹中。

（6）如果有多个语言版本，最好分别位于不同的服务器上或放在不同的目录中。

（7）目录层次不要太深，建议不要超过 3 层。

（8）不要使用过长的目录名。

案 例

管理站点

创建好站点 mywebsite 后，我们的站点只是一个“空壳”，要使其成为一个站点，还必须为其添加文件和文件夹，也就是要确定网站的文件目录结构。那么如何规划站点呢？如何建立文件呢？

张天天不光为自己制作网站，也为他朋友制作了网站。不可避免他要同时管理多个网站了，因此对站点的管理是他要掌握的内容，“管理站点”对话框就提供了“切换”“编辑”“复制”“删除”“导出”“导入”等操作。

1. 切换站点

切换站点，首先打开“文件”面板，之后选择要显示的站点“mywebsite2”，如图 6－16 所示。

2. 编辑站点

在“文件”面板中选中要编辑的站点，之后选择“管理站点”，在“管理站点”对话框中单击“编辑”按钮，如图 6－17 所示。打开“站点定义”对话框，修改选中站点的属性。

图 6-16 “文件”面板

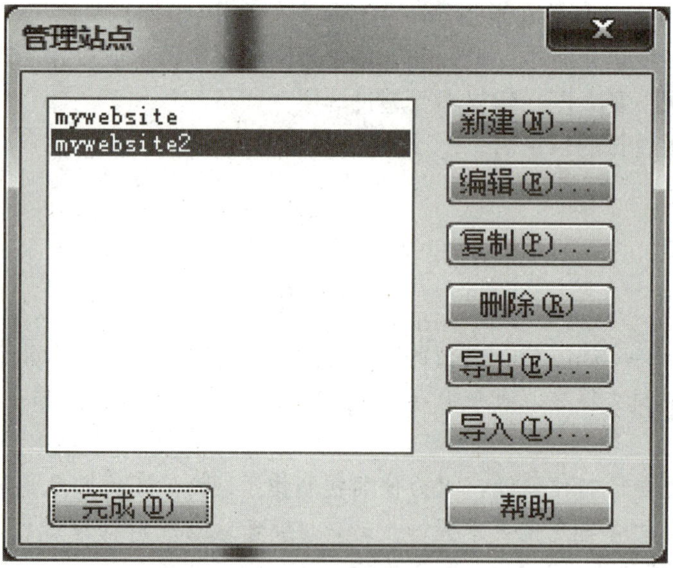

图 6-17 “编辑”站点

3. 复制站点

如果想创建多个结构相同或类似的站点，则可以使用现有的网站，即复制站点。首先选中要复制的源站点的名称，然后选中“管理站点”，在弹出的“管理站点”对话框中单击“复制”按钮，如图 6-18 所示。最后单击“完成”按钮即可。

如需要更改站点名称，选中新复制的站点，单击“编辑”按钮，即可对其进行更改，还可以修改站点的其他设置，如站点的存放目录等。

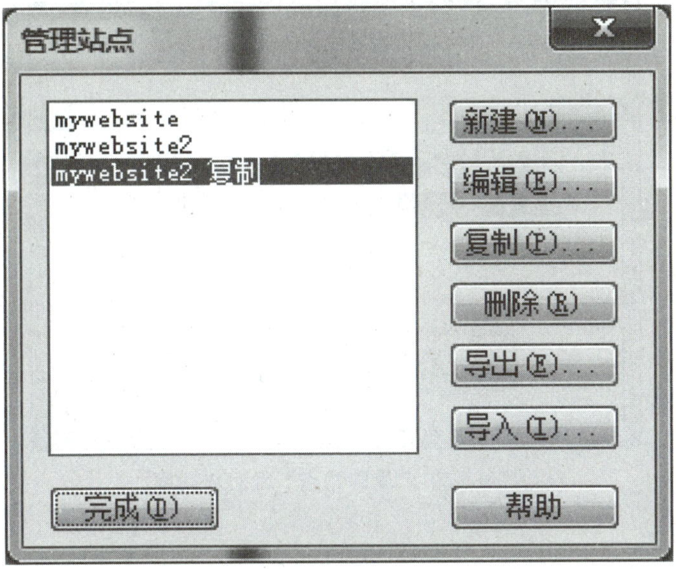

图 6-18 “复制”站点

4. 删除站点

如果不再使用站点，可以将其从站点列表中删除。具体操作步骤如下：首先选择要删除的本地站点，然后在“管理站点”对话框中单击“删除”按钮，如图 6-19 所示。若确定删除，则在弹出的“删除站点”确定对话框中单击“是”，如图 6-20 所示。最后，在“管理站点”对话框单击“完成”按钮。

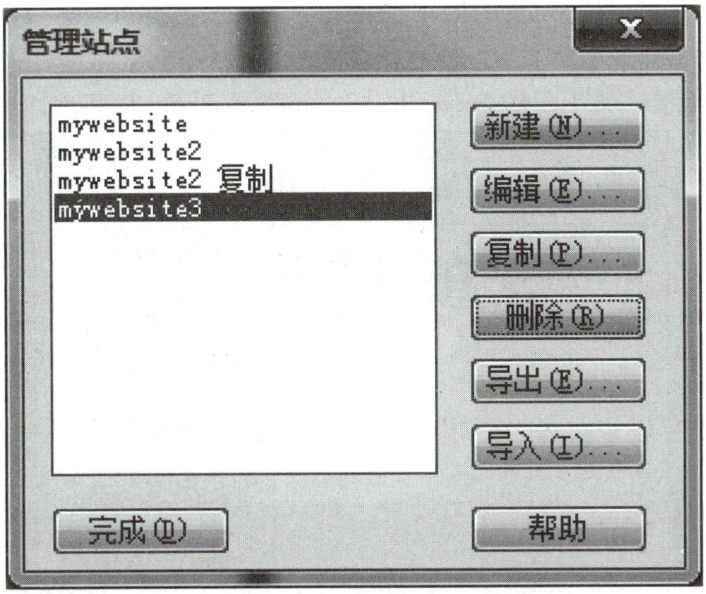

图 6-19 “删除”站点

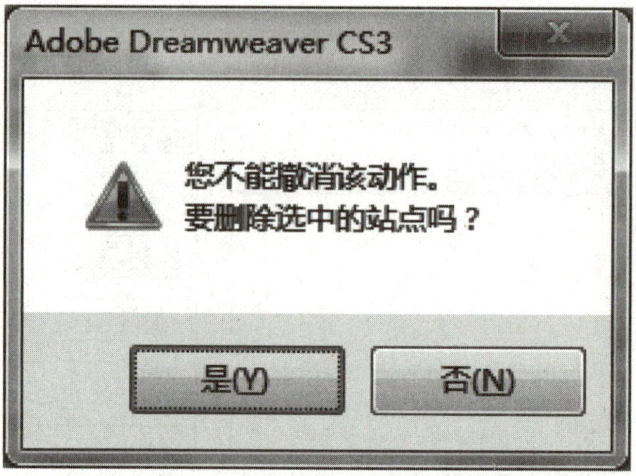

图 6 - 20 “删除站点”确定对话框

提 示

删除站点操作实际上只是删除了同本地站点之间的关系，而实际的本地站点内容（包括文件夹和文件等）仍然保存在磁盘相应的位置上。因此用户可以重新创建指向其位置的新站点，重新对其进行管理。

5. 导出站点

如果在其他电脑上使用站点，就需要导出站点，这样的好处是不用重新建立文件夹。具体操作如下：首先选择要导出的站点，选择“文件”面板的“管理站点”，在弹出的“管理站点”对话框中单击“导出”按钮，如图 6 - 21 所示。在弹出的“导出站点”对话框中选择保存的位置，文件名为“mywebsite2. ste”，如图 6 - 22 所示。

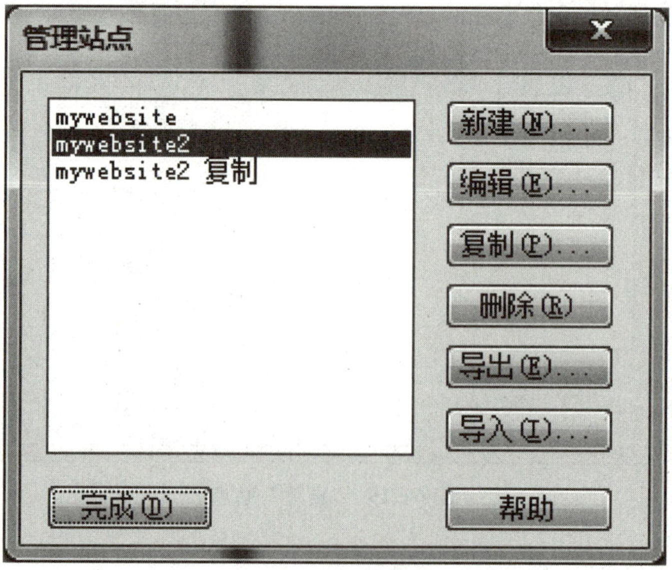

图 6 - 21 “导出”站点

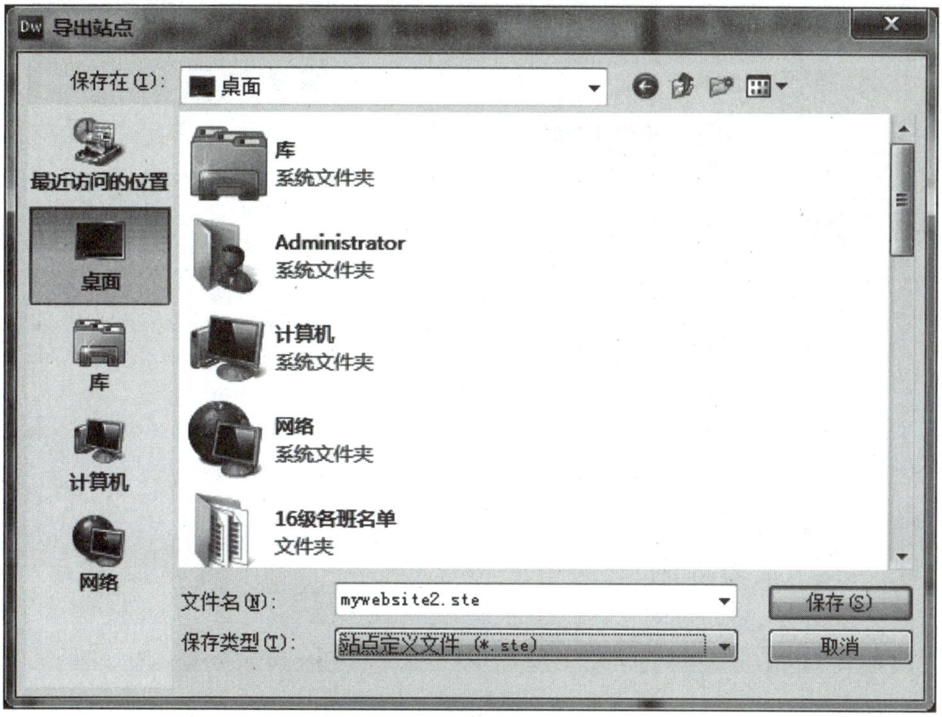

图6-22 “导出站点”对话框

6. 导入站点

将导出的包含站点设置信息的STE文件再次导入到Dreamweaver CS3中，具体操作步骤如下：首先在“文件”面板选择“管理站点”，在弹出的“管理站点”对话框中单击“导入”按钮，如图6-23所示。

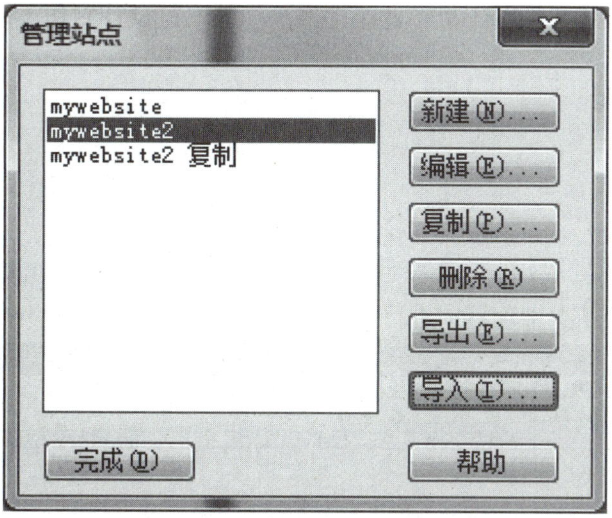

图6-23 “导入”站点

接着在“导入站点”对话框中选择STE文件进行导入，如图6-24所示，最后单击“完成”按钮即可。

图 6-24 “导入站点”对话框

活动 6.2.2 建立站点文件和文件夹

本活动主要使读者掌握创建和管理站点文件和文件夹的基本方法。

mywebsite 站点创建完毕，要使其成为站点，还必须为其添加文件和文件夹，确定网站的文件目录结构。该文件夹用于存放网页的相关资料，比如网页图片、网页中的 CSS 样式表等。这样做的好处是可以让制作者保持很清晰的网站设计制作思路。

必备知识

1. 站点管理器

创建文件夹可以在“文件”面板中的站点窗口进行，但因为窗口很小，看起来不方便，因此一般切换到站点管理器中进行，如图 6-25 所示。

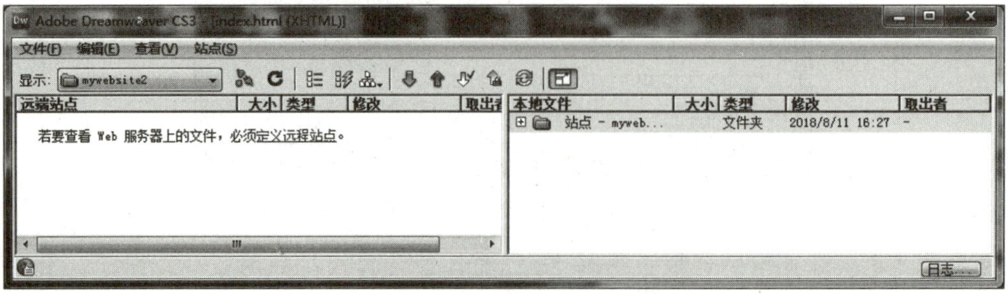

图 6-25 站点管理器

站点管理器左侧显示的是和远程站点相关的提示信息，右侧显示的是本地站点中的文件目录。若还没有创建任何文件和文件夹，则只显示站点的根目录。

2. 文件和文件夹的命名

（1）如果用户的网站只涉及静态网页，网站首页的文件名命名一般为 index. html 或 default. html；若涉及动态网页，由于很多网站使用动态服务页面（Active Server Pages，ASP）文件发布数据，这种文件的扩展名为 . asp 或 . aspx，因此首页的文件名也可以是 default. asp、index. asp 或 default. aspx、index. aspx。

（2）文件和文件夹的命名尽量不使用中文，在所有的操作系统中，只有英文字符和数字的编码是完全一致的，也就是说，采用其他字符（如中文字符）就可能导致用户无法正常浏览用网站。

（3）最好使用小写，因为有些操作系统对大小写敏感，因此，为了让用户能够顺利访问网站，最好将所有的文件和文件夹都命名为小写。

（4）不使用特殊字符，文件和文件夹的命名不能使用特殊字符，如“～”“!”“@”“#”“$”“%”“^”“&”“*”等符号，但可以用下划线“_”，例如“about_us. html”。

案　例

创建站点目录结构

一般情况下，用户应当根据项目策划确定的内容，设计网站站点架构，确定一级目录和二级目录的名称以及主要文件的文件名。首先，需要创建一级目录，便于将文件进行分类，例如图片文件可以建立“images”文件夹，scripts 文件夹用来存放脚本程序文件，styles 文件夹用来存放 CSS 样式文件等。

1. 创建文件夹

在站点根目录上右击，在打开的快捷菜单中选择“新建文件夹”命令，如图 6－26 所示。默认的文件夹名称为“untitled”。

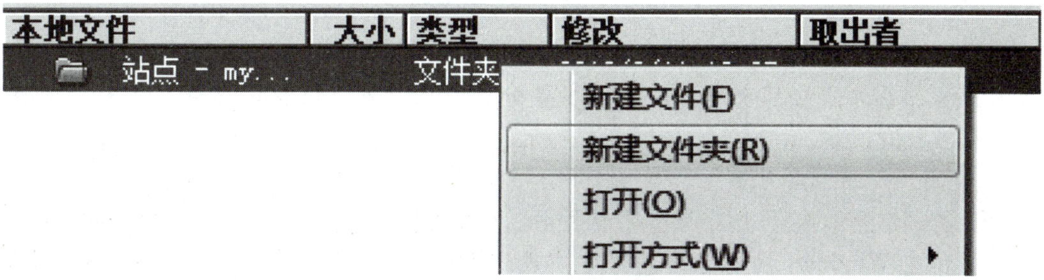

图 6－26　创建文件夹

2. 重命名文件夹

网站的图片集中放在 images 文件夹，因此将默认的“untitled”文件夹重命名为“images”，具体操作为：右击站点选择“编辑—重命名”，如图 6-27 所示。

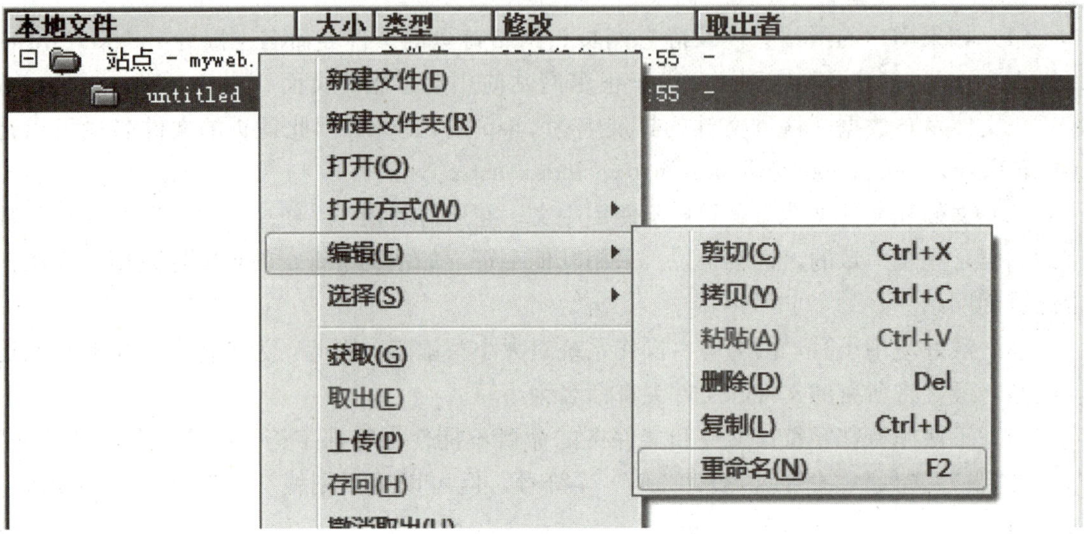

图 6-27 重命名文件夹

3. 创建一级、二级目录

根据上述的步骤创建好一级目录，如图 6-28 所示。

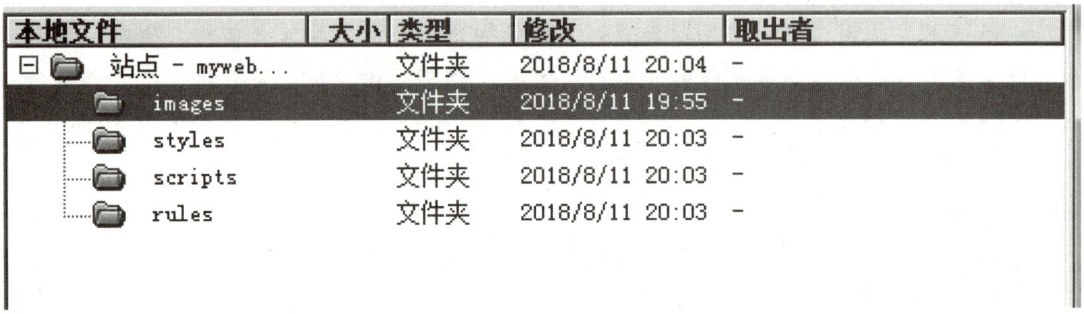

图 6-28 一级目录结构

接下来进行二级目录的创建，由于 images 文件夹中保存的是整个网站的图片文件，因此可以根据图片的内容来分类，这里主要分为箭头、网站图标、按钮图片、背景图片等，如图 6-29 所示。

4. 复制文件到站点内

站点构建完毕，接下来就是将素材图片、CSS 样式表等复制到站点中的相应文件夹中。此操作在 Windows 的资源管理器中完成。例如，将网站图标文件 logo.gif 放到站点目录 D:\mywebsite\images\logos 中。

5. 移动和复制文件或文件夹

对站点下的文件或者文件夹进行移动或者复制，操作步骤如下：

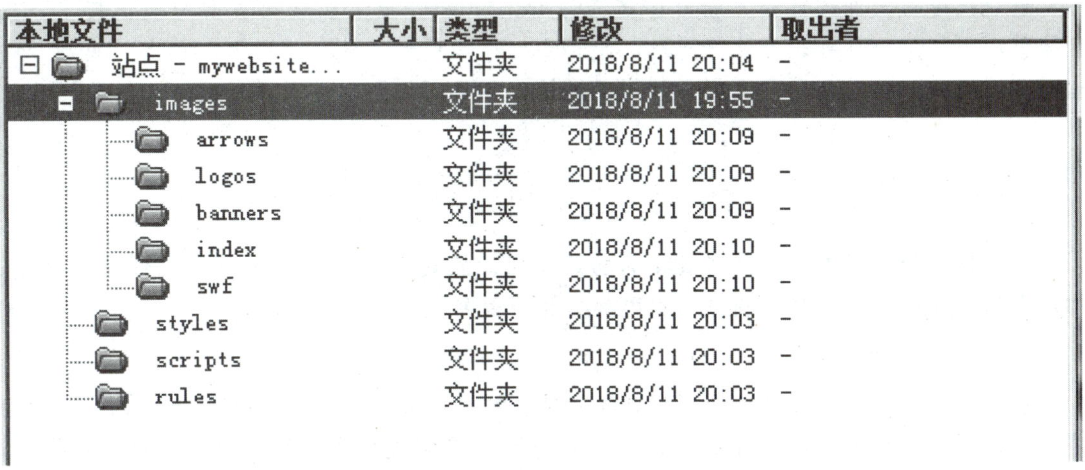

图 6－29　二级目录结构

首先，打开站点管理器，选中要移动或复制的文件 index. html，右击，在弹出的快捷菜单中选择“编辑—剪切”或“编辑—拷贝”，即可移动或复制文件，如图 6－30 所示。

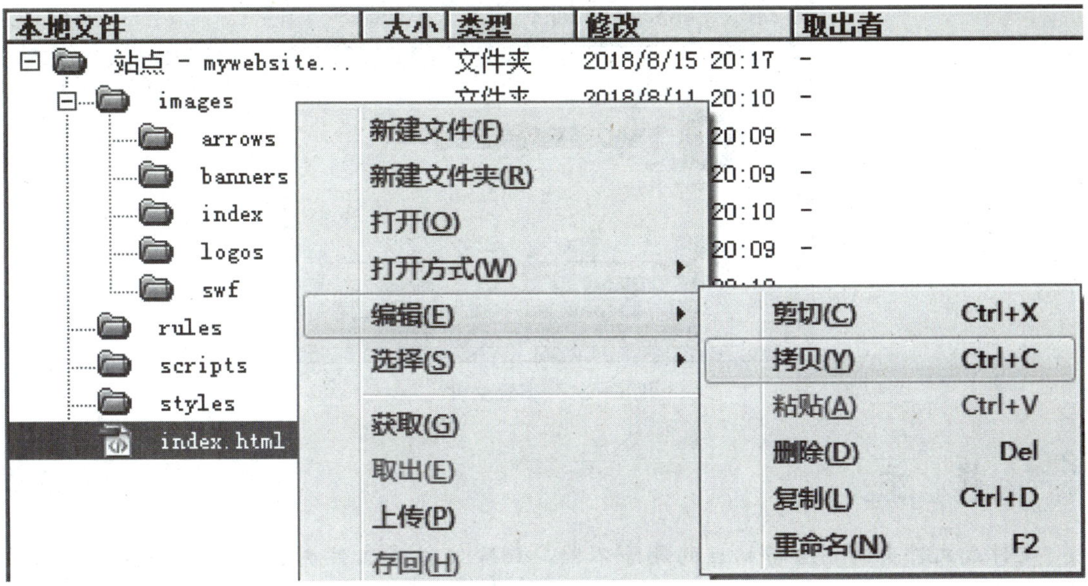

图 6－30　复制或移动文件

其次，选中目标文件夹右击，在弹出的快捷菜单中选择“编辑—粘贴”，如此，选中的文件就会被移动或复制到相应的文件夹。

提　示

移动文件，可以使用拖拽的方式，即选中要移动的文件，然后拖动到相应的文件夹即可。另外移动或复制文件，还可以使用快捷键 Ctrl＋X 或 Ctrl＋C，然后选中相应的文件夹进行粘贴，快捷键 Ctrl＋V。

最后，进行文件的链接更新，如果文件 index. html 没有在任何页面中被链接过，则直接移动到相应文件夹；若被链接过，此时将打开“更新文件”对话框，单击“更新”按钮，Dreamweaver 就会自动更新文件中的链接，如果不更新则会出现断链。

提　示

由于站点管理器有动态更新链接的功能，因此无论是重命名还是移动文件或文件夹，都应在站点管理器中进行，确保站点内部不会出现断链。

6. 删除文件或文件夹

在站点管理器用户可以删除不需要的文件。在站点管理器中选中要删除的文件，然后按下 Delete 键，Dreamweaver 将开始自动检查站点缓存文件中的链接信息。检查完毕后，将打开一个警告框，提示用户有多少个文件与要删除的文件有关联，询问是否一定要删除，如图 6-31 所示。如果提示没有文件指向要删除的文件，则可以安全删除，减少站点中的垃圾文件，若有关联就需要谨慎对待。

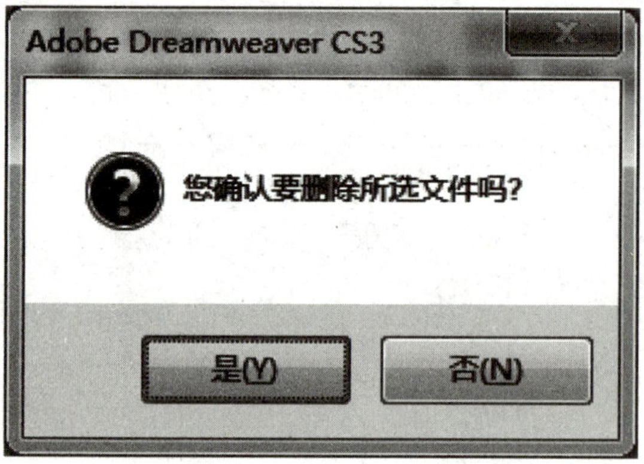

图 6-31　删除文件

提　示

文件或文件夹的删除与站点的删除不同，删除文件或文件夹会使其在磁盘上真正被删除。

拓展学习

（1）在本地硬盘上创建一个文件夹 mysmallsite，然后使用 Dreamweaver 将其定义为一个本地站点。

（2）在站点中创建下一级文件夹：style、design、fashion、form、images。

（3）将资源目录 mysmallsite 下各目录的图片复制到本地硬盘站点对应的 images 文件夹中。

项目小结

通过本项目的学习，我们掌握了 Dreamweaver 中站点的创建与管理的相关概念和操作步骤。了解了站点的定义、服务器技术、web 服务器和站点管理器。掌握了创建本地站点的操作；创建远程站点的操作；管理站点的操作，如切换、编辑、复制、删除、导入与导出站点的操作；通过站点管理器创建站点文件和文件夹的操作；管理站点文件的操作，如重命名、复制、移动、删除。学生应能够为在网络上发布自己制作的网页做好准备。

项目 7

制作图文网页

通过前面的学习和研究，我们了解了如何策划和建立自己的站点。但是要制作漂亮的网站主页，还需要一些网页元素，例如文字、图片、Flash 动画等，还要学会对网页进行整体的布局等来合理规划图文网页。

学习目标

通过学习本项目，你应该能够：

(1) 掌握添加网页文字、背景图片、图像、Flash 动画、视频和音频等的方法；

(2) 掌握制作图像超链接的方法；

(3) 熟练利用表格和框架布局网页；

(4) 能创建和使用模板；

(5) 能设计与制作个人网页。

任务 7.1 添加网页文字

文本是网页的基本组成元素之一，是用户浏览网页时获取信息最直接、最快捷的途径。本任务的主要内容是添加网页文字，并掌握更改文本格式的方法。

必备知识

恰当地在网页中使用文本不仅可以充分准确地表达设计者的意图，还能使页面变得通俗易懂。

当为文本进行属性设置时，需选中文本后在“属性”面板中进行，如图 7－1 所示。在“属性”面板中可以设置包括文本的字体类型、文字大小、文本颜色、对齐方式等属性。

图 7－1　文字的“属性”面板

下面我们制作一个简单的中国八大菜系的网页，网页标题栏显示“八大菜系”，网页背景色设置为黄色，效果如图 7－2 所示。

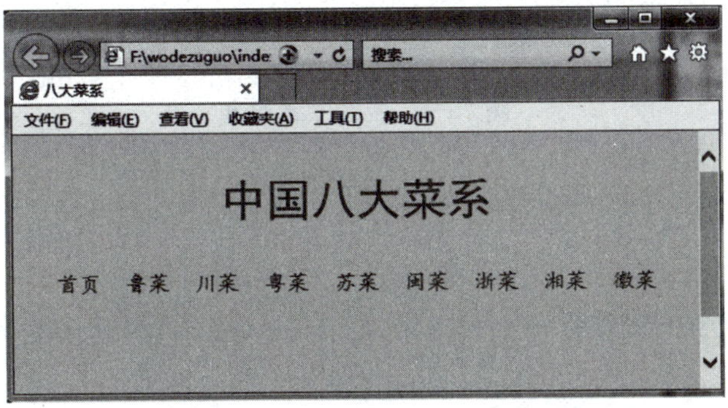

图 7－2　“八大菜系”网页

【操作步骤】

1. 设置站点

在 D 盘新建站点目录“badacaixi”，启动 Dreamweaver CS3，在菜单栏中执行“站点—新建站点”命令，设置站点名为“八大菜系”。

2. 新建文档

执行菜单栏“文件—新建”命令，新建文档，文件命名为“index. html”。

3. 页面属性设置

在页面文档编辑区上方的“标题”文本框里输入“八大菜系”，在“属性”面板里选择“页面属性”，会弹出“页面属性”对话框，选择“外观—背景颜色”，将颜色设置为“黄色（＃FFFF00）”。

4. 添加文字

（1）在编辑区输入文本“中国八大菜系”，按 Enter 键，在下一行输入“首页 鲁菜 川菜 粤菜 苏菜 闽菜 浙菜 湘菜 徽菜”，中间以空格分隔。

（2）选取文字“中国八大菜系”，在“属性”面板中，设置字体为“黑体”，大小为“36”px，颜色为“＃FF0000”（红色），对齐方式为“居中对齐”，如图 7－3 所示。

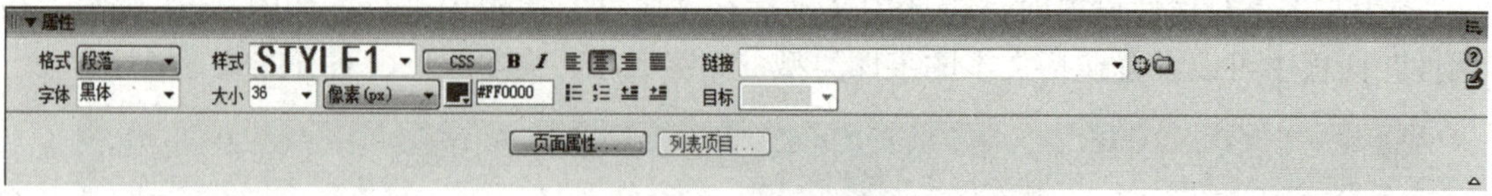

图 7-3 设置文本属性

(3) 选中文字“首页 鲁菜 川菜 粤菜 苏菜 闽菜 浙菜 湘菜 徽菜”，在“属性”面板中，设置字体为“楷体”，大小为“18” px，颜色为“#CC0099”（玫红色），对齐方式为“居中对齐”，如图 7-4 所示。

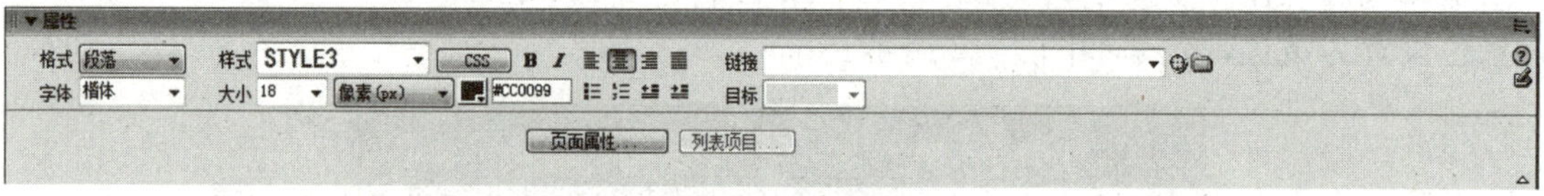

图 7-4 设置文本属性

拓展学习

根据任务 7.1 所学知识设计一个内容为唐诗《春晓》的网页，并做适当美化。

任务 7.2 使用背景美化网页

上个任务我们学习了给网页添加文字来丰富网站的内容。我们浏览网页时发现有的网页中含有背景图片，本任务主要通过添加背景图片对网页进行完善，使网页更加美观。

必备知识

背景图片最好保存在默认图像文件夹“images”内，图片文件最好用英文命名，否则会引起无法显示的故障。

在任务 7.1 的基础上，通过添加背景图片对网页进行完善，使网页更加美观。

【操作步骤】

1. 打开网页文档

单击“文件—打开”，从“打开”对话框中选择任务 7.1“八大菜系”的“index. html”文档，打开文档，进入编辑状态。

2. 打开“页面属性”

单击“属性”面板内的“页面属性”按钮，如图 7-5 所示。

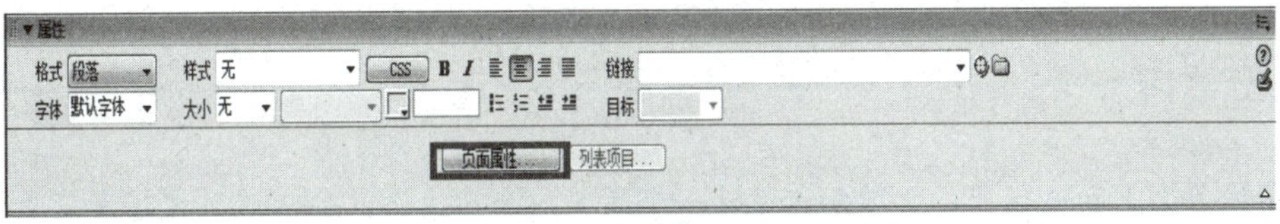

图 7－5　“页面属性”按钮

3. 页面属性设置

在“页面属性”对话框中的“标题/编码”选项中输入标题“八大菜系”。

4. 设置背景

打开“页面属性”对话框，设置网页的背景，如图 7－6 所示。

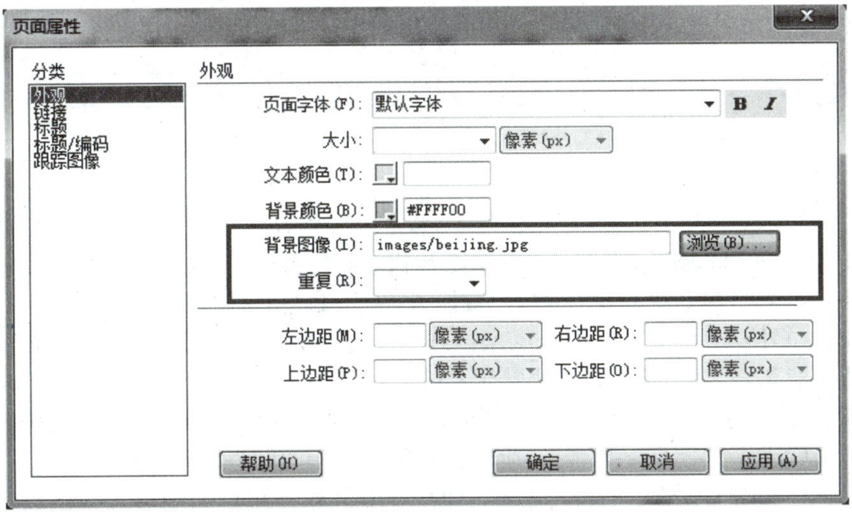

图 7－6　设置背景

5. 保存网页文件

设置完成后，保存网页文件，效果如图 7－7 所示。

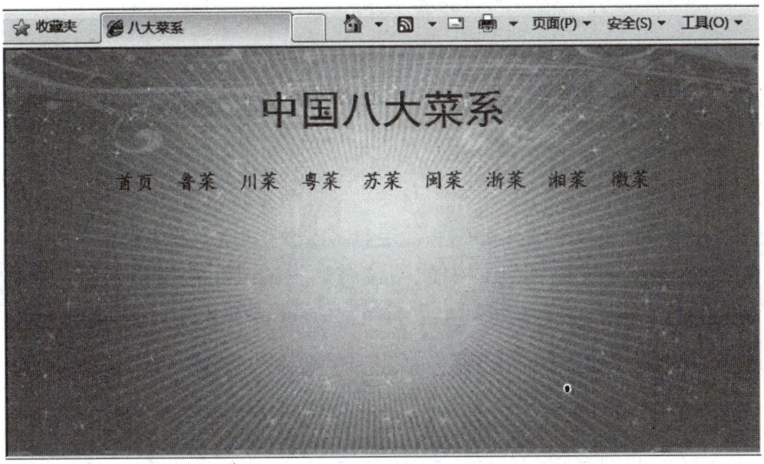

图 7－7　设置背景图像后的网页效果

拓展学习

根据任务7.1和任务7.2所学知识设计一个简单的个人主页，要求添加文字和背景并美化。

任务7.3 插入图像

现在很多漂亮的网站，其外观之所以精美，是因为在网页表格或层中插入了图像。可见，图像在网页中有举足轻重的作用。本任务结合前面所学技术，运用图像对网页进行美化。

必备知识

1. 网页中常见的图像格式

（1）JPG：JPG全名是JPEG。JPEG图片以24位颜色存储单个位图。JPEG是与平台无关的格式，支持最高级别的压缩，不过，这种压缩是有损耗的。

（2）GIF：GIF分为静态GIF和动画GIF两种，扩展名为.gif，是一种压缩位图格式，支持透明背景图像，适用于多种操作系统，“体型”很小，网上很多小动画都是GIF格式。其实GIF是将多幅图像保存为一个图像文件，从而形成动画，最常见的就是通过一帧帧的动画串联起来的搞笑GIF图，所以归根到底GIF仍然是图片文件格式。但GIF只能显示256色。和JPG格式一样，这是一种在网络上非常流行的图形文件格式。

（3）PNG：图像文件存储格式，其设计目的是替代GIF和TIFF文件格式，同时增加一些GIF文件格式所不具备的特性。PNG用来存储灰度图像时，灰度图像的深度可多到16位；存储彩色图像时，彩色图像的深度可多到48位，并且还可存储多到16位的α通道数据。PNG使用从LZ77派生的无损数据压缩算法，一般应用于Java程序、网页或S60程序中，原因是它压缩比高，生成文件体积小。

2. 插入图像

使用Dreamweaver CS3进行网页排版时，在网页中插入图像通常有以下4种方法：

（1）执行“插入记录—图像”命令。

（2）使用快捷键Ctrl+Alt+I。

（3）在“文件”面板中找到图像文件直接拖动到网页适当位置。

（4）将站点外的图像直接拖到网页中适当位置，并根据提示将图像保存到根文件夹内。

本任务继续完善中国八大菜系的网页，学会在网页中插入图像的方法。

【操作步骤】

1. 插入图像

选择“插入记录—图像”菜单项，打开“选择文件”对话框，选择“1.jpg”，单击

“确定”按钮，即可在网页中插入第一张图像。

2. 修改图像属性

选中第一张图像，在“属性”面板的“边框”文本框中输入“3”，垂直边距和水平边距均设置为“10”，宽为“200”，高为“170”，效果如图 7－8 所示。

图 7－8　插入第一张图像

3. 插入其他图片

用同样的方法，再插入其他图像，并调整为两行显示，效果如图 7－9 所示。

图 7－9　八张图像最终效果图

拓展学习

网页中的图像除了直接插入的方法，还可以通过表格来布局插入，同学们可尝试挑战利用表格来完成本任务的布局。

任务 7.4 制作图像超链接

超级链接在本质上属于一个网页的一部分，它是一种允许我们同其他网页或站点进行连接的元素。各个网页链接在一起后，才能真正构成一个网站。本任务主要讲解如何对网页中的图片制作超链接。

必备知识

1. 超链接

超链接是指从一个网页指向一个目标的连接关系，这个目标可以是另一个网页，也可以是相同网页上的不同位置，还可以是一张图片，一个电子邮件地址，一个文件，甚至是一个应用程序。而在一个网页中用来超链接的对象，可以是一段文本或者是一张图片。当浏览者单击已经链接的文字或图片后，链接目标将显示在浏览器上，并且根据目标的类型来打开或运行。

2. URL

统一资源定位符（URL）是对可以从互联网上得到的资源的位置和访问方法的一种简洁的表示，是互联网上标准资源的地址。互联网上的每个文件都有唯一的 URL，它包含的信息指出文件的位置以及浏览器应该怎么处理它。

3. 超链接的类型

按照链接路径的不同，网页中超链接一般分为以下 3 种类型：内部链接、锚点链接和外部链接。

（1）内部链接是指同一网站域名下的内容页面之间互相链接。

（2）锚点链接是指同一页面内部的链接。它常用于页面很长时，可以在网页适当位置插入“锚点”，链接到“锚点”就可以快速到达指定位置。

（3）外部链接是指来自网站之外的链接，单击此链接，会跳转到其他网站的页面，这类链接的地址通常是 URL 地址。

在任务 7.3 创建的主页的基础上，继续创建鲁菜、川菜、粤菜、苏菜、闽菜、浙菜、湘菜、徽菜八个超链接的链接页面。

【操作步骤】

1. 创建空白页

创建八个空白页，分别命名为“lucai. html”“chuancai. html”“yuecai. html”“sucai. html”“mincai. html”“zhecai. html”“xiangcai. html”“huicai. html”，保存在根目录的 pages 文件夹中。

2. 编辑网页内容

在“lucai. html”页面的编辑区标题栏输入“鲁菜”，并自行设置字体属性，页面背景设置为粉红色。

3. 保存文件

选择“文件—保存”，保存制作好的网页。

4. 制作超链接

打开“index. html”页面，将光标置于图片“1. jpg”上，单击鼠标右键打开快捷菜单，选择“创建链接”，打开“选择文件”对话框，查找并选择网页文件“lucai. html”，单击“确定”按钮，如图 7 - 10 所示。

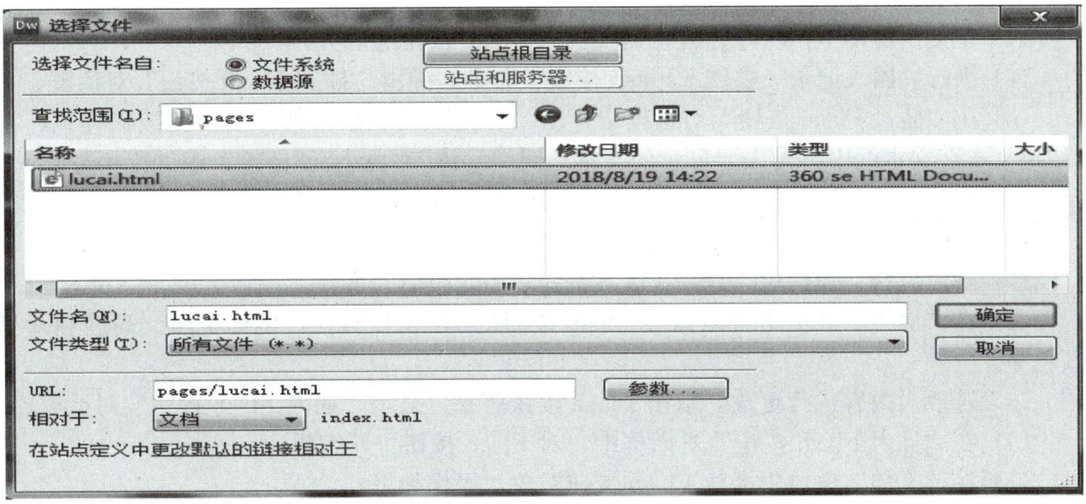

图 7 - 10　超链接设置

按照上述步骤，依次完善网页“chuancai. html”“yuecai. html”“sucai. html”“mincai. html”“zhecai. html”“xiangcai. html”“huicai. html”，再依次将首页上的 2. jpg～8. jpg 分别链接到以上网页。

5. 预览

按 F12 键预览，查看超链接。

拓展学习

为该网页的头部文字创建超链接，链接到相应的子网页，学习文字超链接的方法。

任务 7.5 插入 Flash

网页设计者可以使用 Flash 创作出既漂亮又可改变尺寸的导航界面，并可以实现其他奇特的效果。本任务主要介绍如何在网页中插入 Flash 动画及其相关设置。

必备知识

1. 插入 Flash 按钮

在 Dreamweaver CS3 中，可以直接在文档中插入和修改 Flash 按钮。若要插入 Flash 按钮对象，其操作如下：

(1) 在文档窗口中，将光标放在需要插入 Flash 按钮的地方。

(2) 执行“插入记录—媒体—Flash 按钮”命令，弹出“插入 Flash 按钮”对话框。

(3) 在“插入 Flash 按钮”对话框中，从“样式”列表框中选择所需的按钮样式，在“按钮文本”文本框中，输入要显示的文本。对“字体”“大小”“链接”等进行相关设置。

(4) 单击“确定”按钮，即完成 Flash 按钮的插入。

修改 Flash 按钮对象的属性和内容，操作如下：

(1) 在“文档”窗口中，选中 Flash 按钮对象，查看“属性”面板。

(2) 在“属性”面板中可以修改 Flash 按钮的 HTML 属性，例如宽度、高度和背景颜色等。

(3) 若要对内容进行更改，双击 Flash 按钮对象，显示“插入 Flash 按钮”对话框。

(4) 在“插入 Flash 按钮”对话框中，对 Flash 按钮重新编辑。

若要在“文档”窗口中播放 Flash 按钮对象，操作如下：

(1) 在文档窗口中，选中 Flash 按钮对象，打开“属性”面板，单击“播放”按钮。

(2) 单击“停止”按钮可以停止播放。

2. 插入 Flash 文本

Flash 文本对象允许创建和插入只包含文本的 Flash。

插入 Flash 文本对象的操作如下：

(1) 在文档窗口中，将光标放在需要插入 Flash 文本的地方。

(2) 执行“插入记录—媒体—Flash 文本”命令，弹出“插入 Flash 文本”对话框。

(3) 在“插入 Flash 文本”对话框中进行相关设置。

(4) 单击“确定”按钮即完成 Flash 文本的插入。

3. 插入 Flash 视频

Dreamweaver CS3 能够轻松地在 Web 网页中插入 Flash 视频，并且在浏览器中查看该组件时，它将显示 Flash 视频内容以及一组播放控件。

在 Web 网页中插入 Flash 视频的方法如下：

(1) 在“文档”窗口中，将光标放在需要插入 Flash 视频的地方。

(2) 执行“插入记录—媒体—Flash 视频”命令，弹出“插入 Flash 视频”对话框。

(3) 在“插入 Flash 视频”对话框中进行相关设置。

(4) 单击“确定”按钮即完成 Flash 视频的插入。

对 Flash 视频组件进行编辑的方法如下：

(1) 在“文档”窗口中，单击 Flash 视频组件占位符中央的 Flash 视频图标选择该占位符。

(2) 查看“属性”面板，对 Flash 视频组件的属性进行编辑。

在任务 7.4 创建的主页的基础上继续完善，学会网页中 Flash 元素的添加。

【操作步骤】

1. 插入 Flash 文件

在“徽菜”文字后按 Enter 键，选择“插入记录—媒体—Flash”，会弹出“选择文件”对话框，选择 Flash 文件夹中的“flash. swf”文件，单击“确定”按钮。

2. “属性”面板设置

选中 Flash 文件，在“属性”面板中可以进行相应的设置，单击“属性”面板的“播放”按钮还可以查看动画效果。

3. 预览

按 F12 键预览，查看 Flash 效果，制作效果如图 7－11 所示。

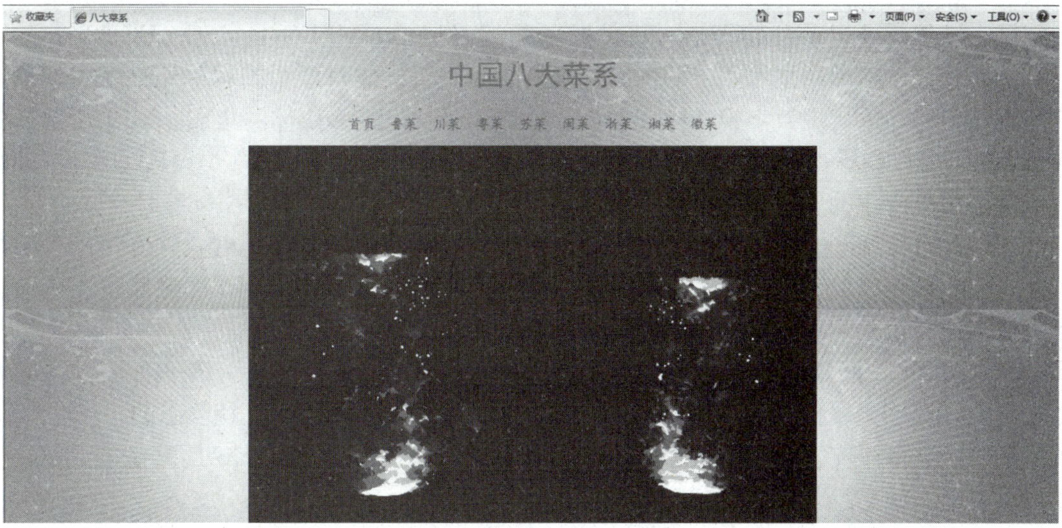

图 7－11　Flash 效果图

拓展学习

尝试插入其他多媒体元素。

任务 7.6 插入视频和音频

在网页中常见的多媒体文件包括音频文件和视频文件，通过前一个任务的学习，我们已经学会了在网页中添加 Flash 元素，接下来继续尝试在网页中插入视频和音频，从而为网页设计增色。

必备知识

1. 常见的视频格式

视频格式是视频播放软件为了能够播放视频文件而赋予视频文件的一种识别符号。

视频格式可以分为适合本地播放的本地影像视频和适合在网络中播放的网络流媒体影像视频两大类。尽管后者在播放的稳定性和播放画面质量上可能没有前者优秀，但网络流媒体影像视频的广泛传播性使之正被广泛应用于视频点播、网络演示、远程教育、网络视频广告等互联网信息服务领域。常见格式如下：

（1）MPEG（Moving Picture Experts Group），即运动图像专家组。这类格式包括了 MPEG-1、MPEG-2 和 MPEG-4 在内的多种视频格式。MPEG 系列标准已成为国际上影响最大的多媒体技术标准，其中 MPEG-1 和 MPEG-2 是以相同原理为基础的预测编码、变换编码、熵编码及运动补偿等第一代数据压缩编码技术；MPEG-4（ISO/IEC 14496）则是基于第二代压缩编码技术制定的国际标准，它以视听媒体对象为基本单元，采用基于内容的压缩编码，以实现数字视音频、图形合成应用及交互式多媒体的集成。MPEG 系列标准对 VCD、DVD 等视听消费电子及数字电视和高清晰度电视（DTV&&HDTV），多媒体通信等信息产业的发展产生了巨大而深远的影响。

（2）AVI（Audio Video Interleaved），即音频视频交错。AVI 是由微软公司发表的视频格式，在视频领域可以说是最悠久的格式之一。AVI 格式调用方便，图像质量、压缩标准可任意选择，是应用最广泛也是应用时间最长的格式之一。

（3）MOV，即 QuickTime，原本是 Apple 公司用于 Mac 计算机上的一种图像视频处理软件。QuickTime 提供了两种标准图像和数字视频格式，既可以支持静态的 . pic 和 . jpg 图像格式，又可以支持动态的基于 Indeo 压缩法的 . mov 和基于 MPEG 压缩法的 . mpg 视频格式。

（4）ASF（Advanced Streaming format），即高级流格式。ASF 是 Microsoft 为了和

Real Player 竞争而发展出来的一种可以直接在网上观看视频节目的文件压缩格式。ASF 使用了 MPEG-4 的压缩算法，压缩率和图像的质量都很不错。因为 ASF 是以在网上即时观赏的视频“流”格式存在的，所以它的图像质量比 VCD 差一点，但质量比同是视频“流”格式的 RAM 格式要好。

（5）WMV，一种独立于编码方式的在 Internet 上实时传播多媒体的技术标准，Microsoft 公司希望用其取代 QuickTime 之类的技术标准以及 WAV、AVI 之类的文件扩展名。WMV 的主要优点在于：可扩充媒体类型、支持本地或网络回放、可伸缩媒体类型、流的优先级化、多语言支持、扩展性强等。

（6）3GP，是一种 3G 流媒体的视频编码格式，主要是为了配合 3G 网络的高传输速度而开发的，也是目前手机中最为常见的一种视频格式。简单地说，该格式是“第三代合作伙伴项目”（3GPP）制定的一种多媒体标准，使用户通过手机享受高质量的视频、音频等多媒体内容。其核心由高级音频编码（AAC）、自适应多速率（AMR）、MPEG-4 和 H. 263 视频编码解码器等组成，目前大部分支持视频拍摄的手机都支持 3GP 格式的视频播放。其特点是网速占用较少，但画质较差。

（7）FLV，是 Flash Video 的简称，FLV 流媒体格式是一种新的视频格式。它形成的文件极小、加载速度极快，这使得在网络上观看视频文件成为可能，它的出现有效地解决了视频文件导入 Flash 后，使导出的 SWF 文件庞大，不能在网络上很好地使用等问题。

（8）RMVB，其前身为 RM 格式，它们是 Real Networks 公司所制定的音频视频压缩规范。RMVB 可以根据不同的网络传输速率，制定出不同的压缩比率，从而实现在低速率的网络上进行影像数据实时传送和播放，具有体积小、画质也还不错的优点。

2. 常见的音频格式

音频格式即音乐格式。音频格式是指在计算机内播放或处理音频文件，是对声音文件进行数模转换的过程。音频格式最大带宽是 20KHZ，速率为 40KHZ～50KHZ，采用线性脉冲编码调制 PCM，每一量化步长都具有相等的长度。常见格式如下：

（1）CD 格式，是音质比较高的音频格式。因此要讲音频格式，CD 自然是先锋。在大多数播放软件的“打开文件类型”中，都可以看到 . cda 格式，这就是 CD 音轨了。标准 CD 格式也就是 44. 1K 的采样频率，速率 1411K/s，16 位量化位数。因为 CD 音轨可以说是近似无损的，所以它的声音基本上是忠于原声的。因此如果你是一个音响发烧友的话，CD 是你的首选，它会让你感受到天籁之音。CD 光盘可以在 CD 唱机中播放，也能用电脑里的各种播放软件来播放。一个 CD 音频文件是一个 . cda 文件，这只是一个索引信息，并不是真正的包含声音信息，所以不论 CD 音乐时间长短，在电脑上看到的“. cda 文件”都是 44 字节长。

（2）WAVE（. WAV），是微软公司开发的一种声音文件格式，它符合 PIFF Resource Interchange File Format 文件规范，用于保存 Windows 平台的音频信息资源，被 Windows 平台及其应用程序支持。“. WAV”格式支持 MSADPCM、CCITT A LAW 等多种压缩算法，支持多种音频位数、采样频率和声道，标准格式的 WAV 文件和 CD 格式一样，也是 44. 1K 的采样频率，速率 1411K/s，16 位量化位数。WAV 格式的声音文件质量和 CD 相差无几，也是目前 PC 机上广为流行的声音文件格式，几乎所有的音频编辑软件都“认识”WAV 格式。

(3) AIFF (Audio Interchange File Format)，即音频交换文件格式，它和 WAV 非常相像，大多数的音频编辑软件也都支持这种常见的音乐格式。它是 Apple 公司开发的一种音频文件格式，被 Macintosh 平台及其应用程序支持，Netscape 浏览器中 Liveaudio 也支持 AIFF 格式。AIFF 是 Apple 苹果电脑上面的标准音频格式，属于 QuickTime 技术的一部分。

(4) MP3，是到 2008 年为止使用用户最多的有损压缩数字音频格式。它的全称是 MPEG Audio Layer-3，刚出现时它的编码技术并不完善，它更像一个编码标准框架，留待人们去完善。早期的 MP3 编码采用的是固定编码率的方式 (CBR)，人们看到的 128Kbps，就代表它是以 128Kbps 固定数据速率编码，编码率最高可以到 320Kbps，此时音质会更好、更自然，但文件会相应增大。

(5) MIDI (Musical Instrument Digital Interface) 格式，被经常玩音乐的人使用，MIDI 允许数字合成器和其他设备交换数据。MID 文件格式由 MIDI 继承而来。MID 文件并不是一段录制好的声音，而是记录声音的信息，然后再告诉声卡如何再现音乐的一组指令。这样一个 MIDI 文件每储存 1 分钟的音乐只用大约 5KB～10KB。MID 文件主要用于原始乐器作品、流行歌曲的业余表演、游戏音轨以及电子贺卡等。. mid 文件重放的效果完全依赖声卡的档次。. mid 格式的最大用处是在电脑作曲领域。. mid 文件可以用作曲软件写出，也可以通过声卡的 MIDI 接口把外接音序器演奏的乐曲输入电脑里，制成. mid 文件。

(6) WMA (Windows Media Audio) 格式，自微软的重量级选手，音质要强于 MP3 格式，更远胜于 RA 格式。WMA 还在压缩比上进行了深化，它的目标是在相同音质条件下使文件可以变得更小。

(7) RealAudio，主要适用于在线音乐欣赏。Real 的文件格式主要有：RA (RealAudio)、RM (RealMedia，RealAudio G2)、RMX (RealAudio Secured) 等。这些格式的特点是可以随网络带宽的不同而改变声音的质量，在保证大多数人听到流畅声音的前提下，令带宽较富裕的听众获得较好的音质。

【操作步骤】

1. 插入 Shockwave 影片

Shockwave 是很普及的一个浏览器插件，是由 Macromedia 开发的多媒体播放器系列，可以播放影片文件。

利用 Dreamweaver 可以很方便地把 Shockwave 影片插入网页中。具体操作如下：

(1) 在“文档”窗口中，将光标放在需要插入 Shockwave 影片的地方。

(2) 执行“插入记录—媒体—Shockwave”命令，弹出“选择文件”对话框。

(3) 在“选择文件”对话框中选择需要插入的 Shockwave 影片文件，单击“确定”按钮，将文件插入到文档中。

(4) 选中插入的 Shockwave 影片对象，查看“属性”面板。

(5) 可以对 Shockwave 影片的属性进行相应的更改。

2. 插入 ActiveX 控件

ActiveX 控件可以在 Windows 系统中的 Internet Explorer 中运行，类似微型的应用程序。在页面中插入 ActiveX 控件内容，其操作如下：

（1）在“文档”窗口中，将光标放在需要插入 ActiveX 控件内容的地方。

（2）执行“插入记录—媒体—ActiveX”命令，弹出“对象标签辅助功能属性”对话框，单击“确定”按钮，即完成 ActiveX 控件的插入。

（3）选中插入的 ActiveX 控件对象，查看“属性”面板，可以对 ActiveX 控件的属性进行相应的更改。

3. 插入音频

为网页添加背景音乐的方法一般有两种，一种是通过普通的<bgsound>标签来添加，另一种是通过<embed>标签来添加。下面介绍使用<bgsound>标签来添加音频的方法：

（1）在 Dreamweaver 中打开需要添加背景音乐的页面，点击“代码”打开代码编辑视图，在<body></body>之间输入“<”，在弹出的代码提示框中选择 bgsound。

（2）Dreamweaver 自动输入“<bgsound”代码后按空格键，代码提示框会自动将 bgsound 标签的属性列出来供你选择使用。

（3）bgsound 标签共有五个属性，其中 balance 是设置音乐的左右均衡，delay 是进行播放延时的设置，loop 是循环次数的控制，src 是音乐文件的路径，volume 是音量设置。一般在添加背景音乐时，我们并不需要对音乐进行左右均衡以及延时等设置，所以仅需要几个主要的参数。

（4）最后的代码为：<bgsound src="music.mid" loop="－1" >。

其中，loop="－1" 表示音乐无限循环播放，如果你要设置播放次数，则改为相应的数字即可。

这种添加背景音乐的方法是最基本的方法，也是最为常用的一种方法，背景音乐支持现在大多的主流音乐格式，如 WAV、MID、MP3 等。如果要顾及网速较低的浏览者，则可以使用 MID 音乐作为网页的背景音乐，因为 MID 音乐文件小，这样在网页打开的过程中能很快加载并播放，但是 MID 也有不足的地方，它只能存放音乐的旋律，没有好听的和声以及唱词。如果你的网速较快，或是觉得 MID 音乐有些单调，也可以添加 MP3 的音乐。

拓展学习

尝试多种格式视频和音频的不同添加方法。

任务 7.7　利用表格布局

表格是页面的重要元素，是页面排版的主要手段。很多网页都是依靠表格来进行版面布局和各元素组织的，它直接决定了网页是否美观，内容组织是否清晰。本任务主要讲解如何利用表格来对网页进行布局。

必备知识

1. 布局的首选——表格

尽管Dreamweaver中的层（Layer）也可以实现网页元素的自由定位，但是表格显然更加方便编辑与修改。熟练掌握和运用表格的各种属性，可以让页面看起来赏心悦目。但很多人常常忽视对表格的研究，而把目光投向图片、特效等，其实在Dreamweaver中我们可以非常方便地设计和编辑表格，从而使网页更加美观精细。在设计页面布局的时候，应该做到：

（1）尽量拆分成多个表格，整个页面不要都嵌套在一个表格里。

当设计网页时，可能在网页中插入的图像或文字大小不一，很难设置单元格的宽度或高度。如果分成几个表格，这样行与行之间的高度和列与列之间的宽度不会互相干扰，方便设置单元格的宽度和高度。因此一个网页要尽量避免用整个大表格，应把网页内容按行分割成几个表格布局。

另外，因为浏览器在解释页面的元素时，是以表格为单位逐一显示的，只有整个表格全部解释完成时才把整个页面显示出来。当浏览者在浏览网页时，如果一张网页是嵌套在一个大表格之内，那么很可能造成的后果是，浏览者输入网址后，他要先面对一片空白的浏览器很长一段时间，然后所有的网页内容同时出现。但是，如果把整个页面拆分为多个表格，那么可以其中一个表格解释完成时，先显示给浏览者观看，然后继续显示其他表格内容，而且表格小速度快，不会让浏览者等待很长时间无法查看网页内容。因此，一个网页要尽量避免用整个大表格并将所有的内容都嵌套在这个大表格之内。

（2）表格嵌套层次尽量要少，提高网页的下载速度。

表格嵌套就是在表格里插入表格。另外，如上所述，如果一个大表格中含有多个嵌套表格，必须等大表格读完，才能将嵌套表格一起显示出来，这样导致越复杂、嵌套层次越多的表格下载速度越慢。因此，我们在设计网页时，无论多复杂的版面，都要悉心琢磨一下用什么样的嵌套排版方式使网页的下载速度达到最快。因此，表格的嵌套尽量要少，使网页的下载速度达到最快。

2. <table>标签

<table>标签定义 HTML 表格。简单的 HTML 表格由 table 元素以及一个或多个 tr、th 或 td 元素组成。tr 元素定义表格行，th 元素定义表头，td 元素定义表格单元。更复杂的 HTML 表格也可能包括 caption、col、colgroup、thead、tfoot 以及 tbody 元素。

该任务使用表格布局制作“美丽西湖”页面，在表格中插入文本、图像等网页元素。

【操作步骤】

1. 创建站点和网页

创建一个新站点，在 Dreamweaver CS3 中新建一个网页文件，文件命名为“index. html”，将文件保存在根目录下。

2. 插入表格

选择菜单栏“插入记录—表格”菜单项，在弹出的“表格”对话框里设置行数为

“3”，列数为“1”，表格宽度为“800”像素，边框粗细为“0”像素，单元格边距、间距为“0”像素，如图7-12所示。

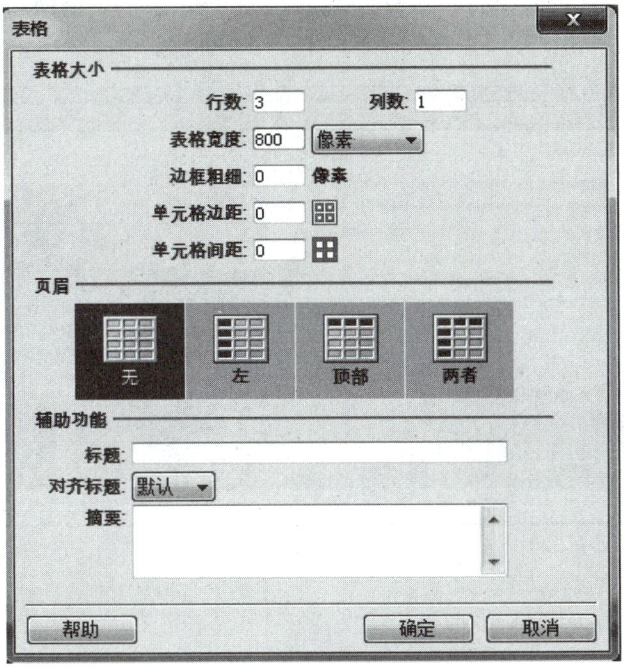

图7-12　“表格”属性设置

单击“确定”按钮，会发现在编辑区已经插入了一个3行1列的表格。选中该表格，在“属性”面板的“对齐”中选择“居中对齐”。

3. 添加文字

将光标定位在表格的第一行，输入文字“美丽西湖”，并按图7-13所示设置字体。

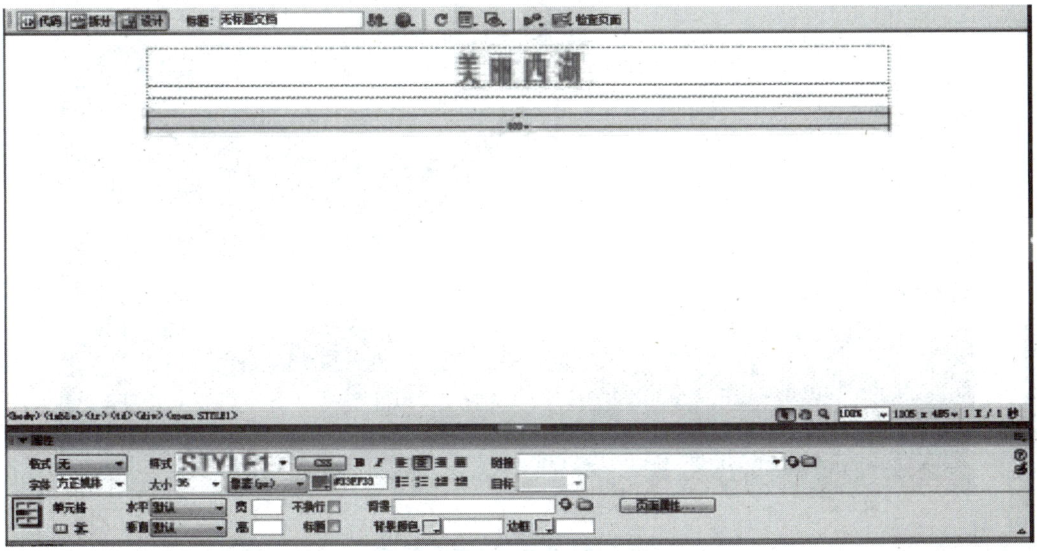

图7-13　添加文字并设置

4. 添加图片

将光标定位在表格的第二行，选择“插入记录—图像”菜单项，选择 images 文件夹中的图像“1.jpg”，单击“确定”按钮，如图 7－14 所示。

图 7－14　添加图片

5. 添加底部表格

在表格的第三行继续插入表格，在弹出的“表格”对话框里设置行数为“1”，列数为“4”，表格宽度为“800”像素，边框粗细为“0”像素，单元格边距、间距为“0”像素，单击“确定”按钮。在该表格中依次输入文本，并居中对齐，效果如图 7－15 所示。

图 7－15　“美丽西湖”网页

拓展学习

运用所学知识，尝试用表格制作导航栏。

任务 7.8 利用框架搭建网页

网站的布局除了利用表格之外，还可以利用框架搭建网页，本任务主要通过框架的搭建，对前面几个任务做的两个网页“八大菜系”和“美丽西湖”进行整合。

必备知识

通过使用框架，同一个浏览器窗口中可以显示不止一个页面。每份 HTML 文档称为一个框架，并且每个框架都独立于其他框架。使用框架的坏处是：开发人员必须同时跟踪更多的 HTML 文档，很难打印整张页面。

框架结构标签（<frameset>）定义如何将窗口分割为框架，每个 frameset 定义了一系列行或列（rows/columns）的值，规定了每行或每列占据屏幕的面积。

框架标签（<frame>）定义了放置在每个框架中的 HTML 文档。

在下面的这个例子中，我们设置了一个两列的框架集。第一列被设置为占据浏览器窗口的 25%，第二列被设置为占据浏览器窗口的 75%。HTML 文档“frame_a.htm”被置于第一列中，而 HTML 文档“frame_b.htm”被置于第二列中：

```
<frameset cols="25%,75%">
<frame src="frame_a.htm">
<frame src="frame_b.htm">
</frameset>
```

【操作步骤】

1. 创建框架

创建一个新站点，在 Dreamweaver CS3 中执行“文件—新建”命令，打开“新建文档”对话框，选择“示例中的页—框架集”，再选择“示例页—上方固定，下方固定”。

2. 给框架重命名

选择“窗口框架”，会出现如图 7-16 所示的“框架”面板。

在“框架”面板中，单击“topFrame”，在相应的“属性”面板中修改框架名为“dingbu”，以此类推，把下面两个框架分别重命名为“zhongbu”“dibu”，完成效果如图 7-17 所示。

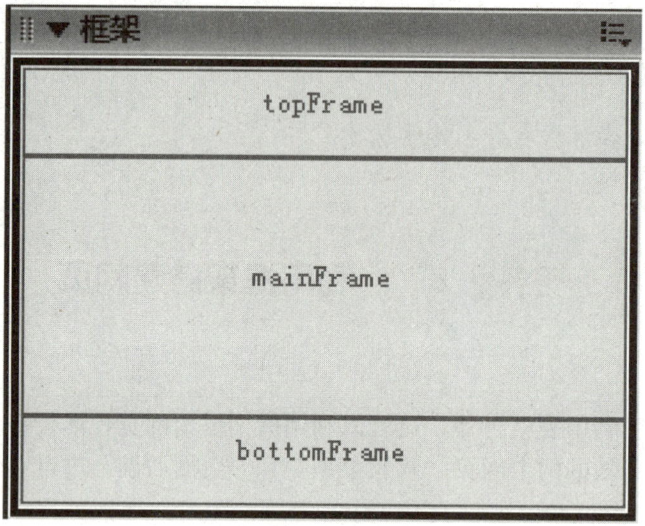

图 7-16 “框架”面板

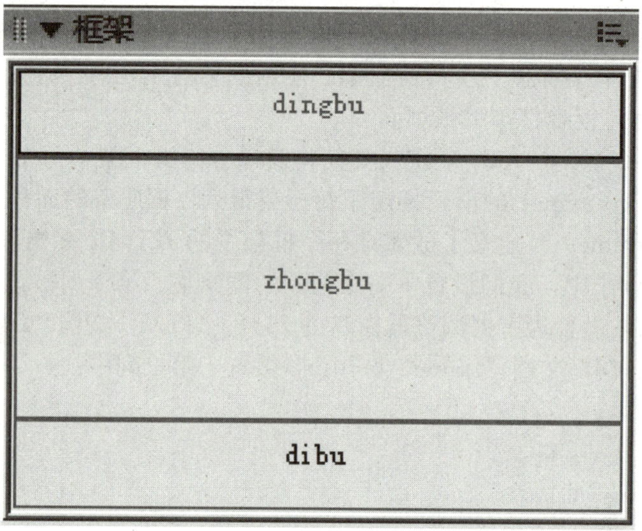

图 7-17 重命名“框架”面板

3. 制作框架网页

选取“dingbu”框架，输入文字“利用框架搭建网页”，居中对齐，设置字体大小为“36px”。

选取“zhongbu”框架，在中部的“属性”面板中，选择源文件为“八大菜系的index.html”，并设置属性为“无边框”“无滚动”“边界宽度为0”“边界高度为0”，如图7-18所示。

选取“dibu”框架，在底部的“属性”面板中，选择源文件为“美丽西湖的index.html”，并设置属性为“无边框”“无滚动”“边界宽度为0”“边界高度为0”。

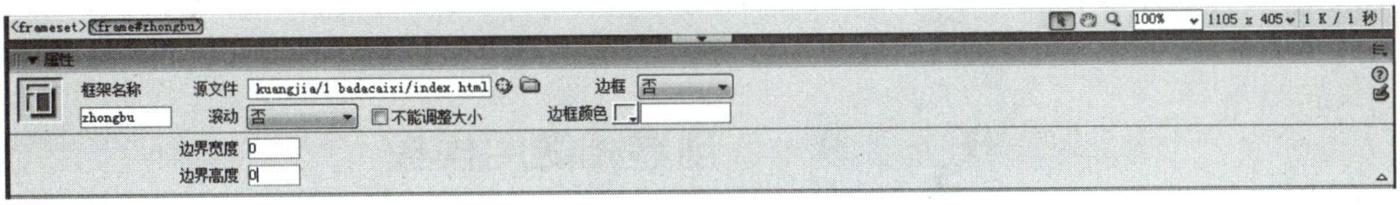

图 7-18　框架“属性”面板设置

4. 保存框架

执行“文件—保存全部”命令保存整个框架，效果如图 7-19 所示。

图 7-19　完成效果图

拓展学习

(1) 尝试通过改变框架的大小来美化本任务，并思考如何修改框架的各个属性。

(2) 三人一小组，利用框架制作一个班级的主页面。

任务 7.9 创建和使用模板

本任务主要介绍如何使用模板批量生成多个布局类似、内容不同的网页。使用模板制作网页更简便快捷，并能减少重复性操作。

必备知识

Dreamweaver 模板是一种特殊类型的文档，用于设计“固定的”页面布局。基于模板创建的文档，会继承模板的页面布局。设计模板时，可以指定在基于模板的文档中哪些内容是用户“可编辑的”。

模板创作者控制哪些页面元素可以由模板用户（如作家、图形艺术家或其他 Web 开发人员）进行编辑。模板创作者可以在文档中创建数种类型的模板区域。使用模板可以一次更新多个页面。从模板创建的文档与该模板保持连接状态（除非以后分离该文档），可以修改模板并立即更新基于该模板的所有文档中的设计。

使用模板可以控制大的设计区域，以及重复使用完整的布局。如果要重复使用个别设计元素，如站点的版权信息或徽标，可以创建库项目。

Dreamweaver 中的模板与某些其他 Adobe Creative Suite 软件中的模板的不同之处在于，默认情况下 Dreamweaver 模板的页面中各部分是固定（即不可编辑）的。

应该强调的是，在 Dreamweaver CS3 中要应用模板和库制作网页，首先要将网站作为 Dreamweaver CS3 管理的一个站点，这样就可以由 Dreamweaver CS3 来管理模板和库。

通常制作模板文件时，只把导航条和标题栏等各个页面共有的部分制作出来，而把其他部分留给各个页面安排设置具体内容。制作模板文件与制作普通网页的方法是相同的，但是在制作模板时，必须设置好“页面属性”，指定好“可编辑区域”等。

模板的制作思路在许多大型网站上都有应用，如个人博客、各单位的信息发布网站等，它的最大的好处就是减少了重复劳动，并且相关的网站页面风格保持一致。

【操作步骤】

1. 建立站点

（1）在 D 盘建立站点目录“duorou”，在站点目录下新建两个文件夹“files”和“images”。

（2）将“素材”文件夹下的文件复制到“D：/duorou/images”文件夹中。

（3）启动 Dreamweaver，新建站点。

2. 制作“moban. html”网页

（1）在站点内新建文件，并重命名为“moban. html”。

（2）在网页中插入 5 行 1 列的表格，宽度 1000 像素，其他选项默认。

（3）添加导航栏文本。

（4）插入“images”文件夹中的图像素材，并做适当的调整，保存并预览，最终效果如图 7－20 所示。

图 7－20　moban. html 网页

3. 制作“index. html”网页

在“moban. html”网页表格的第 3 行输入文本，最后将“moban. html”另存为站点根目录下，文件名为“index. html”，保存并预览，最终效果如图 7－21 所示。

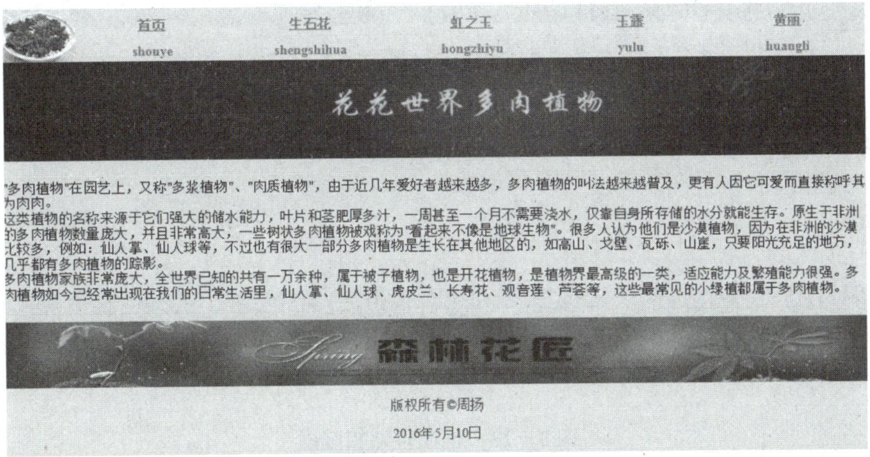

图 7－21　index. html 网页

4. 将文档另存为模板

（1）打开已保存的网页“moban. html”，将表格的第 3 行拆分为 3 行，在适当位置输入文本，完成后效果如图 7－22 所示。

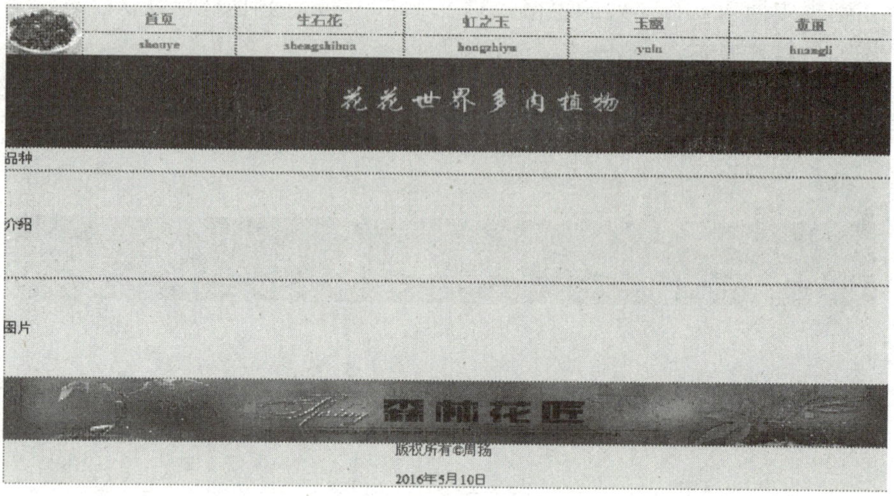

图 7－22　拆分表格

（2）执行“文件—另存为模板”命令保存模板。

5. 创建可编辑区域

执行“插入—模板对象—可编辑区域”命令，创建 3 个可编辑区域，之后保存模板，效果如图 7－23 所示。

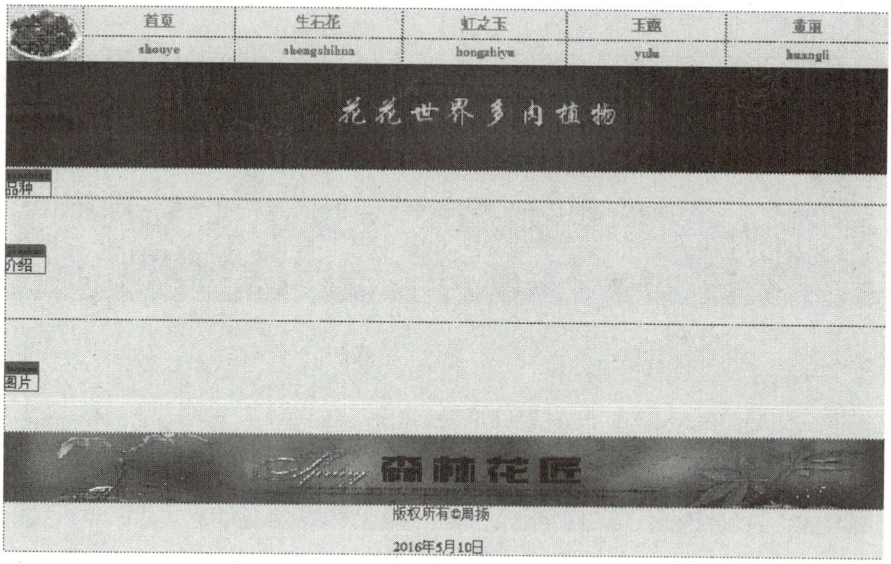

图 7－23　创建可编辑区域

6. 应用“moban. dwt”模板页创建二级网页

（1）执行“文件—新建”命令，打开“新建文档”对话框，执行“模板中的页”命令，单击“创建”按钮。

（2）为页面的“可编辑区域”，即“品种”“介绍”“图片”3 个区域添加对应的内容。

(3) 使用相同的方法，创建基于模板的 4 个网页：生石花（shengshihua. html）、虹之玉（hongzhiyu. html）、玉露（yulu. html）、黄丽（huangli. html），均保存在“file”文件夹中。4 个二级网页效果如图 7－24 所示。

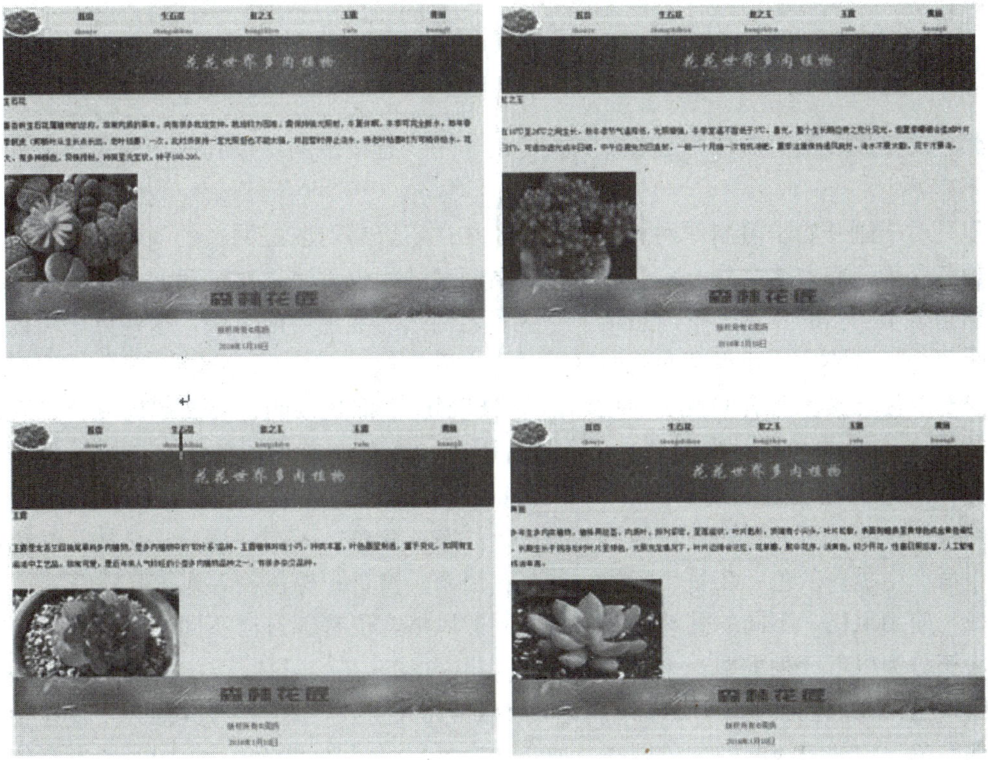

图 7－24　二级网页

7. 创建超链接

(1) 打开站点目录“Templates”文件夹下的“moban. dwt”，为导航栏分别设置相对应的超链接，利用模板更新网页。

(2) 打开站点根目录下的“index. html”，为导航栏分别设置相对应的超链接。

拓展学习

运用模板设计一个个人主页，先画出主页的布局及组成，再制作。

任务 7. 10　设计与制作个人网页

本任务主要介绍设计与制作个人网页的一般流程：明确网站主题，搜集材料，规划网站，制作网页，上传测试，推广宣传，维护更新。学生要学会灵活运用制作网页的方法。

必备知识

1. 网页配色设计

颜色的使用在网页制作中起着非常关键的作用，有很多网站以其成功的色彩搭配令人过目不忘。

但是对于刚开始学习制作网页的人来说，往往不容易驾驭好网页的颜色搭配。除了学习各种色彩理论和方法之外，多学习一些著名网站的用色方法，对于我们制作美丽的网页可以起到事半功倍的作用。下面总结了一些著名网站的颜色搭配方法，这些方法可以让我们的学习少走弯路，快速提高我们的网页制作水平。

(1) 象征意义。所有网页上的颜色，在 HTML 下都是以颜色英文单词或者十六进制的方法（如#000000 表示为黑色）表示的。不同的颜色有着不同的含义，给人各种丰富的感觉和联想。红色：热情、奔放、喜悦、庄严；黄色：高贵、富有、灿烂、活泼；黑色：严肃、夜晚、沉着；白色：纯洁、简单、洁净；蓝色：天空、清爽、科技；绿色：植物、生命、生机；灰色：庄重、沉稳；紫色：浪漫、富贵；棕色：大地、厚朴。

(2) 使用风格。不同的网站有着自己不同的风格，也有着自己不同的颜色。网站使用颜色大概分为以下 3 种类型：

公司色：在现代企业中，公司的 CI 形象显得尤其重要，每一个公司的 CI 设计必然有标准的颜色。比如新浪网的主色调是一种介于浅黄和深黄之间的颜色，同时形象宣传、海报、广告使用的颜色都和网站的颜色一致。

风格色：许多网站使用颜色秉承的是公司的风格。比如海尔使用的颜色是一种中性的绿色，既充满朝气又不失自己的创新精神。女性网站使用粉红色的较多，大公司使用蓝色的较多……这些都是在突出自己的风格。

习惯色：这些网站颜色的使用很大一部分是凭个人爱好，以个人网站较多，比如自己喜欢红色、紫色、黑色等，在做网站的时候就倾向于这几种颜色。每一个人都有自己喜欢的颜色，因此这种类型称为习惯色。

2. 个人网页举例

个人网页如图 7-25 所示。

设计与制作个人网页需要做到以下 7 点。

(1) 明确网站主题。

网站主题就是建立的网站所要包含的主要内容，一个网站必须有一个明确的主题。特别是对于个人网站，你不可能像综合网站那样做得内容大而全，包罗万象，所以必须找准一个自己最感兴趣的内容，做深、做透，办出自己的特色，这样才能给用户留下深刻的印象。网站的主题无定则，只要是你感兴趣的，任何内容都可以，但主题要鲜明，在你的主题范围内把内容做到大而全、精而深。

图7－25　个人网页举例

（2）搜集材料。

明确了网站的主题以后，你就要围绕主题开始搜集材料了。常言道：“巧妇难为无米之炊。”要想让自己的网站有血有肉，能够吸引住用户，你就要尽量搜集材料，搜集的材料越多，制作网站就越容易。材料可以来自图书、报纸、光盘、多媒体、互联网，然后把搜集的材料去粗取精、去伪存真，作为自己制作网页的素材。

（3）规划网站。

一个网站设计得成功与否，很大程度上取决于设计者的规划水平，规划网站就像设计师设计大楼一样，图纸设计好了，才能建成一座漂亮的楼房。网站规划包含的内容很多，如网站的结构、栏目的设置、网站的风格、颜色搭配、版面布局、文字图片的运用等，你只有在制作网页之前把这些方面都考虑到了，才能在制作时驾轻就熟，胸有成竹。也只有如此，制作出来的网页才能有个性、有特色，具有吸引力。

尽管选择什么样的工具并不会太影响设计网页的好坏，但是一款功能强大、使用简单的软件往往可以起到事半功倍的作用。网页制作涉及的工具比较多，首先就是网页制作工具了，大多数网民选用的都是所见即所得的编辑工具，比如：Dreamweaver 和 Frontpage。除此之外还有图片编辑工具，如 Photoshop、Photoimpact 等；动画制作工具，如 Flash、Cool3d、Gif Animator 等；网页特效工具，如有声有色等。网上有许多这方面的软件，可以根据需要灵活运用。

(4) 制作网页。

材料有了，工具也选好了，下面就需要按照规划一步步地把自己的想法变成现实了，这是一个复杂而细致的过程，一定要按照先大后小、先简单后复杂的顺序来进行制作。所谓先大后小，就是说在制作网页时，先把大的结构设计好，然后再逐步完善小的结构设计。所谓先简单后复杂，就是先设计出简单的内容，然后再设计复杂的内容，以便出现问题时好修改。在制作网页时要多灵活运用模板，这样可以大大提高制作效率。

(5) 上传测试。

网页制作完成后，最后要发布到 Web 服务器上，才能够让全世界的朋友看到。上传的工具有很多，有些网页制作工具本身就带有 FTP 功能，利用它们你可以很方便地把网站发布到自己申请的主页存放服务器上。网站上传以后，你要在浏览器中打开自己的网站，逐页逐个链接地进行测试，发现问题，及时修改，然后再上传、测试。全部测试完毕就可以把你的网址告诉朋友，让他们来浏览。

(6) 推广宣传。

网页做好之后，还要不断地进行宣传，这样才能让更多的朋友认识它，提高网站的访问率和知名度。推广的方法有很多，例如到搜索引擎上注册、与别的网站交换链接、加入广告链等。

(7) 维护更新。

网站需要经常维护、更新内容，保持内容的新鲜，不要一做好就放在那儿不变了，只有不断地给它补充新的内容，才能够吸引浏览者。

拓展学习

运用所学知识，尝试用不同的布局方法制作一个和地方特色有关的网站。

项目小结

通过本项目的学习，学生要掌握添加网页文字、背景图片、图像、Flash 动画、视频和音频等的方法；掌握制作图像超链接的步骤；能够熟练利用表格和框架布局网页；能够创建和使用模板。

本项目还训练和培养了学生获取信息和处理信息的能力，使其学会通过网站、图书、素材光盘等途径搜集所需的文字资料、图像资料、Flash 动画和网页特效等，充分培养和提高学生的动手能力，使学生能灵活运用所学知识设计与制作个人网页。

项目 8

DIV+CSS布局设置

CSS 能够给网页美化带来巨大的便利，本项目开始正式介绍使用 CSS 的方法，使读者着重学习如何引用 CSS 控制页面，使页面从无到有，实现页面的复杂效果，最终完成个人店铺页面设置。

学习目标

通过学习本项目，你应该能够：

（1）理解 CSS 规则的定义方法；

（2）了解选择器的含义和 3 种基本的选择器；

（3）清楚 CSS 中盒子的含义及盒子的组成；

（4）理解“标准流”的概念，明白在“标准流”中盒子的布局行为；

（5）能独立利用 CSS 美化个人店铺网站。

任务 8.1　CSS 样式表基础认识

本任务讲解分析 CSS 的核心基础，首先介绍 CSS 规则的定义方法，即 CSS 规则是如何由选择器、属性和属性值三者构成的，然后讲解选择器的含义，介绍 3 种基本的选择器及 4 种在 HTML 中使用 CSS 的方式，最后介绍盒子模型的基本概念，并讲解 CSS 定位的基本方法。

活动 8.1.1　构造 CSS 规则

在这个活动中，我们将主要介绍 CSS 规则的定义方法以及它给网页带来的巨大变化。

必备知识

层叠样式表（Cascading Style Sheets，CSS）是用于控制网页样式并允许将样式信息与网页内容分离的一种标记语言。CSS 能够对网页中元素位置的排版进行像素级精确控制，支持几乎所有的字体字号样式，拥有对网页对象和模型样式编辑的能力。

在具体使用 CSS 之前，请读者先思考一个生活中的问题，通常我们是如何描述一个人的？我们可以为张飞列一张表：

```
张飞{
    身高: 185cm;
    体重:105kg;.
    性别:男;
    性格:暴躁;
    民族:汉;
}
```

这个表实际上由 3 个要素组成，即姓名、属性和属性值。通过这样一张表，就可以把一个人的基本情况描述出来了。表中每一行分别描述了一个人的某一种属性及其属性值。

CSS 的作用就是设置网页的各个组成部分的表现形式。因此，如果把上面的表格换成描述网页上一个标题的属性表，可以设想应该大致是这个样子：

```
2 级标题{
    字体:宋体;
    大小:15 像素;
    颜色:红色;
    装饰:下划线;
}
```

再进一步，如果我们把上面的表格用英语写出来：

```
H2{
    font-family:宋体;
    font-size: 15px;
    color: red;
    text-decoration: underline;
}
```

这就是完全正确的 CSS 代码了。由此可见，CSS 的原理实际上非常简单，对于英语为母语的人来说，写 CSS 代码几乎就像使用自然语言一样简单。而对于我们，只要理解了这些属性的含义，也并不复杂，相信每一位读者都可以掌握它。

CSS 的思想就是首先指定对什么“对象”进行设置，然后指定对该对象的哪个方面的“属性”进行设置，最后给出该设置的“值”。因此，概括来说，CSS 就是由 3 个基本部分组成的——“对象”“属性”“值”。

做中学

用 CSS 代码设置。

表格 {宽度:500 像素;
　　高度:500 像素;
　　背景颜色:红色;
　　边框粗细:2 像素;}

活动 8.1.2　基本 CSS 选择器

在这个活动中我们主要介绍基本 CSS 选择器：标记选择器、类别选择器和 ID 选择器，通过选择器对不同的 HTML 标签进行选择，并赋予各种样式声明，实现各种效果。

必备知识

在 CSS 的 3 个组成部分中，“对象”是很重要的，它指定了对哪些网页元素进行设置。因此，它有一个专门的名称——选择器（Selector）。

选择器是 CSS 中很重要的概念，所有 HTML 语言中的标记样式都是通过不同的 CSS 选择器进行控制的。用户只需要通过选择器对不同的 HTML 标签进行选择，并赋予各种样式声明，即可实现各种效果。

在 CSS 中，有几种不同类型的选择器，我们先来介绍基本选择器。“基本”选择器是相对于“复合”选择器而言的，复合选择器是通过对基本选择器进行组合而构成的。

基本选择器有标记选择器、类别选择器和 ID 选择器 3 种，下面分别介绍。

1. 标记选择器

一个 HTML 页面由很多不同的标记组成，而 CSS 标记选择器就是声明哪些标记采用哪种 CSS 样式。因此，每一种 HTML 标记的名称都可以作为相应的标记选择器的名称。例如 p 选择器，就是用于声明页面中所有<p>标记的样式风格。同样可以通过 h1 选择器来声明页面中所有<h1>标记的 CSS 风格。例如下面这段代码：

```
<style
  h1{
    color: red;
    font-size: 25px;}
```

以上这段 CSS 代码声明了 HTML 页面中所有的<h1>标记，文字的颜色都采用红色，大小都为 25px，每一个 CSS 选择器都包含选择器本身、属性和值，其中属性和值可以设置多个，从而实现对同一个标记声明多种样式风格，如图 8-1 所示。

如果希望所有<h1>标记不再采用红色，而是采用蓝色，这时仅仅需要将属性 color

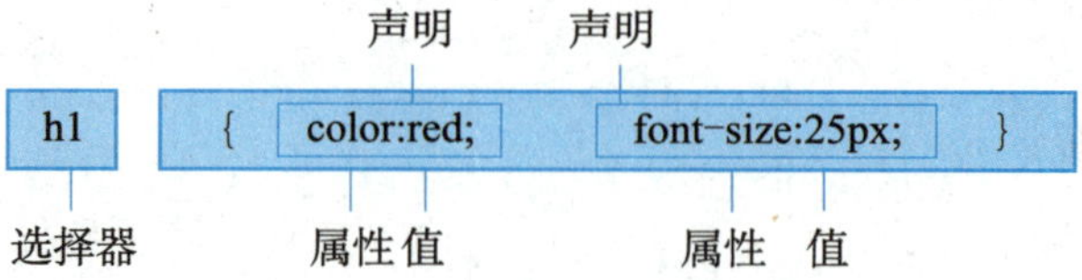

图 8-1 CSS 标记选择器

的值修改为 blue，即可全部生效。

CSS 语言对于所有属性和值都有相对严格的要求。如果声明的属性在 CSS 规范中没有，或者某个属性的值不符合该属性的要求，都不能使该 CSS 语句生效。下面是一些典型的错误语句：

```
Head-height: 48px;  /* 非法值 */
color: ultraviolet;  /* 非法值 */
```

对于上面提到的这些错误，通常情况下可以直接利用 CSS 编辑器（如 Dreamweaver 或 Expression Web）的语法提示功能避免，但某些时候还需要查阅 CSS 手册，或者直接登录 W3C 的官方网站（http://www.w3.org）来查阅 CSS 的详细规格说明。

2. 类别选择器

在前文提到的标记选择器一旦声明，那么页面中所有的相应标记都会产生变化。例如当声明了<p>标记为红色时，页面中所有的<p>标记都将显示为红色。如果希望其中的某一个<p>标记不是红色，而是蓝色，这时仅依靠标记选择器是不够的，还需要引入类别（class）选择器。

类别选择器的名称可以由用户自定义，属性和值跟标记选择器一样，也必须符合 CSS 规范，如图 8-2 所示。

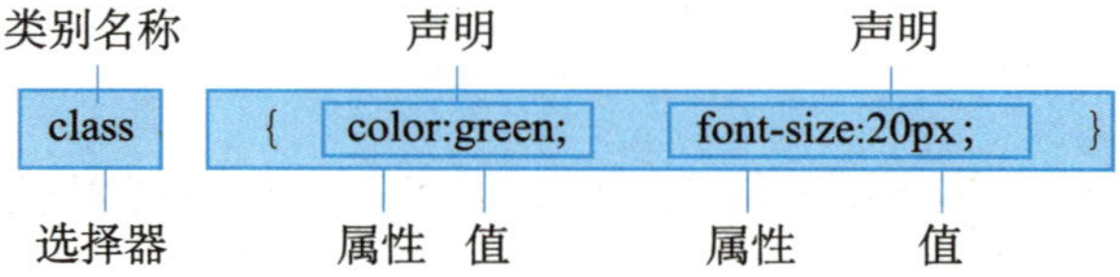

图 8-2 类别选择器

例如当页面中同时出现 2 个<p>标记，并且希望它们的颜色各不相同时，就可以通过设置不同的 class 选择器来实现。一个完整的案例如下所示：

```
<html>
<head>
<title>选择器</title>
<style type="text/css">
.red{
color:red;            /* 红色 */
font-size:18px;       /* 文字大小 */
}
```

```
.green{
color:green;                /* 绿色 */
font-size:24px;             /* 文字大小 */
}
</style>
</head>
<body>
<p class = "red">class 选择器 red</p>
    <p class = "green">class 选择器 green</p>
</body></html>
```

其显示效果如图 8-3 所示。

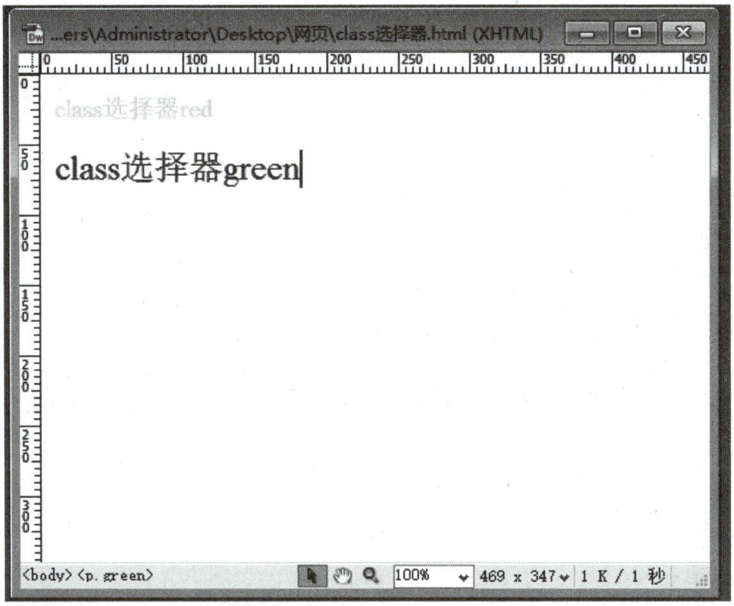

图 8-3　类别选择器示例

2 个<p>标记分别呈现了不同的颜色以及字体大小。任何一个 class 选择器都适用于所有 HTML 标记，只需要用 HTML 标记的 class 属性声明即可。

3. ID 选择器

ID 选择器的使用方法与类别选择器基本相同，不同之处在于 ID 选择器只能在 HTML 页面中使用一次，因此其针对性更强。在 HTML 的标记中只需要利用 id 属性，就可以直接调用 CSS 中的 ID 选择器，其格式如图 8-4 所示。

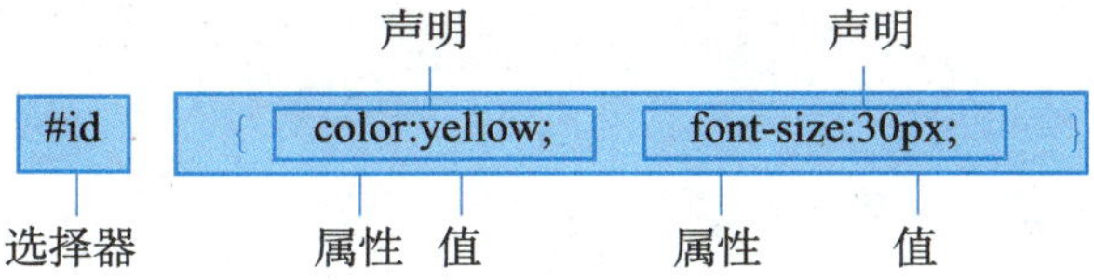

图 8-4　ID 选择器

下面举一个实例：

```
<html>
<head>
<title>ID 选择器</title>
<style type="text/css">
#bold{
font-weight:bold;            /* 粗体 */
}
#green{
font-size:36px;              /* 字体大小 */
color:#009900;               /* 字体颜色 */
}
</style>
</head>
<body>
<p id="bold">ID 选择器 bold</p>
    <p id="green">ID 选择器 green</p>
</body>
</html>
```

其显示效果如图 8-5 所示。

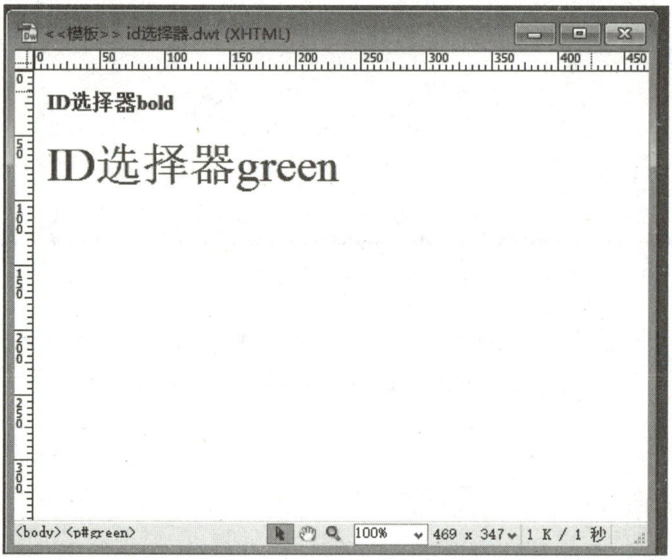

图 8-5 ID 选择器示例

议一议

3 种基本 CSS 选择器的引用有哪些相同点和不同点？

活动 8.1.3　在 HTML 中使用 CSS 的方法

在这个活动中我们主要介绍 CSS 控制页面的 4 种不同方法：行内式示例、嵌入式示例、链接式示例和导入式示例，以及这 4 种方法同时运用到同一个 HTML 文件的同一个标记上出现的优先级的问题。

必备知识

在对 CSS 有了大致的了解之后，就可以使用 CSS 对页面进行全方位的控制。HTML 与 CSS 是两个作用不同的语言，它们同时对一个网页产生作用，因此必须将 CSS 与 HTML 链接在一起使用。在 HTML 中，引入 CSS 的方法主要有 4 种：行内式、嵌入式、链接式和导入式。

1. 行内式示例

行内式样式表是所有样式方法中最为直接的一种，它直接对 HTML 的标记使用 style 属性。一个完整的实例如下所示：

```
<html>
<head>
        <title>行内式</title>
</head>

<body>
        <p style="font-size:24px; text-align:center;">HTML 中引用 CSS 的行内式方法</p>
</body>
</html>
```

其显示效果如图 8－6 所示。

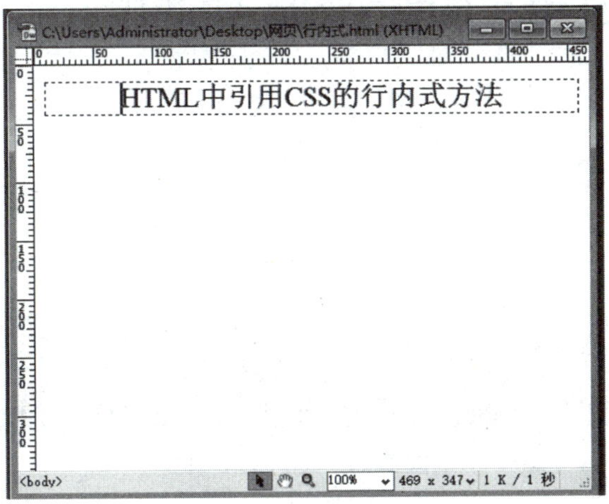

图 8－6　行内式示例

行内式是最为简单的 CSS 使用方法，但由于需要为每一个标记设置 style 属性，后期维护成本很高，而且网页容易过“胖”，这种方式本质上没有体现 CSS 的优势，因此不推荐使用。

2. 嵌入式示例

嵌入式样式表就是将页面中各种元素的设置集中写在<head></head>之间，并且用<style>和</style>标记进行声明。例如下面这段代码：

```
<html>
<head>
    <title>嵌入式</title>
    <style type = "text/css">
                p{
                        color: #0000FF;
                        text-decoration:underline;
                        font-weight:bold;
                        font-size:25px;
                }
      </style>
</head>
<body>
    <p>HTML 中引用 CSS 的嵌入式方法</p>
</body>
</html>
```

其显示效果如图 8－7 所示。

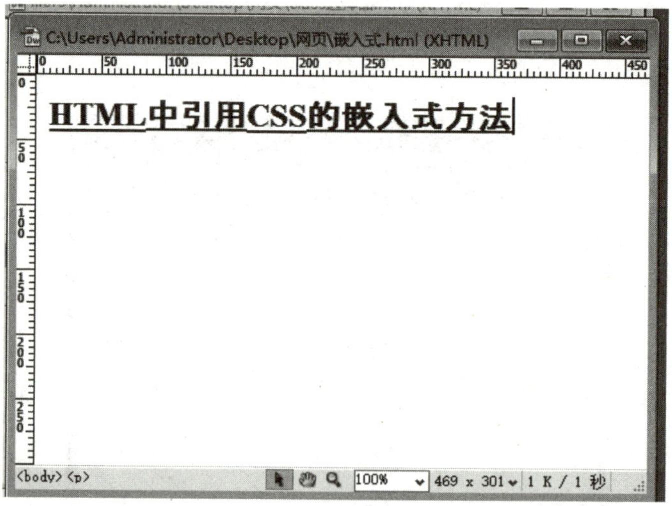

图 8－7　嵌入式示例

我们可以从嵌入式代码中看到，所有的 CSS 代码部分都被集中在了同一个区域，方便后期维护，页面本身也大大“瘦身”，这对于单一的网页来说使用方便。但对于包含很多页面的网站来说，如果每个页面都以嵌入式方式设置各自的样式，也将失去 CSS 带来的优势。因此嵌入式仅适用于对特殊的页面设置单独的样式风格。

3. 链接式示例

链接式样式表是使用频率最高，也是最为实用的方法。它将 HTML 页面本身与 CSS 样式风格分离为两个或者多个文件，实现了页面框架 HTML 代码与美工 CSS 代码的完全分离，使得前期制作和后期维护都十分方便，网站后台的技术人员与美工设计者也可以很好地分工合作。

同一个 CSS 文件可以链接到多个 HTML 文件中，甚至可以链接到整个网站的所有页面中，使网站整体风格统一、协调，并且后期维护的工作量也大大减少。下面来看一个链接式样式表的实例：

首先创建一个 HTML 文件，代码如下：

```
<html>
<head>
    <title>链接式</title>
    <link href = "8-8.css" type = "text/css" rel = "stylesheet">
</head>
<body>
    <h2>CSS 标题</h2>
    <p>这是正文内容……</p>
    <h2>CSS 标题</h2>
    <p>这是正文内容……
    </p>
</body>
</html>
```

然后创建文件 CSS，其内容如下面的代码所示。保存文件时确保这个文件和上面的 HTML 文件在同一个文件夹中，否则 href 属性中需要带有正确的文件路径。

```
h2{
color:#0000FF;
}
p{
color:#FF0000;
text-decoration:underline;
font-weight:bold;
font-size:15px;
}
```

其显示效果如图 8 - 8 所示。

从效果图中可以看到，文件 8 - 8.css 将所有的 CSS 代码从 HTML 文件链接式.htm 中分离出来，然后在文件链接式.htm 的<head>和</head>标记之间加上“<link href="8-8.css" type="text/css" rel="stylesheet" >”语句，将 CSS 文件链接到页面中，对其

图 8-8　链接式示例

中的标记进行样式控制。

链接式样式表的最大优势在于 CSS 代码与 HTML 代码完全分离，并且同一个 CSS 文件可以被不同的 HTML 链接使用。因此在设计整个网站时，可以将所有页面都链接到同一个 CSS 文件，使用相同的样式风格。如果整个网站需要进行样式上的修改，就只需要修改这一个 CSS 文件。

4. 导入式示例

导入式样式表与链接式样式表的功能基本相同，只是在语法和运作方式上略有区别。采用 import 方式导入的样式表，在 HTML 文件初始化时，会被导入 HTML 文件内，作为文件的一部分，类似嵌入式的效果。而链接式样式表则是在 HTML 的标记需要格式时才以链接的方式引入。

下面制作一个实例：

```
<html>
<head>
    <title>页面标题</title>
    <style type="text/css">
    <!--
    @import url(8-8.css);
    -->
    </style>
</head>
<body>
    <h2>CSS 标题</h2>
    <p>这是正文内容……</p>
    <h2>CSS 标题</h2>
```

```
    <p>这是正文内容……</p>
</body>
</html>
```

导入式.htm在链接式.htm的基础上进行了修改，页面内容与导入式.htm中的显示效果完全相同，区别在于引入CSS的方式不同。

导入式页面效果如图8－9所示，可以看到效果和前面使用链接式引入的没有任何区别。

图8－9　导入式示例

知识拓展

1. 各种方式的优先级关系

上面分别介绍了CSS控制页面的4种不同方法，各种方法都有其自身的特点。这4种方法如果同时运用到同一个HTML文件的同一个标记上，就会出现优先级的问题。

由于不推荐使用行内式，所以只考虑其他3种方法。优先级最高的是导入式，其次是链接式，最后是嵌入式。因此，如果在<head>中存在多个<style>标记，那么这些<style>标记和链接式之间将由先后顺序决定优先级，而在同一个<style>内部，才会遵循嵌入式优先于导入式的规则。

2. 引入CSS的方式的小建议

虽然各种CSS样式加入页面的方式有先后的优先级，但在建设网站时，最好只使用其中的1～2种，这样既有利于后期的维护和管理，也不会出现各种样式“冲突”的情况，便于设计者理顺设计的整体思路。

拓展学习

(1) 用 CSS 的行内式引用方式完成下面 HTML 语言美化设置：
一级标题 {这是行内式引用；字体颜色红色；}。
(2) 用 CSS 的嵌入式引用方式完成下面 HTML 语言美化设置：
二级标题 {这是嵌入式引用；字体颜色绿色；}。
(3) 用 CSS 的导入式引用方式完成下面 HTML 语言美化设置：
三级标题 {这是导入式引用；字体颜色黄色；}。
(4) 用 CSS 的链接式引用方式完成下面 HTML 语言美化设置：
四级标题 {这是链接式引用；字体颜色紫色；}。

活动 8.1.4　盒子模型介绍

在这个活动中我们主要介绍 CSS 控制页面时一个很重要的概念——盒子模型，使读者详细了解盒子的 5 个主要属性：width、height、padding、border、margin，真正控制好页面中的各个元素。

必备知识

盒子模型是 CSS 控制页面时一个很重要的概念。只有很好地掌握了盒子模型以及其中每个元素的用法，才能真正地控制好页面中的各个元素。

在学习盒子模型之前，先来看一个例子，如图 8－10 所示。

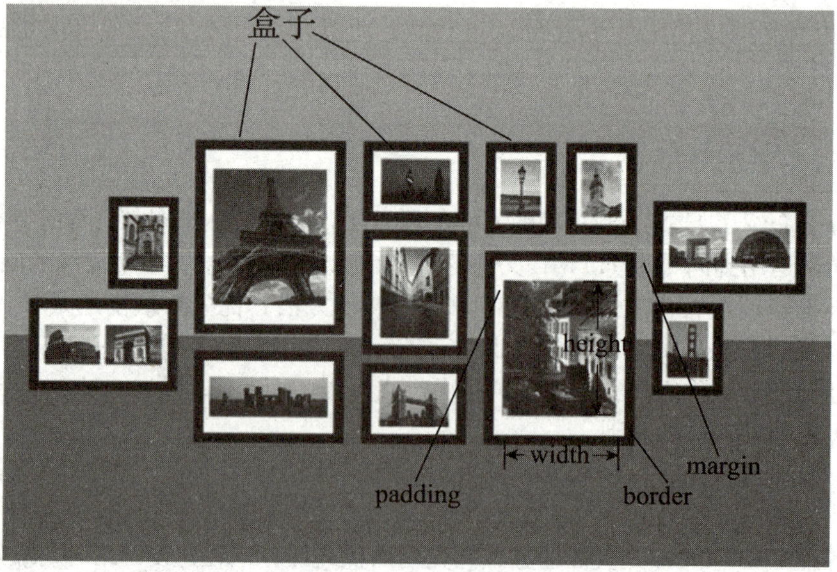

图 8－10　盒子模型例子

图 8－10 中，对于每幅画来说，都有一个“边框”，在英文中称为“border”；每个画

框中，画和边框通常都会有一定的距离，这个距离称为“内边距”，在英文中称为“padding”；各幅画之间通常也不会紧贴着，它们之间的距离称为“外边距”，在英文中称为“margin”。

这种形式实际上存在于我们生活中的各个地方，如电视机、显示器和窗户等，都是这样的。因此，padding-border-margin 模型是一个极其通用的描述矩形对象布局形式的方法。这些矩形对象可以被统称为“盒子”，英文为“box”。

盒子中的区域：一个盒子的主要属性有 5 个，即 width、height、padding、border、margin。每个属性的含义如下：

（1）width 和 height：内容的宽度、高度（不是盒子的宽度、高度）。

（2）padding：内边距。

（3）border：边框。

（4）margin：外边距。

代码演示如图 8－11 所示。

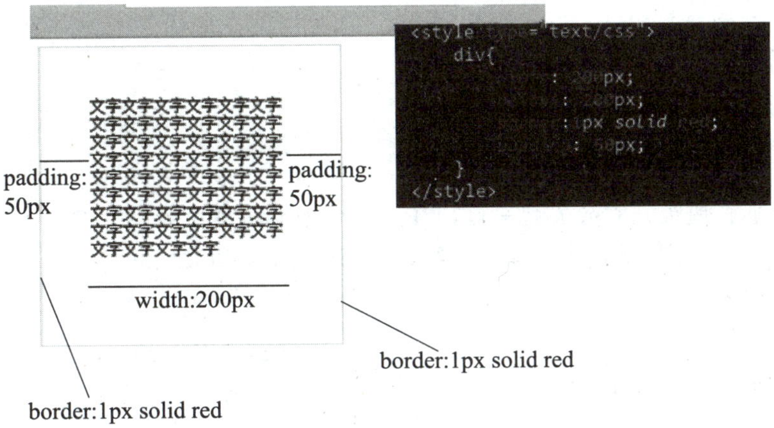

图 8－11　盒子属性的代码演示

上面这个盒子，width 为 200px，height 为 200px，但是真实占有的宽高是 302px×302px，这是因为还要加上 padding、border。

想一想

宽度和真实占有宽度，是一个概念吗？

在网页布局中，为了能够使纷繁复杂的各个部分合理地进行组织，这个领域的一些有识之士对它的本质进行充分研究后，总结出了一套完整的、行之有效的原则和规范，即“盒子模型”。我们目前所学习的知识中，以标准盒子模型为准，如图 8－12 所示。

一个盒子实际所占有的宽度（或高度）是由“内容＋内边距＋边框＋外边距”组成。在 CSS 中可以通过设定 width 和 height 的值来控制内容所占矩形的大小，并且对于任何一个盒子，都可以分别设定 4 条边各自的 border、padding 和 margin。因此只要利用好这

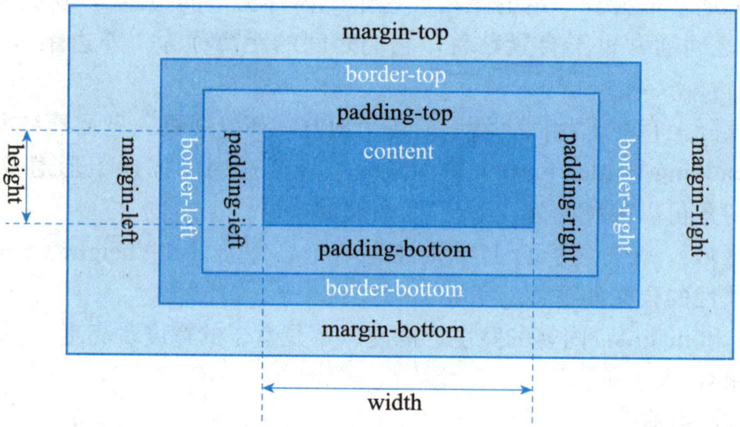

图 8-12　标准盒子模型示例

些属性，就能够实现各种各样的排版效果。

知识拓展

1. 块级元素

默认情况下，块级元素会另起一行，并尽可能地充满整个容器。块级元素可以包含行内元素和其他块级元素，相比于行内元素可以创建更复杂和大型的结构。

块级元素列表：

html5 新增的元素：
figcation:图文信息组标题；
article:文章；
figure:图文信息组；
output:表单输出；
aside:侧栏内容；
footer:区段尾或页尾；
audio:音频播放；
video:视频播放；
section:页面区段；
canvas:画布、绘制图形；
header:区段头或页头；
hgroup:标题组；
address:联系方式信息；
ol:有序列表；
p:行；
form:表单；
pre:预格式化文本；
blockqute:块引用；
h1-h6:标题；
table:表格；
dd:列表中条目描述；
dl:定义列表；
div:划分；
hr:水平分割线.

2. 行内元素

行内元素不会另起一行，只占据它对应的标签的边框所包含内容的空间，只能包含数据和其他行内元素。

行内元素列表：

```
b, big, i, small, tt,
abbr, acronym, cite, code, dfn, em, kbd, strong, samp, var,
a, bdo, br, img, map, object, q, script, span, sub, sup,
button, input, label, select, textarea
```

块级元素和行内元素的区别如下：

（1）块级元素：会另起一行；可以设置 width，height，margin，padding，border 属性；默认宽度是容器的 100%。

（2）行内元素：和其他元素在同一行内；高度和宽度就是内容的高度和宽度；可以设置 margin-left 和 margin-right 属性，无法设置 margin-top 和 margin-bottom 属性；border 和 padding 可以设置，但是 border-top 和 padding-top 到页面顶部后就不再增加。

3. 正常流

正常流：从左到右、从上到下显示。要让一个元素不在正常流中，唯一的办法是让元素浮动或定位。

4. 非替换元素

如果元素的内容包含在文档中，则称之为非替换元素。比如一个段落的文本都在该元素本身之内，这个段落就是一个非替换元素。

5. 替换元素

作为其他内容占位符的一个元素称为替换元素，根据标签和属性的值来显示内容的元素。比如 img 元素，它只是指向一个图像文件，这个文件插入到文档流中。大多数表单元素（input，根据 type 属性来显示内容）也是替换元素。

6. 根元素

根元素位于文档树的顶端，在 HTML 文档中就是 html 元素。

7. 盒子模型

HTML 文档中的每个元素都被描绘成矩形盒子，这些矩形盒子通过一个模型来描述其占用空间，这个模型称为盒子模型。盒子模型通过四个边界来描述：margin（外边距），border（边框），padding（内边距），content（内容区域），如图 8－13 所示。

CSS 盒子模型几点提示：

（1）padding，border，margin 都是可选的，默认值为 0，但是浏览器会自行设置元素的 margin 和 padding，通过在 CSS 样式表中设置来覆盖浏览器样式。

```
*{
    margin:0;
    padding:0;
}
```

注意：这里的 * 表示所有元素，但是这样设置性能不好，建议依次列出常用的元素来

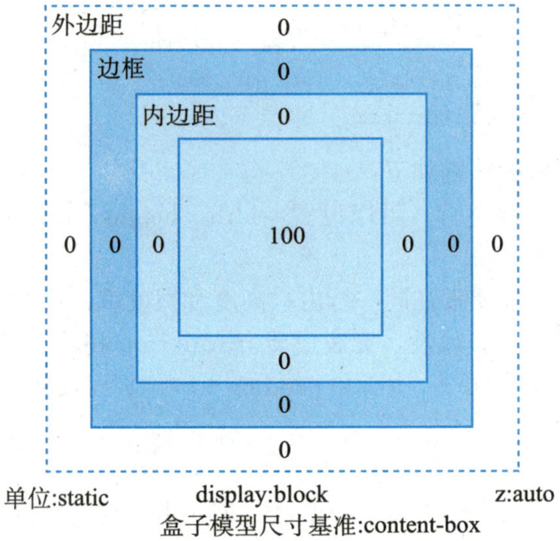

图 8-13　盒子模型边界示例

设置。

（2）如果给元素设置背景，并且边框的颜色为透明，背景将应用于内容、内边距和边框组成的区域。

（3）浏览器兼容性。一旦为页面设置了恰当的 DTD（Document Type Definition，文档类型定义），大多数浏览器都会按照上面的图示来呈现内容。然而 IE 5 和 IE 6 呈现的内容却是不正确的。

根据 W3C（万维网联盟）的规范，元素内容占据的空间是由 width 属性设置的，而内容周围的 padding 和 border 值是另外计算的。

不幸的是，IE 5.X 和 IE 6 在翻译模式中使用自己的非标准模型。这些浏览器的 width 属性不是内容的宽度，而是内容、内边距和边框的宽度的总和。

8. 水平格式化

（1）非替换元素的水平格式化。

水平格式化的 7 大属性是：margin-left，border-left，padding-left，width，padding-right，border-right，margin-right。这 7 个属性值加起来往往是父级元素的 width 值。

其中 margin-left，width，margin-right 可以设置为 auto。

主要有下面几种情况：

1）一个属性设置成 auto。如果三个属性中某个属性设置了 auto，其余两个为特定的值，那么设置 auto 的属性为确定所需的元素，从而使得元素框的宽度等于父级元素的 width。

```
HTML 代码
<div class = "parent">
        <span class = "block">块级元素</span>
</div>
CSS 代码
.parent{
```

```
        width:600px
    }
    div {
        background: #eeb3b3 none repeat scroll 0 0;
    }
    .block {
        background: #ffd800 none repeat scroll 0 0;
        display: block;
        margin-left: auto;
        margin-right: 100px;
        padding: 30px;
        width: 100px;
    }
```

效果如图 8-14 所示。

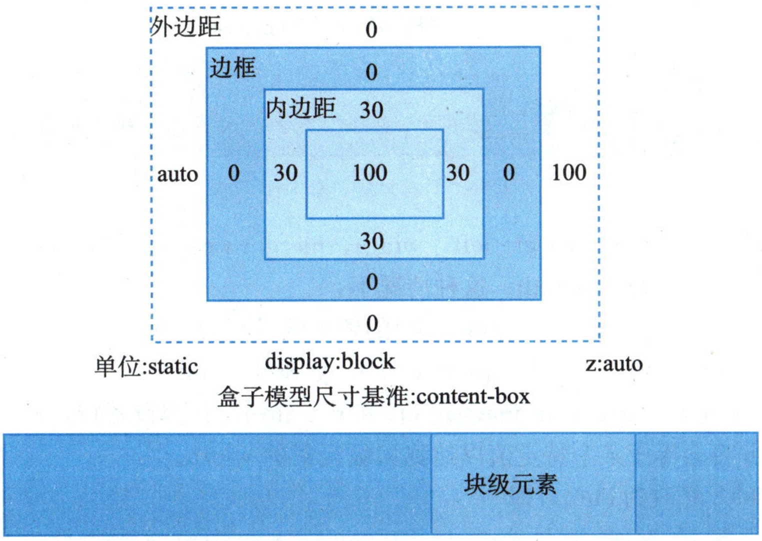

图 8-14　auto 属性示例

被设置为 auto 的 margin-left 属性值为 340px，即 margin-left＋border-left＋padding-left＋width＋padding-right＋border-right＋margin-right＝340＋0＋30＋100＋30＋0＋100＝600。

2）总和不等于父级元素的 width。使用 auto 可以弥补实际值与所需总和的差距，如果三个属性都设置了特定值，那么总和不等于父级元素的 width。

修改上面例子中的 margin-left 为 100px，即

```
    .block {
        background: #ffd800 none repeat scroll 0 0;
        display: block;
        margin-left: 100px;
        margin-right: 100px;
```

```
    padding: 30px;
    width: 100px;
}
```

效果如图 8 - 15 所示。

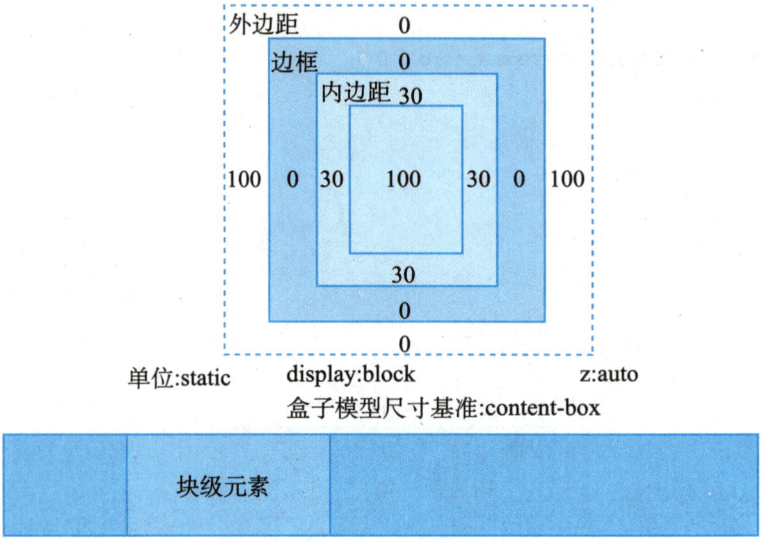

图 8 - 15　auto 属性示例

在上面的 CSS 代码中，margin-left，width，margin-right 都设置了特定值，但是七大属性总和不等于父级元素的 width。这种情况下：

在 FF（火狐浏览器）中，margin-right 的值为开发者设定的值。

在 Chrome（谷歌浏览器）中，margin-right 被强制为 auto。

3）width 设置为 auto。如果 margin-left 和 margin-right 都设置特定值，width 设置为 auto，则 width 将会等于某个特定值以达到父级元素的 width。

如果将 width 修改为 auto，即

```
.block {
    background: #ffd800 none repeat scroll 0 0;
    display: block;
    margin-left: 100px;
    margin-right: 100px;
    padding: 30px;
    width: auto;
}
```

效果如图 8 - 16 所示。

那么元素的 width 将被设定为 340px 来使总和达到父级元素的 width。

4）margin-left 和 margin-right 设置成 auto。如果 margin-left 和 margin-right 都设置为 auto，则它们会被设置为相等的值，因此元素将在父级元素中居中。这是将块级元素居中的一种方法。注意：text-align 设置为 center 只适用于使块级元素中的内联内容居中，

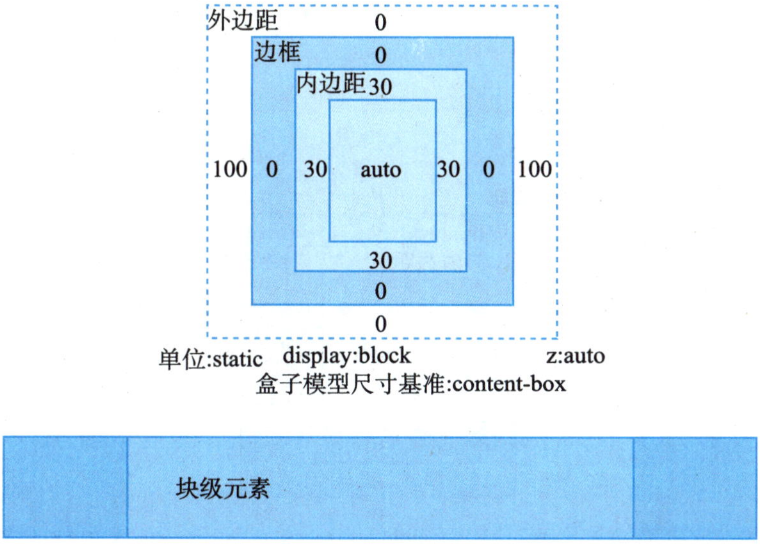

图 8-16　auto 属性示例

并不能使块级元素居中。

设置 margin 属性为 margin：0 auto；效果如图 8-17 所示。

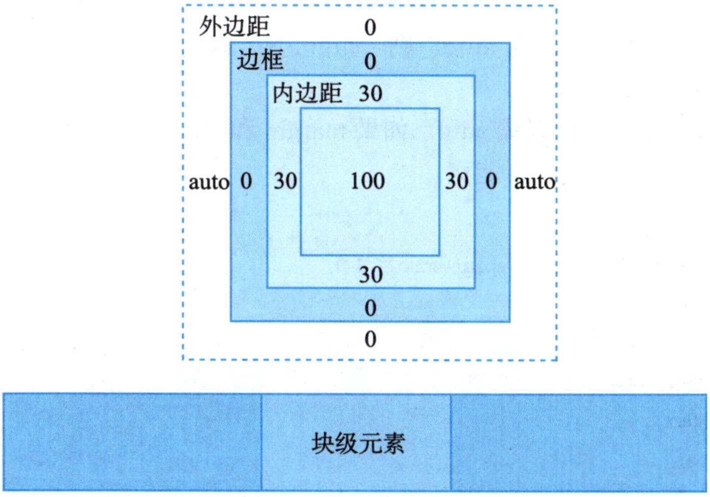

图 8-17　auto 属性示例

margin-left 和 margin-right 的值会被设置为相等，使得元素居中。

5）某个外边距和 width 设置成 auto。如果设置某个外边距和 width 为 auto，则设置为 auto 的外边距会为 0，width 会被设置为所需的值来填充父级元素。

```
.block {
background: #ffd800 none repeat scroll 0 0;
display: block;
margin-left: auto;
margin-right: 100px;
```

```
    padding: 30px;
    width: auto;
}
```

效果如图 8－18 所示。

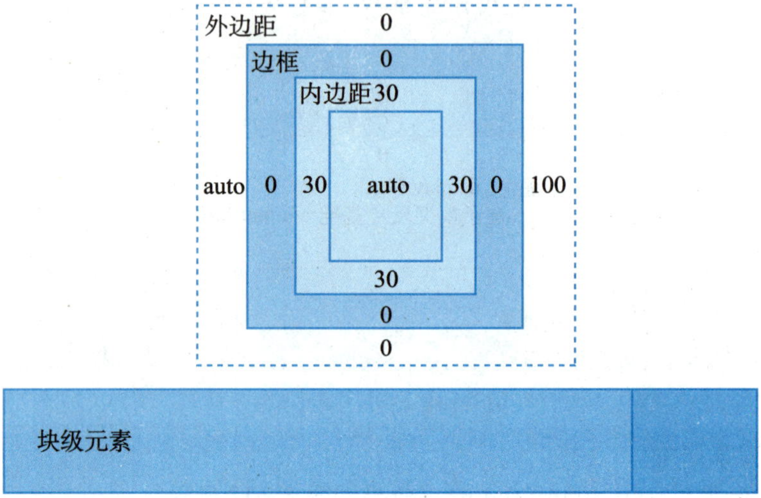

图 8－18　auto 属性示例

设置 margin-left 和 width 为 auto，则 margin-left 将被设置为 0，width 会被设置为 440px 来满足父级元素的 width。

6）margin 和 width 全设置成 auto。如果 margin 和 width 都被设置为 auto，则两个外边距会被设置为 0，width 会尽可能宽。

```
.block {
    background: #ffd800 none repeat scroll 0 0;
    display: block;
    margin-left: auto;
    margin-right: auto;
    padding: 30px;
    width: auto;
}
```

效果如图 8－19 所示。

三个值都设置为 auto，则两个外边距会被设置为 0，width 会被设置为 540px。

7）负外边距。7 个属性只要都是大于等于 0 的值，总和总是等于父级元素的 width，不会超过父级元素的区域。但是可以通过制定负外边距来得到比父级元素 width 更大的区域。

```
.block {
    background: #ffd800 none repeat scroll 0 0;
    display: block;
    margin-left: 100px;
```

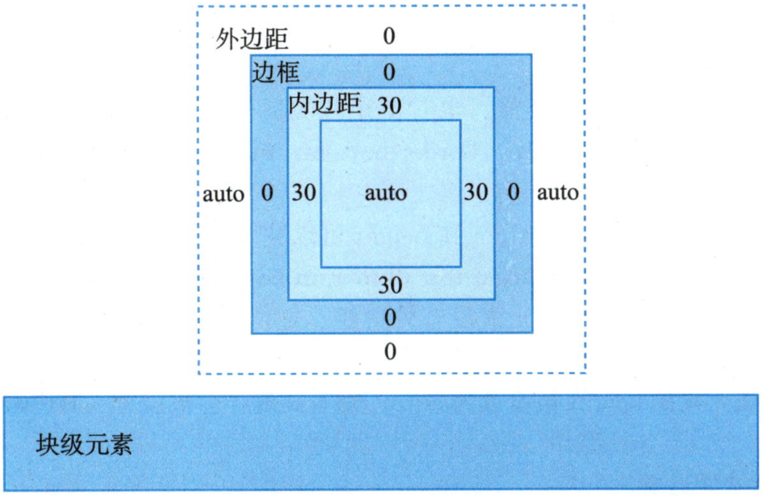

图 8－19　auto 属性示例

```
    margin-right: -400px;
    padding: 30px;
    width: auto;
}
```

效果如图 8－20 所示。

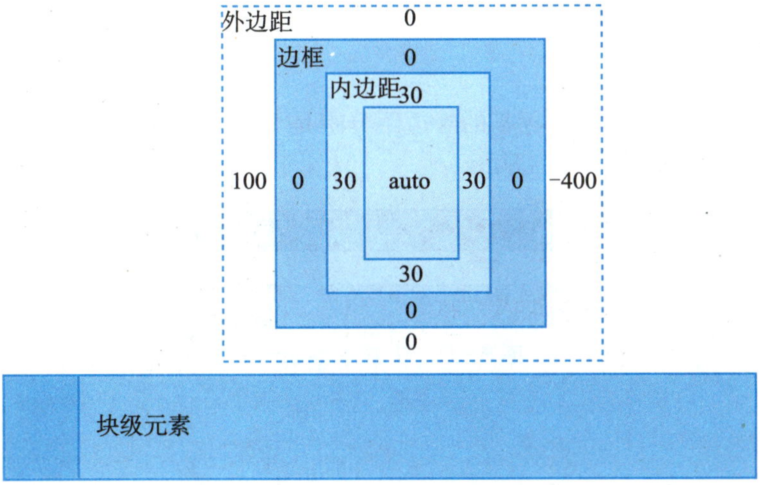

图 8－20　负外边距示例

设置 margin-right 为－400px，则元素会大于父级元素 width，因为 100＋0＋30＋840＋30＋0－400＝600，元素的 width 为 840px。

（2）替换元素的水平格式化。

替换元素的水平格式化规则和非替换元素的规则类似，只有一个 width 有区别，如果 width 设置为 auto，则元素的宽度是内容的固有宽度。注意：对于 img 标签，如果 width

不等于其固有宽度，则 height 也会等比例增加，除非设置特定值。反过来如果 height 被设置高度，width 也会等比例增加。

1）垂直格式化。

垂直格式化和水平格式化类似，也有 7 个相关属性：margin-top，border-top，padding-top，height，padding-bottom，border-bottom，margin-bottom，这 7 个属性的总和必须等于父级元素的 height 属性。

其中 margin-top，margin-bottom 和 height 可以被设置成 auto。

一个正常流中的块元素的 margin-top 和 margin-bottom 被设置为 auto 后，属性为 0，即不能将元素垂直居中，实际上元素没有外边距。定位元素如果被设置成 auto 有不同的处理结果。

如果正常流元素的 height 被设置为 auto，则其高度将会被设置为其内容元素的高度总和。

2）垂直外边距合并。

垂直外边距合并：当两个垂直外边距相遇时，它们将形成一个外边距。合并后的外边距的高度等于两个发生合并的外边距的高度中的较大者。

例子：

html 代码：

```
<div class = "m20"> 外边距 20px </div>
<div class = "m10"> 外边距 10px </div>
```

CSS 代码：

```
.m20 { padding: 20px; }
.m10 { padding: 10px; }
```

如图 8－21 所示，两个 div 标签的外边距分别是 20px，10px，但是最终两个 div 之间的距离是 20px，而不是 20＋10＝30px。

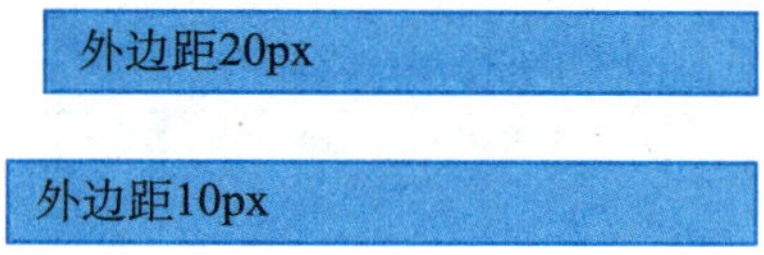

图 8－21　垂直外边距示例

9. 行内元素的盒子模型

行内元素也是有盒子模型的，但是有两点要注意：

（1）对于非替换元素，比如 a，span 标签等：

1）可以设置 margin-left 和 margin-right 属性，无法设置 margin-top 和 margin-bottom 属性。

2）行内元素 border 和 padding 可以设置，但是 border-top 和 padding-top 到页面顶部后就不再增加。

（2）对于替换元素，比如 input 和 img 标签，margin，padding，border 都有效果。

拓展学习

计算两个 div 之间的距离：

```
<div class = "m50"> 外边距 50px </div>
<div class = "m5"> 外边距 5px </div>
css 代码:
.m20 { margin: 50px; }
.m10 { margin: 5px; }
```

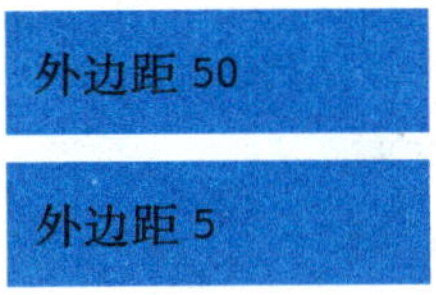

任务 8.2　应用 CSS 样式表

本任务通过一些简单的实例，使读者初步体验了 CSS 是如何控制页面的，对页面从无到有使用 CSS 实现一些效果有了初步了解。

活动 8.2.1　图文混排

在这个活动中我们主要通过 float 属性实现文字或者图片的浮动，实现图文混排效果。

必备知识

Word 中文字与图片有很多排版的方式，在网页中同样可以通过 CSS 设置实现各种图文混排的效果。其中文字环绕图片的方式在实际页面中的应用非常广泛，如果再配合内容、背景等多种手段便可以实现各种绚丽的效果。

下面制作一个实例。

将 HTML 文档利用 CSS 图文混排方式实现最终效果，如图 8 - 22 所示。

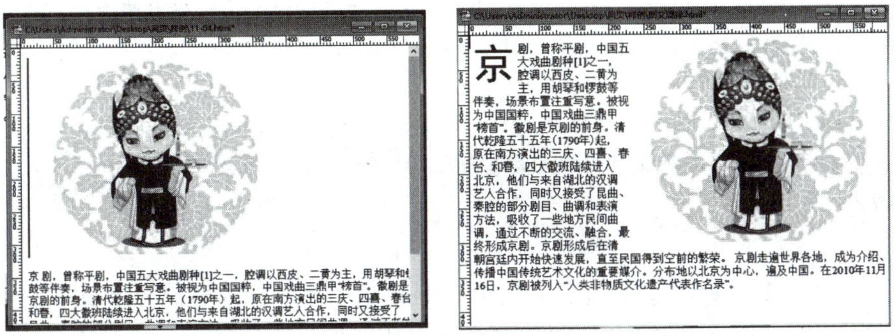

原始图　　　　效果图

图 8 - 22　图文混排效果

```
<html>
<head>
<title>图文混排</title>
<style type="text/css">
<!--
body{
background-color:fefefe;      /* 页面背景颜色 */
margin:0px;
padding:0px;
}
img{
float:right;                  /* 文字环绕图片 */
}
p{
color:#000000;                /* 文字颜色 */
margin:0px;
padding-top:10px;
padding-left:5px;
padding-right:5px;
}
span{
float:left;                   /* 首字放大 */
font-size:60px;
font-family:黑体;
margin:0px;
padding-right:5px;
}
-->
</style>
</head>
<body>
<img src="jg.jpg" border="0">
<p><span>京</span>剧，曾称平剧，中国五大戏曲剧种之一，腔调以西皮、二黄为主，用胡琴和锣鼓等伴奏，场景布置注重写意。被视为中国国粹，中国戏曲三鼎甲“榜首”。
……
京剧走遍世界各地，成为介绍、传播中国传统艺术文化的重要媒介。分布地以北京为中心，遍及中国。在2010年11月16日，京剧被列入“人类非物质文化遗产代表作名录”。</p>
</body>
</html>
```

在上面的例子中，对图像使用了“float：right”，使得文字对它环绕排版，此外对第一个“京”字运用了“float：left”，使得文字环绕图片以外，还运用了首字放大的方法，可以看到图片环绕与首字放大的方式几乎是完全相同的，只不过对象分别是文字和图片本身。

想一想

如何将京剧人物图片从右边排版到左边，并且让文字紧紧环绕在图片周围的同时图片本身与文字有一定距离，如图 8－23 所示。

图 8－23　图文混排示例

参考代码：

```
img{
float:left;              /* 文字环绕图片 */
margin:10px;}
```

知识拓展

以介绍"国粹京剧"为题材，充分利用 CSS 图文混排的方法，实现页面的效果。实例的最终效果如图 8－24 所示。

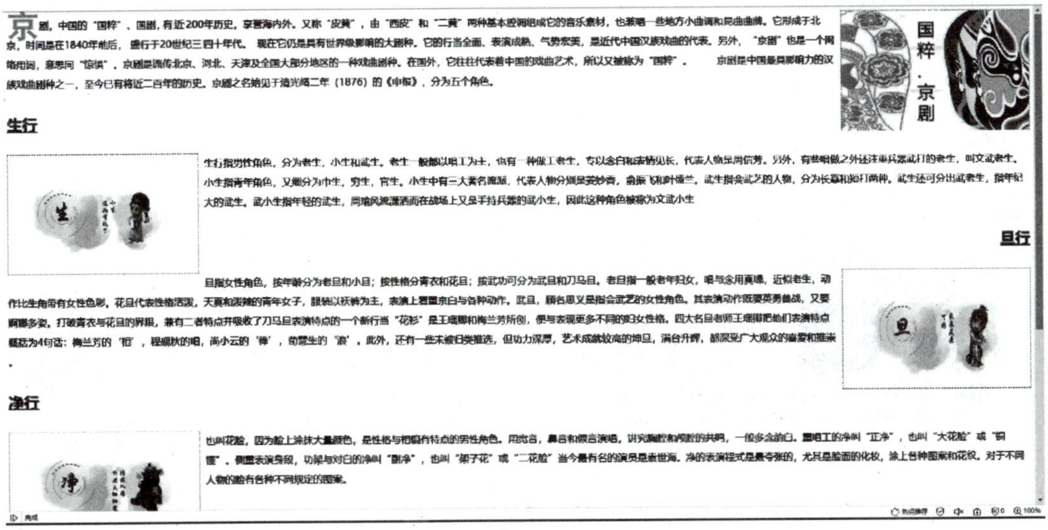

图 8－24　国粹京剧示例

首先选取一些相关的图片和文字介绍，将总体的描述和图片放在页面的最上端，同样采用首字放大的方法。

```
<img src = "jv.jpg" class = "pic2">
<p><span class = "first"> 京</span>剧，中国的“国粹”、国剧，有近 200 年历史，享誉海内外。又称“皮黄”，由“西皮”和“二黄”两种基本腔调组成它的音乐素材，也兼唱一些地方小曲调和昆曲曲牌。它形成于北京，时间是在 1840 年前后，盛行于 20 世纪三四十年代。现在它仍是具有世界级影响的大剧种。它的行当全面、表演成熟、气势宏美，是近代中国汉族戏曲的代表。另外，“京剧”也是一个网络用词，意思同“惊惧”。京剧是流传北京、河北、天津及全国大部分地区的一种戏曲剧种。在国外，它往往代表着中国的戏曲艺术，所以又被称为“国粹”。
京剧是中国最具影响力的汉族戏曲剧种之一，至今已有将近二百年的历史。京剧之名始见于清光绪二年（1876）的《申报》，分为五个角色。</p>
```

为整个页面选取一个合适的背景颜色。为了贴合选取的图片，这里用白色作为整个页面的背景色。然后用图文混排的方式将图片靠右，并适当地调整文字与图片的距离，将正文文字设置为白色。CSS 部分的代码如下所示：

```
body{
    background-color:#FFF;        /* 页面背景色 */
}
p{
    font-size:18px;               /* 段落文字大小 */
    color:#000;
    line-height:2em;
}
img{
    border:1px #999 dashed;       /* 图片边框 */}
}
span.first{                       /* 首字放大 */
    font-size:60px;
    font-family:黑体;
    float:left;
    font-weight:bold;
    color:#CCC;                   /* 首字颜色 */
}
```

此时的显示效果如图 8-25 所示。

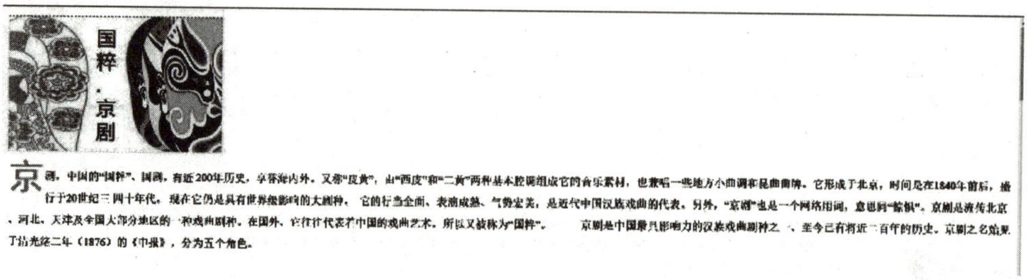

图 8-25　首字放大示例

考虑到“国粹京剧”的具体排版，这里采用一左一右的方式，并且全部应用图文混排。因此图文混排的CSS分左右两段，分别定义为img. picl和img. pic2。. picl和. pic2都采用图文混排，不同之处在于一个用于图片在左侧的情况，另一个用于图片在右侧的情况，这样交替使用。具体代码如下：

```
img.pic1{
float:left;                   /*左侧图片混排 */
margin-right:10px;            /*图片右端与文字的距离 */
margin-bottom:5px;
}
img.pic2{
float:right;                  /*右侧图片混排 */
margin-left:10px;             /* 图片左端与文字的距离 */
margin-bottom:5px;
}
```

当图片分别处于左右两边后，正文的文字并不需要做太大的调整，而每小段的标题则需要根据图片的位置做相应的变化。因此国粹京剧名称的小标题也需要定义两个CSS标记，分别为p. title1和p. title2，而段落正文不用区分左右，定义为p. content，具体代码如下：

```
p.title1{                          /* 左侧标题 */
text-decoration:underline;         /* 下划线 */
font-size:28px;                    /* 字体大小为 28px; */
font-weight:bold;                  /* 粗体 */
text-align:left;                   /* 左对齐 */
}
p.title2{                          /* 右侧标题 */
text-decoration:underline;
font-size:28px;                    /* 字体大小为 28px; */
font-weight:bold;                  /* 粗体 */
text-align:right;                  /* 右对齐 */
}
p.content{                         /* 正文内容 */
line-height:2em;                   /* 正文行间距 */
margin:0px;
}
```

从代码中可以看到，两段标题代码的主要不同之处就在于文字的对齐方式。当图片使用img. pic1而位于左侧时，标题则使用p. title1，并且也在左侧。同样的道理，当图片使用img. pic2而位于右侧时，标题则使用p. title2，并且也移动到右侧。

对于整个页面中HTML分别介绍国粹京剧的部分，文字和图片都一一交错地使用两种不同的对齐和混排方式，即分别采用两组不同的CSS类型标记，达到一左一右的显示效果，HTML部分的代码如下所示：

```
<body>
```

```
<img src="jv.jpg" class="pic2">
<p><span class="first">京</span>剧，中国的“国粹”、国剧，有近 200 年历史，享誉海内外。又称“皮黄”，由“西皮”和“二黄”两种基本腔调组成它的音乐素材，也兼唱一些地方小曲调和昆曲曲牌。它形成于北京，时间是在 1840 年前后，盛行于 20 世纪三四十年代。现在它仍是具有世界级影响的大剧种。它的行当全面、表演成熟、气势宏美，是近代中国汉族戏曲的代表。另外，“京剧”也是一个网络用词，意思同“惊惧”。京剧是流传北京、河北、天津及全国大部分地区的一种戏曲剧种。在国外，它往往代表着中国的戏曲艺术，所以又被称为“国粹”。
京剧是中国最具影响力的汉族戏曲剧种之一，至今已有将近二百年的历史。京剧之名始见于清光绪二年（1876）的《申报》，分为五个角色。</p>
<p class="title1">生行</p>
<img src="jv1.jpg" class="pic1">
<p class="content">
生行指男性角色，分为老生，小生和武生。老生一般都以唱工为主，也有一种做工老生，专以念白和表情见长，代表人物是周信芳。…… 武小生指年轻的武生，周瑜风流潇洒而在战场上又是手持兵器的武小生，因此这种角色被称为文武小生 </p>
<p class="title2">旦行</p>
<img src="jv2.jpg" class="pic2">
… …
<p class="title1">丑行</p>
<img src="jv5.jpg" class="pic1">
<p class="content">“丑”指相貌丑陋的人物，一般在鼻子处沟画一块白，所以叫“小花脸”。丑主要分“武丑”，“文丑”和“一般丑”三种。武丑是会武艺的丑角，又叫“开口跳”。这是因为要擅长念白和跳跃之故。文丑是不会武艺的丑角，常常是滑稽可笑的人物。年老诙谐的人物为“老丑”，如《女起解》里的崇公道。“彩旦”一般指年龄较轻的，扮相特别夸张的女性丑角。</p>
</body>
```

通过图文混排后，文字能够很好地使用空间，就像在 word 中使用图文混排一样，十分方便且美观。本例中间部分的截图如图 8 - 26 所示，充分体现出 CSS 图文混排的效果和作用。

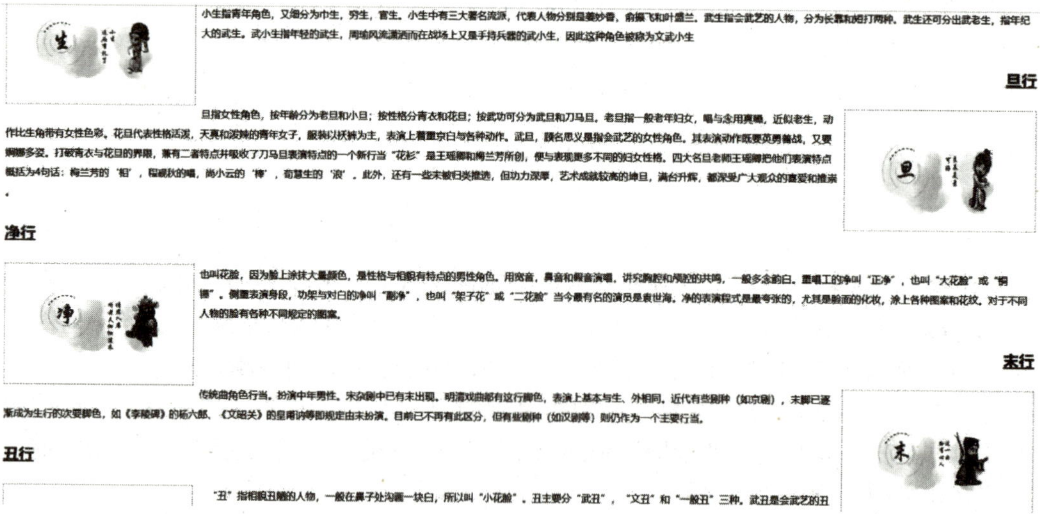

图 8 - 26　中间截图示例

活动 8.2.2　盒子模型综合——高度（宽度）计算

这个活动中我们主要通过计算盒子的 width、height、padding、border、margin，更加深入、准确地学习盒子模型。

必备知识

学习了前面标准流中盒子排列方式，下面我们来看一个练习，其显示结果如图 8－27 所示，请精确计算从字母 a 到 p 对应的宽度。

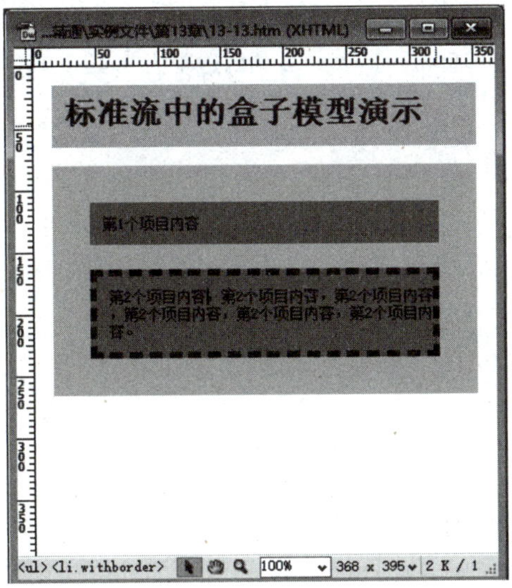

图 8－27　盒子模型宽度计算

网页完整代码如下：

```
<head>
<meta http-equiv = "Content-Type" content = "text/html; charset = gb2312" />
<title>盒子模型的演示</title>
<style type = "text/css">
body{
    margin:0 0 0 0;
    font-family:宋体;
}
ul {
    background: #ddd;
    margin: 15px;
    padding: 10px;
    font-size:12px;
    line-height:14px;
}
```

```
h1 {
    background: #ddd;
    margin: 15px;
    padding: 10px;
    height:30px;
    font-size:25px;
}
p, li {
    color: black;                    /* 黑色文本 */
    background: #aaa;                /* 浅灰色背景 */
    margin: 20px 20px 20px 0px;      /* 左侧外边距为 0,其余为 20 像素 */
    padding: 10px 0px 10px 10px;     /* 右侧内边距为 0,其余 10 像素 */
    list-style: none                 /* 取消项目符号 */
}
.withborder {
    border-style: dashed;
    border-width: 5px;               /* 设置边框为 2 像素 */
    border-color: black;
    margin-top:20px;
}
</style>
</head>
  <body>
  <h1>标准流中的盒子模型演示</h1>
  <ul>
  <li>第 1 个项目内容</li>
  <li class = "withborder">第 2 个项目内容,第 2 个项目内容,第 2 个项目内容,第 2 个项目内容,
第 2 个项目内容,第 2 个项目内容.</li>
  </ul>
  </body>
</html>
```

下面是具体计算过程和答案，先来计算水平方向的宽度，计算过程如下：

(1) 由于 body 的 margin 设置为 0，因此 a 的值为 ul 的左 margin（h1 的左 margin 相同），即 15 个像素。

(2) ul 的左 padding 加 li 的左 margin，即 30 像素。

(3) 第 2 个 li 的 border，即 5 像素。

(4) li 的左 padding，即 10 像素。

(5) 计算完其他项目后再计算这个宽度，注意这里的文字和右边框之间没有间隔，因为右 padding 为 0。

(6) 第 2 个 li 的 border，即 5 像素。

(7) ul 的右 padding 加上 li 的右 margin，即 30 像素。

（8）ul 的右 margin，即 15 像素。

现在来计算 e 的宽度。把水平方向除 e 之外的各项加起来，等于 110 像素，因此 e 的宽为浏览器窗口的宽度减去 110 像素。

然后计算竖直方向的宽度。

（1）由于 body 的 margin 被设置为 0，因此 i 的值为 ul 的上 margin，即 15 像素。

（2）h1 的上下 padding 加上高度（h1 的 height 属性值），即 50 像素。

（3）h1 和 ul 相邻，因此上面的 h1 的下 margin 和下面的 ul 的上 margin 相遇，发生“塌陷”现象，因此 k 的值为二者中较大者，二者现在相同，因此 k 的值为 15 像素。

（4）ul 的上 margin，即 15 像素。

（5）li 的上下 padding 加上 1 行文字的行高，即 34 像素。

（6）li 的上下 border 加上上下 padding，再加上 3 行文本的高度，即 72 像素。

（7）上下两个 li 相邻，因此这里的高度是 20 像素。

（8）ul 的上 margin，即 15 像素。

任务 8.3　利用 CSS 布局个人店铺

在这个活动中我们主要通过分析网站首页效果进行“原型设计”，根据“原型设计”用 HTML 语言进行网页布局，同时用 CSS 进行具体美化。

必备知识

学习了 CSS 相关知识，我们要尝试制作一个完整的案例，完成后首页效果如图 8－28 所示。

图 8－28　完成后的首页效果

1. 原型设计

首先我们根据完成后首页效果进行“原型设计”，如图 8－29 所示。

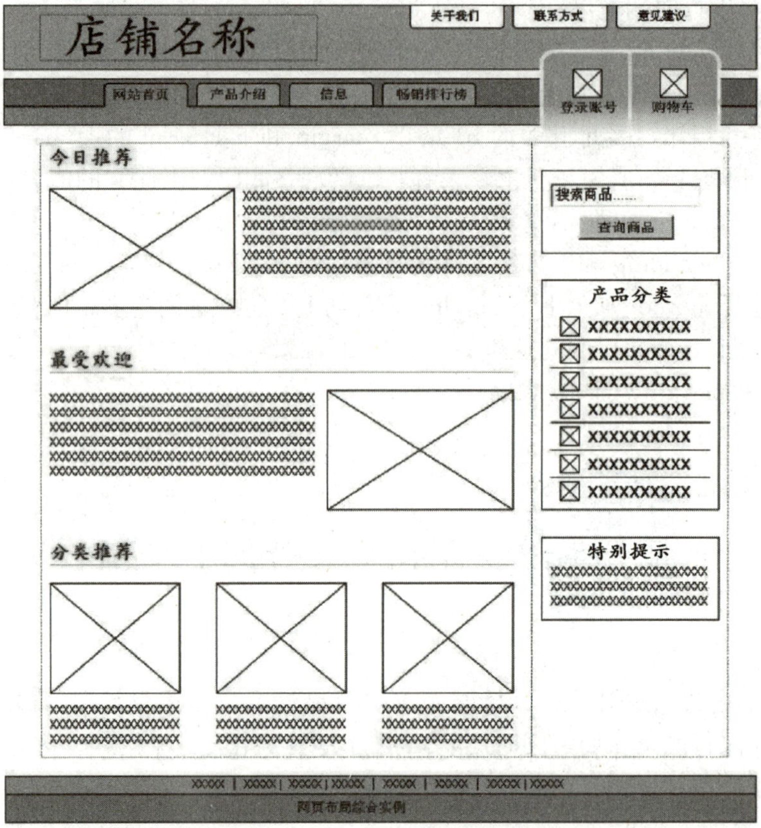

图 8－29　网站首页原型线框图

然后将每一个部分细化。

（1）首先将首页分成 3 部分，如图 8－30 所示。

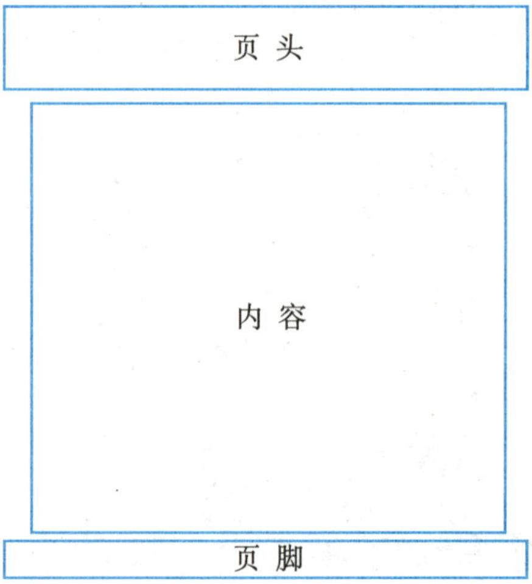

图 8－30　首先将首页分成 3 部分

（2）中间的内容分为左右两列，如图 8-31 所示。

图 8-31 中间的内容分为左右两列

（3）对中间部分进一步细化，如图 8-32 所示。

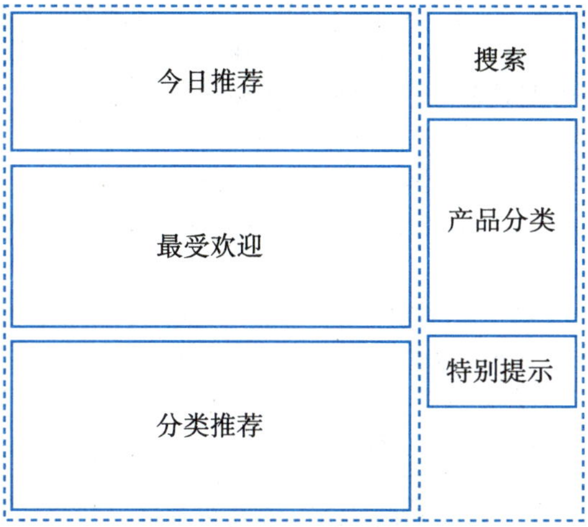

图 8-32 中间部分进一步细化

2. 布局设计

首先对整个页面的共有属性进行设置，例如对字体、margin、padding 等属性进行初始设置，保证这些内容在各个浏览器中有相同表现。

```
body{
    margin:0;
    padding:0;
    background: white url('images/header-background.png') repeat-x;
    font:12px/1.6 arial;
    }
ul{
```

```
    margin:0;
    padding:0;
    list-style:none;
}
a{
    text-decoration:none;
    color:#3D81B4;
}
p{
    text-indent:2em;
}
```

然后根据“原型线框图”设定的各个部分，对 HTML 进行加工。

```
<div class="header">/*将整个header部分放入一个div中，为该div设定类别名称为“header”*/
<h1>Baby Housing</h1>
<div class="logo"><img src="images/logo.gif" /></div>
/*将标志图像放入一个div中，为该div设定类别名称为“logo”*/
<ul class="mainNavigation">/*为主导航栏的列表设定类别名称为“mainNavigation”*/
<li class="current"><a href="#"><strong>网站首页</strong></a></li>
/*为主导航栏的第一个项目设定类别名称为“current”*/
<li><a href="#"><strong>产品介绍</strong></a></li>
<li><a href="#"><strong>信息</strong></a></li>
<li><a href="#"><strong>畅销排行榜</strong></a></li>
</ul>
<ul class="topNavigation">/*为公司介绍的链接列表设定类别名称为“topNavigation”*/
<li><a href="#"><span>关于我们</span></a></li>
<li><a href="#"><span>联系方式</span></a></li>
<li><a href="#"><span>意见建议</span></a></li>
</ul>
<ul class="accountBox">/*为登录和购物车链接列表设定类别名称为“accountBox”*/
<li ><a href="#" class="login"><span>登录账号</span></a></li>
<li ><a href="#" class="cart"><span>购物车</span></a></li>
</ul>
</div>
```

为整个页头部分设置样式，CSS 代码如下：

```
.header{
    position:relative;/*保证后面的子元素使用绝对定位时，以页头而不是浏览器窗口为定位基准*/
    width:760px;
    height:138px;
    margin:0 auto;/*水平居中*/
    font:14px/1.6 arial;/*字体样式*/
}
```

将标志图片所在的 div 设置为绝对定位。

```
.header .logo{
    position:absolute;
    top:10px;
    left:0px;
}
```

将次导航的列表设置为绝对定位，右上角对齐到 header 的右上角。

```
.header .topNavigation{
    position:absolute;
    top:0;
    right:0;
}
```

接着将次导航的列表项目设置为左浮动，从而使它们水平排列，并使得项目之间有一定的间隔。

```
.header .topNavigation li{
    float:left;
    padding:0 2px;
}
```

同样，将主导航的列表设置为绝对定位，并定位到适当的位置。

```
.header .mainNavigation{
    position:absolute;
    color:white;
    font-weight:bold;
    top:88px;
    left:0;
}
```

接着将主导航的列表项目设置为左浮动，从而使它们水平排列，并使得项目之间有一定的间隔。

```
.header .mainNavigation li{
    float:left;
    padding:5px;
}
```

由于主导航的背景颜色比较深，因此把其中的连接文字颜色变为白色，这样看起来更加清晰。

```
.header .mainNavigation lia{
    color: white;
}
```

然后将账号 div 的列表设置为绝对定位，并放到右侧适当位置。

```
.header .accountBox{
    position:absolute;
    top:44px;
    right:10px;
}
```

接着将账号 div 的列表项目设置为左浮动，从而使它们水平排列，并使得项目之间有一定的间隔。

```
.header .accountBox li{
    float:left;
    top:0;
    right:0;
    width:93px;
    height:110px;
    text-align:center;
}
```

这个时候各个部分基本上已经按照原型设计的要求放到了适当的位置，接着我们做具体细化。

在原型线框图中，内容部分分为左右两列，下面首先对 HTML 进行改造，然后设置相应的 CSS 代码，实现左右分栏的效果，代码如下（加粗加大字体为新增代码）：

```
<div class = "content">
    <div class = "mainContent">
        <div class = "recommendation img-left">
        <h2>今日推荐</h2>
        <a href = "#"><img src = "images/ex4.jpg" width = "210" height = "140"/></a>
        <p>七星瓢虫图案 4 件套，采用超柔和进口面料，手感极其柔软、舒适。采用高支高密精梳纯棉织物作为面料，手感柔软舒适，经久耐用，多款图案风格能够和不同家居设计完美搭配。</p>
        <p>缩水率以及褪色率均符合国家检测标准，绿色环保。30 度以下水温洗衣机弱洗，中性洗涤剂，中温熨烫。</p>
      </div>
      <div class = "recommendation">
        <h2>最受欢迎</h2>
        <div class = "img-right"><a href = "#"><img src = "images/ex5.jpg" width = "210" height = "140"/></a></div>
        <p>九孔棉冬被选用优质涤纶面料，手感柔软、花型独特，填充料采用高科技的聚酯螺旋纤维精制而成，该纤维细如发，弹性极强且饱含空气，恒温性强，使您倍感轻软舒适。经特殊工艺加工后，长期保持松软如新，为您提供健康舒适的睡眠需要。</p>
      </div>
        <div class = "recommendation multiColumn">
        <h2>分类推荐</h2>
        <ul>
          <li><a href = "#"><img src = "images/ex1.jpg" width = "120" height = "120"/></a>
            <p>休闲款式，柔软富有弹性。舒服自然，飘逸轻软。</p></li>
```

```
            <li><a href="#"><img src="images/ex2.jpg" width="120" height="120"/></a>
              <p>印花套装，柔软富有弹性。舒服自然，飘逸轻软。</p>
            </li>
            <li><a href="#"><img src="images/ex3.jpg" width="120" height="120"/></a>
              <p>丝制面料，柔软富有弹性。舒服自然，飘逸轻软。</p></li>
          </ul>
        </div>
    </div>
        <div class="sideBar">
            <div class="searchBox">
            <span>
                <form><input name="" type="text" /><input name="" type="submit" value="查
询商品" /></form>
            </span>
        </div>
        <div class="menuBox">
            <span>
            <h2>产品分类</h2>
            <ul>
                <li><a href="#">春季床上四件套</a></li>
                <li><a href="#">夏季床上四件套</a></li>
                <li><a href="#">秋季床上四件套</a></li>
                <li><a href="#">冬季床上四件套</a></li>
                <li><a href="#">全棉床上四件套</a></li>
                <li><a href="#">蚕丝床上四件套</a></li>
            </ul>
            </span>
        </div>
        <div class="extraBox">
        <span>
            <h2>特别提示</h2>
            <p>小店所有产品均采用有机棉制作，安全放心。</p>
        </span>
        </div>
    </div>
    </div>
```

接下来进行布局设置，代码如下：

```
.content{
width:760px;
margin:0 auto;
}
.mainContent{
```

```
float:left;
width:540px;
}
.sideBar{
float:right;
width:186px;
margin-right:10px;
margin-top:20px;
display:inline;}
```

外层的 content 的 div 宽度固定为 760 像素，居中对齐。里面的两列分别为 mainContent 和 SideBar，两者都设定固定宽度，并分别向左、右浮动，从而形成两列并排的布局形式。

最后设置页脚部分，为页脚增加一个 div，并将其类别名称设置为“footer”。

```
<div class="footer">
    <p class="p1"><a href="#">网站首页</a> | <a href="#">产品介绍</a> | <a href="#">信息</a> | <a href="#">畅销排行榜</a></p>
    <p class="p2">网页布局综合案例</p>
</div>
```

设置相应的 CSS 样式如下：

```
.footer{
clear:both;
height:53px;
margin:0;
background:transparent url('images/footer-background.png') repeat-x;
text-indent:0px;
text-align:center;
}
```

这里特别要注意不要忘记设定“clear”属性，以保证页脚内容在页面下端，此外，这里也同样通过背景图像设置页脚的背景。

至此，布局设计就大致完成了，根据项目 1 的介绍，这是一个典型的“T”型布局，细节设置与单纯 HTML 网页设置方法一样，这里不赘述，附件在素材包中。

任务 8.4 利用 CSS 美化店铺子页面

在这个任务中我们主要在任务 8.3 的基础上通过更改部分代码完成子页面制作。

必备知识

我们已经制作了一个完整的店铺主页，接下来我们要在主页的基础上完成子页面的制作，效果如图 8 - 33 所示。

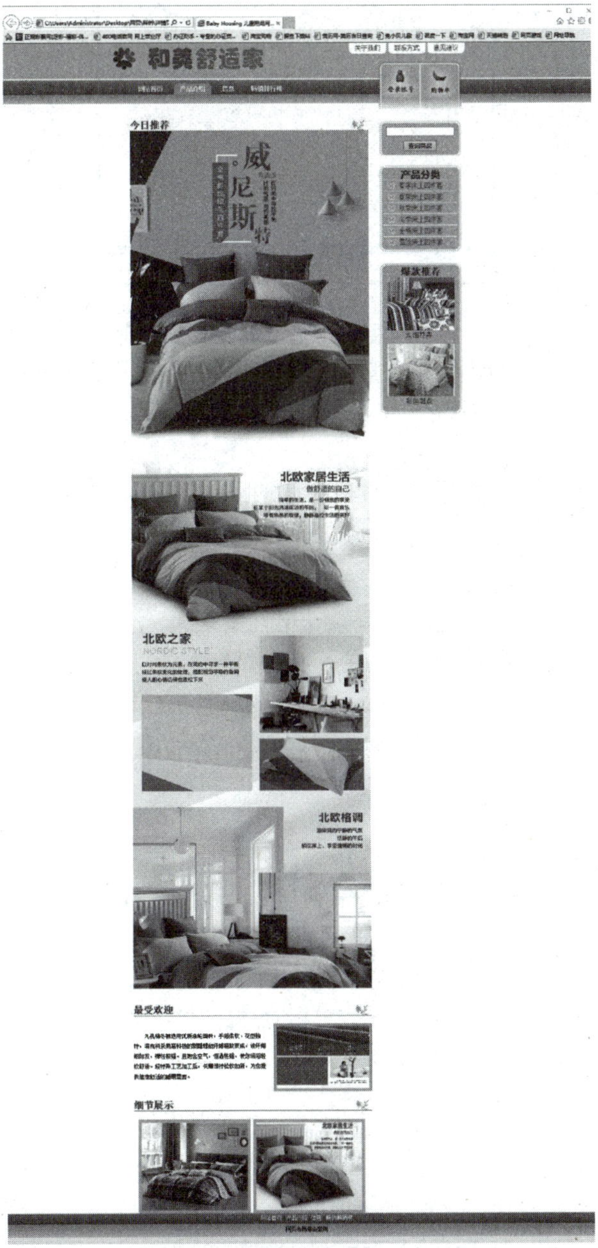

图 8 - 33　完整的店铺子页面效果

可以从效果页面看到网页结构不变，页面从上到下依然分为页头、内容、页脚三部分，如图 8 - 34 所示。

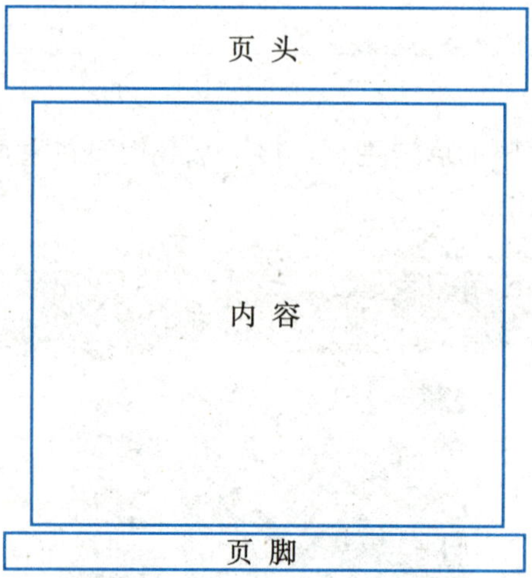

图 8-34　网页结构示例

与主页面不同的是，子页面主要内容和右侧栏的特别提示发生变化，因此我们只要修改相对应的“maincontent”和右侧栏的“extraBox”代码即可，下面将修改的代码进行说明。

HTML 部分代码：

```
<div class="content">
<div class="mainContent">
    <div class="recommendation img-left">
        <div class="recommendation1"><h2>今日推荐</h2></div>
        <img src="images/c1.jpg" width="540"/>
        <img src="images/c2.jpg" width="540"/>
        <img src="images/c3.jpg" width="540"/>
    </div>
    <div class="recommendation">
        <h2>最受欢迎</h2>
        <div class="img-right"><a href="#"><img src="images/x3.jpg" width="210" height="150"/></a></div>
        <p>九孔棉冬被选用优质涤纶面料，手感柔软、花型独特，填充料采用高科技的聚酯螺旋纤维精制而成，该纤维细如发，弹性极强且饱含空气，恒温性强，使您倍感轻软舒适。经特殊工艺加工后，长期保持松软如新，为您提供健康舒适的睡眠需要。</p>
    </div>
    <div class="recommendation multiColumn">
        <h2>细节展示</h2>
        <ul>
        <li><img src="images/x1.jpg" width="240" height="200"/></li>
        <li><img src="images/x2.jpg" width="240" height="200"/></li>
     </ul>
    </div>
</div>
```

```
Maincontent 大小设置不变,依旧是宽度 540px.
.mainContent{
float:left;
width:540px;
}
.recommendation{
clear:both;
}
```

从对比图 8-35 中我们可以观察到详情页“今日推荐”有明显的间隔变化，相应的 CSS 代码设置如下：

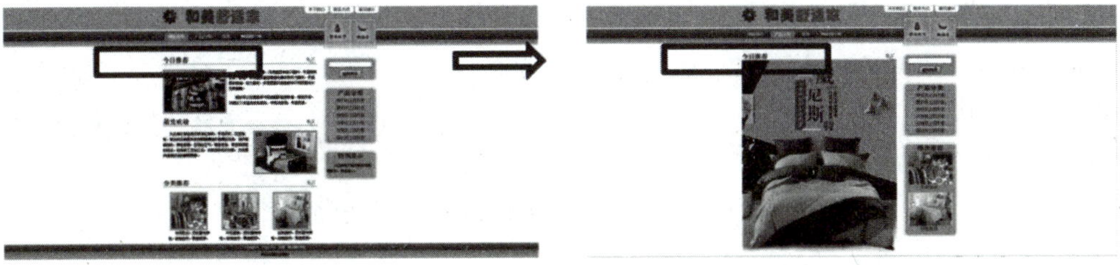

图 8-35　首页与详情页页头对比图

设置 recommendation 段落：

```
.recommendation p{
line-height:23px;
padding-top:25px;
}
```

蝴蝶装饰不变：

```
.recommendation h2{
padding-top:20px;
color:#069;
border-bottom:1px #DEAF50 solid;
font:bold 22px/24px 楷体_GB2312;
background:transparent url('images/rose.png') no-repeat bottom right;
}
```

缩短“今日推荐”与详情介绍图片的距离：

```
.recommendation1 h2{
padding-top:20px;
margin-bottom:0px;
color:#069;
border-bottom:1px #DEAF50 solid;
font:bold 22px/24px 楷体_GB2312;
background:transparent url('images/rose.png') no-repeat bottom right;
```

```
}
```

设置“最受欢迎”部分图片向右对齐，效果如图 8 - 36 所示。

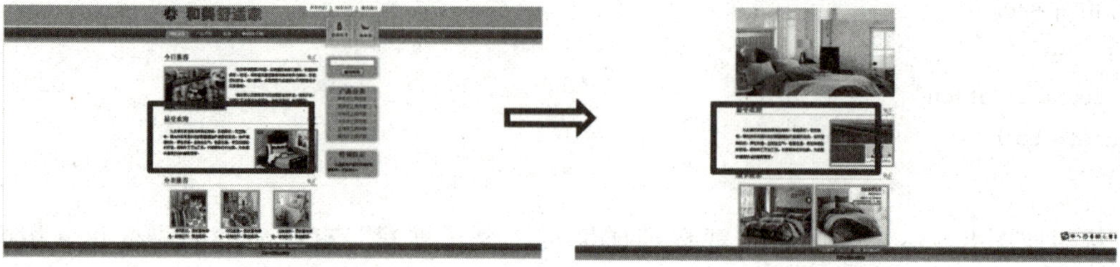

图 8 - 36 “最受欢迎”部分图片向右对齐

```
.img-right{
float:right;
margin-left:10px;
}
```

替换原来“今日推荐”中的图片，同时改变其结构，效果如图 8 - 37 所示。

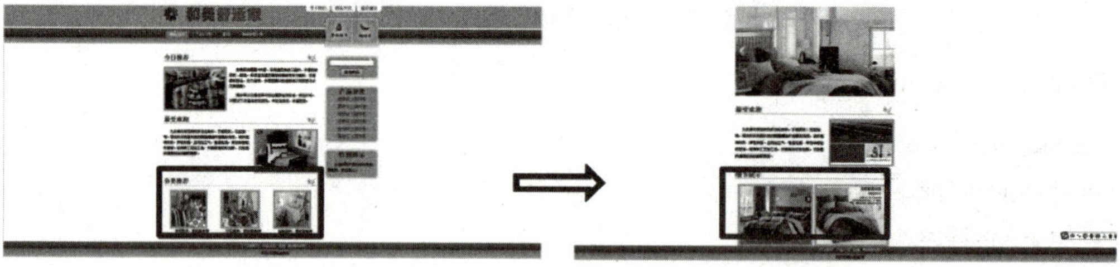

图 8 - 37 替换原来“今日推荐”中的图片

```
.multiColumn li{
float:left;
width:240px;
margin:0 10px;
text-align:center;
display:inline; /* For IE 6 bugs */
}
```

对替换的图片做边框处理：

```
.multiColumn img{
padding:5px;
background:#bdd6e8;
border-color:#FFCC66;
border-style:solid;
border-width:2px;
}
```

再对 extraBox 进行代码设置，效果如图 8－38 所示。

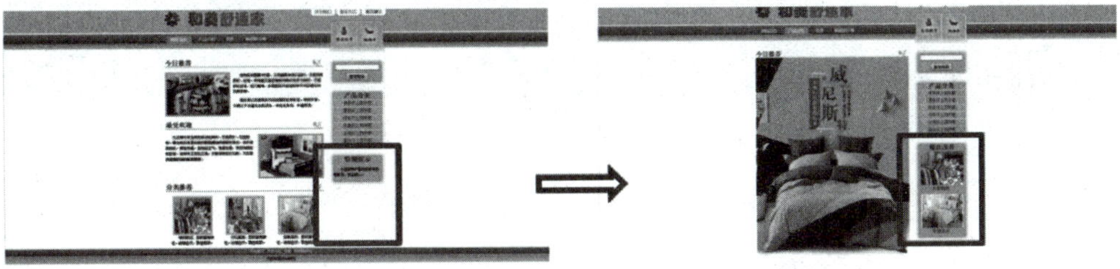

图 8－38　对 extraBox 代码进行设置

```
.sideBar .extraBox li{
text-align:center;
font:15px 宋体 bold;
height:25px;
text-align:center;
display:inline;
padding-left:8px;
}
```

对段落进行美观调整：

```
.sideBar .extraBox li p{
margin:0 0 10px -40px;
color:#069;
}
```

任务 8.3 和 8.4 为一个假想名为“和美舒适家”的网上商店的网站制作了一个完整的案例，希望通过对这个案例的学习，读者可以了解遵从 Web 标准的网页设计流程。

此外，读者还可以仔细研究一些著名的网站，思考如果你来设计会如何进行分析、如何搭建结构。这种“头脑风暴”的练习方法对于锻炼思维能力是很有帮助的。

项目小结

本项目通过详细介绍 CSS 规则的定义方法，使读者认识它给网页带来的巨大变化，着重学习了如何引用 CSS 控制页面，使页面从无到有，实现页面的复杂效果。通过图文混排和盒子模型宽度（高度）计算两个应用练习使读者加深认识，最终完成个人店铺首页及子页面设置。

项目 9

简单制作表单页面

如果想了解客户对产品的需求和售后评价，在制作网页的时候，就需要了解表单和使用表单元素，例如表单域、文本域、按钮、复选框等。它可以帮助我们收集用户信息和反馈意见。学好表单可以为学习制作动态网页打下扎实的基础。项目 9 结合用户注册的实践案例来进行简单表单页面的制作。

学习目标

通过学习本项目，你应该能够：

(1) 了解动态页面的概念；
(2) 掌握简单制作表单页面的基本方法；
(3) 掌握表单域、文本域的添加；
(4) 掌握单选按钮、复选框的添加；
(5) 掌握菜单和列表的添加；
(6) 掌握 IIS 的基本配置；
(7) 初步掌握数据库连接与操作。

任务 9.1　认识动态网页

本任务主要使读者认识动态网页，包括了解动态页面的概念、IIS（互联网信息服务）的基本配置。

活动 9.1.1　认识动态页面

本活动主要使读者认识动态网页，包括了解动态页面的概念，了解其与静态网页的区别，掌握 IIS 的基本配置步骤。

必备知识

1. 静态页面

静态页面，是指运行在客户端的程序、网页、插件、组件，它们无须服务器的编译，可以直接加载到客户浏览器上显示。常见的静态页面以 .html 为扩展名，在 Dreamweaver 中的代码如图 9-1 所示。

图 9-1 静态页面代码

2. 动态页面

动态页面，是指在服务器端运行的，使用程序语言设计的交互式网页，显示的内容可以随着时间、环境或者数据库操作的结果而发生改变，是可以让用户和服务器交互的网页。动态网页可以是纯文字内容的，也可以是包含各种动画内容的，这些只是网页具体内容的表现形式，无论网页是否具有动态效果，只要是采用了动态网站技术生成的网页都可以称为动态网页，常见的扩展名为 .asp、.jsp、.php，在 Dreamweaver 中的代码如图 9-2 所示。

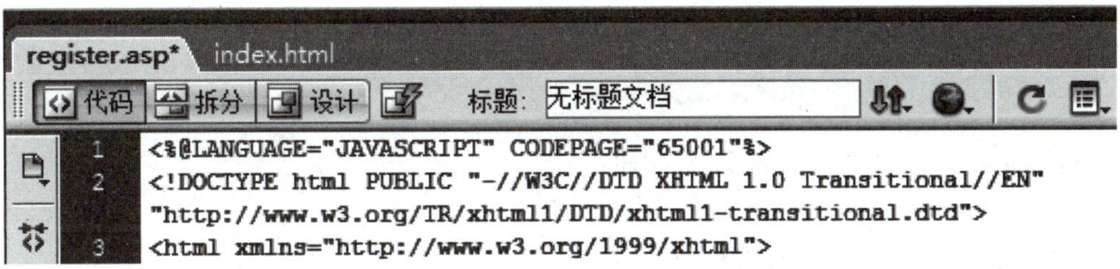

图 9-2 动态页面代码

议一议

讨论静态网页与动态网页的区别。

3. 搭建动态网站

搭建动态网站需要的内容包括：

（1）操作系统：Windows、Linux；

(2) Web 服务器：IIS、Apache、Niginx；
(3) 数据库工具：SQLSever、MySQL、Oracle、Access；
(4) 开发语言：ASP、JSP、PHP。

4. 数据库

数据库（Database）是按照数据结构来组织、存储和管理数据的建立在计算机存储设备上的仓库。简单来说是本身可视为电子化的文件柜——存储电子文件的处所，用户可以对文件中的数据进行新增、截取、更新、删除等操作。常见的数据库工具有 Oracle、SQLServer、MySQL、Access 等。

在一个动态网页中，其动态内容的来源主要有以下 3 种：
(1) 网站数据库中的记录集；
(2) 访问者提交的表单参数；
(3) JavaBeans 组件从数据库中提取的记录集。

5. ASP

ASP 即 Active Server Pages，是微软公司开发的服务器端脚本环境，可用来创建动态交互式网页并建立强大的 Web 应用程序。当服务器收到对 ASP 文件的请求时，它会处理包含在用于构建发送给浏览器的超文本标记语言（HTML）网页文件中的服务器端脚本代码。

6. IIS

IIS 意为互联网信息服务，是由微软公司提供的基于 Windows 的互联网基本服务。IIS 是一种 Web（网页）服务组件，其中包括 Web 服务器、FTP 服务器、NNTP 服务器和 SMTP 服务器，分别用于网页浏览、文件传输、新闻服务和邮件发送等方面，意味着用户能发布网页，并且由 ASP、Java、VBScript 产生页面，有着一些扩展功能。

7. 动态网站常见的实现方式

动态网页常见的实现方式有以下 3 种：
(1) Windows+IIS+SQLSever+ASP；
(2) Linux+APache+MySQL+PHP；
(3) Linux+Nginx+MySQL+PHP。

议一议

如果你是张天天，在搭建自己的动态网站会选择何种实现方式呢？网上搜索相关资料说说理由。

8. 表单

表单，在动态网页中主要负责数据采集的功能，比如用户注册、用户登录、在线调查、用户管理、订单管理等。一个表单有三个基本组成部分：表单标签、表单域、表单按钮。例如文本框、密码框、隐藏域、多行文本框、复选框、单选框、下拉选择框和文件上传框、提交按钮、复位按钮等，所有这些表单元素合在一起称为表单。Dreamweaver CS3 中的表单元素如图 9-3 所示。

图 9-3　表单元素

案　例

IIS 服务的打开与配置

使用 Dreamweaver 创建动态网页时，配置计算机的运行环境很重要，如安装并配置 IIS 服务、设计数据库并定义数据库连接。

1. 打开 IIS 服务

(1) 依次打开“控制面板—程序和功能—打开或关闭 Windows 功能”，此时需要一定时间打开 Windows 功能对话框的选项，如图 9-4 所示。

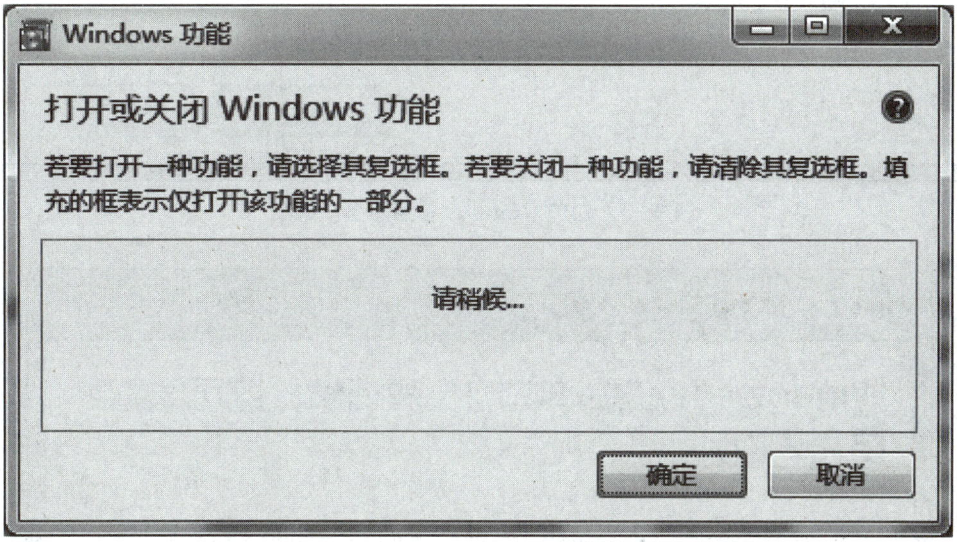

图 9-4　打开或关闭“Windows 功能”对话框

(2) 在打开的“Windows 功能”对话框中选中“Internet 信息服务”的“Web 管理工具”和“万维网服务”的所有选项，例如“IIS 管理服务”等，如图 9-5 所示。单击“确定”按钮，此时需要一定的时间进行功能的更新，如图 9-6 所示。如此，便完成了 IIS 服务的打开。

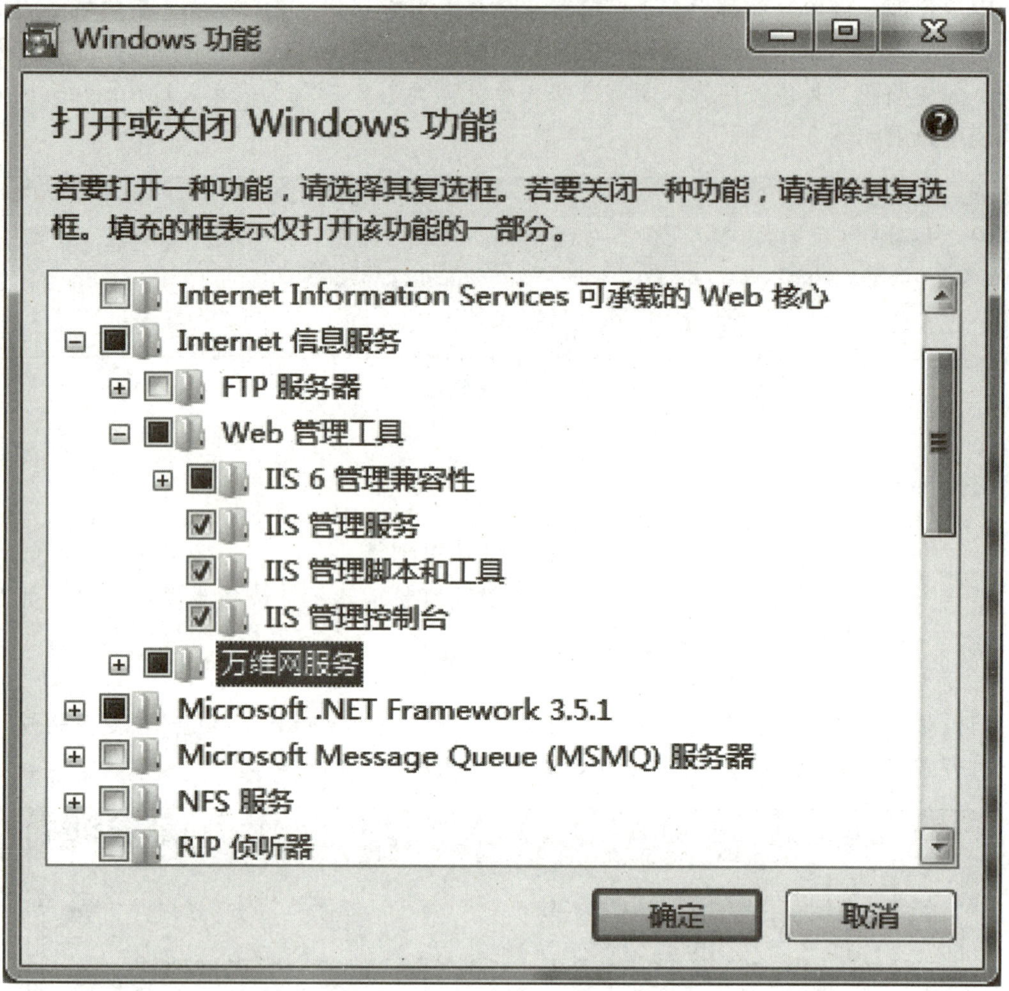

图 9-5 勾选“Internet 信息服务”选项

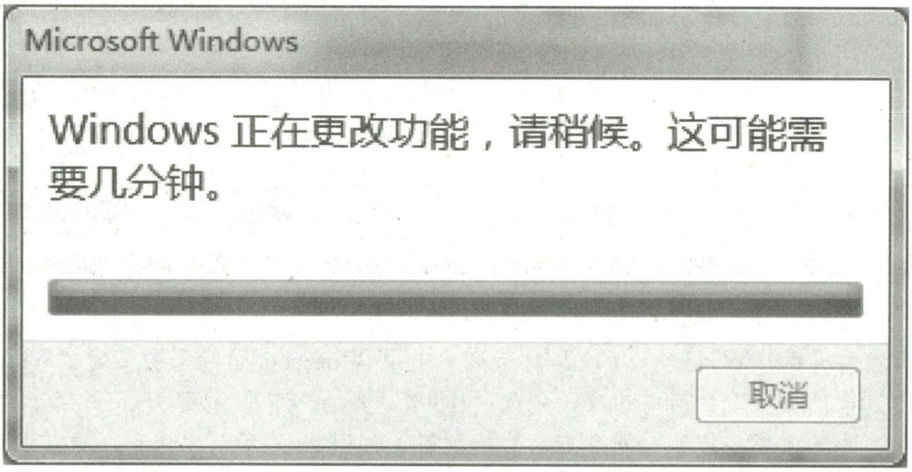

图 9-6 更新 Windows 功能

2. IIS 服务配置

（1）依次单击“控制面板—管理工具”，在管理工具窗口中找到“Internet 信息服务（IIS）管理器”，如图 9－7 所示。

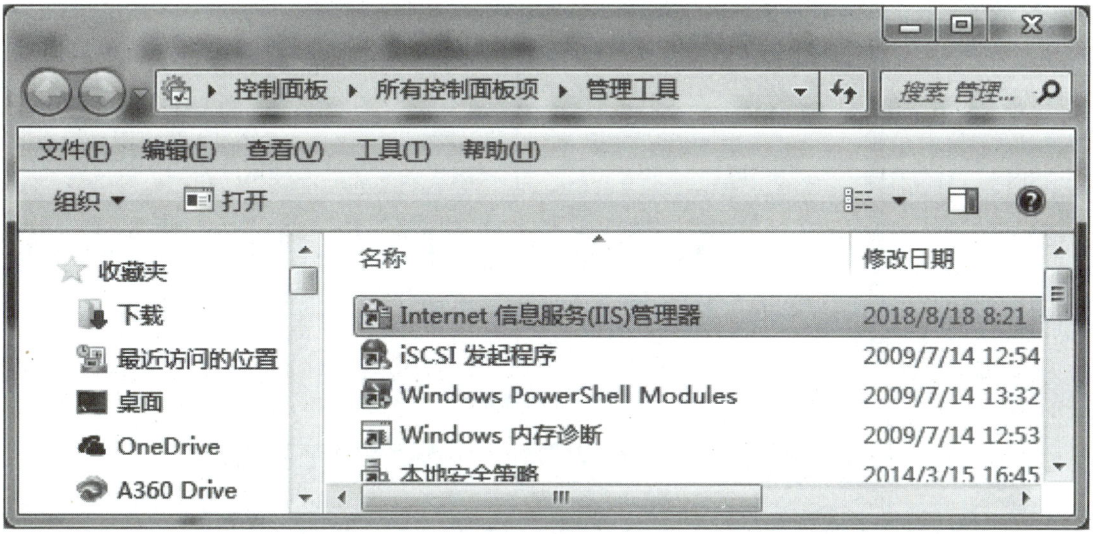

图 9－7　管理工具

（2）双击打开“Internet 信息服务（IIS）管理器”窗口，界面如图 9－8 所示。

图 9－8　“Internet 信息服务（IIS）管理器”窗口

（3）展开左边的下拉列表，右击网站，进行网站的添加，如图 9－9 所示。

（4）在“添加网站”对话框中进行网站名称、物理路径和 IP 地址绑定及其主机名的填写，如图 9－10 所示。具体参数如本例的网站名称为 mywebsite2，物理路径为 D:\mywebsite2。应用程序池选择为“ASP. NET”，具体更改如图 9－11 所示。

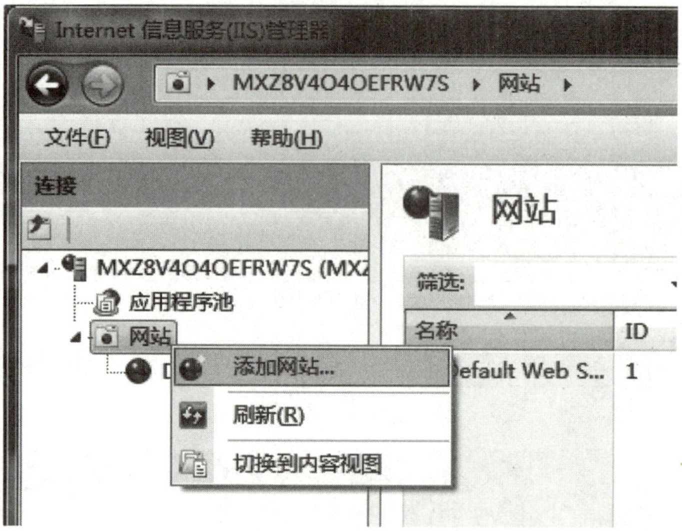

图 9-9 添加网站

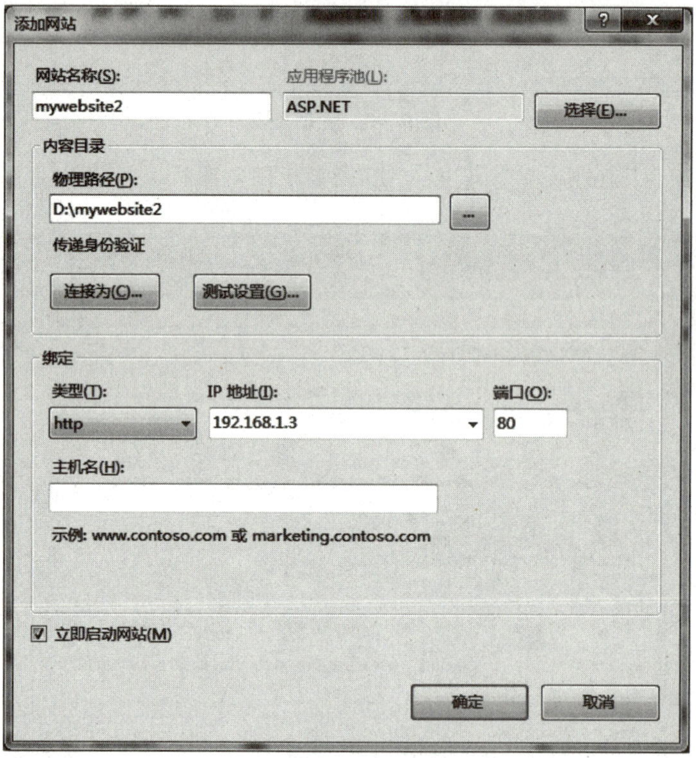

图 9-10 “添加网站”设置

提 示

关于IP地址、端口和主机名的绑定，若已经购买服务器和域名，则填写相应的IP地址、端口和域名。若将自己的计算机当作本地服务器，则填写本机的IP地址，如192.168.1.3。

图 9-11 应用程序池

(5) 右击刚刚添加的网站进行虚拟目录的添加，如图 9-12 所示。在弹出的对话框中填写别名和物理路径，如图 9-13 所示。

图 9-12 添加虚拟目录

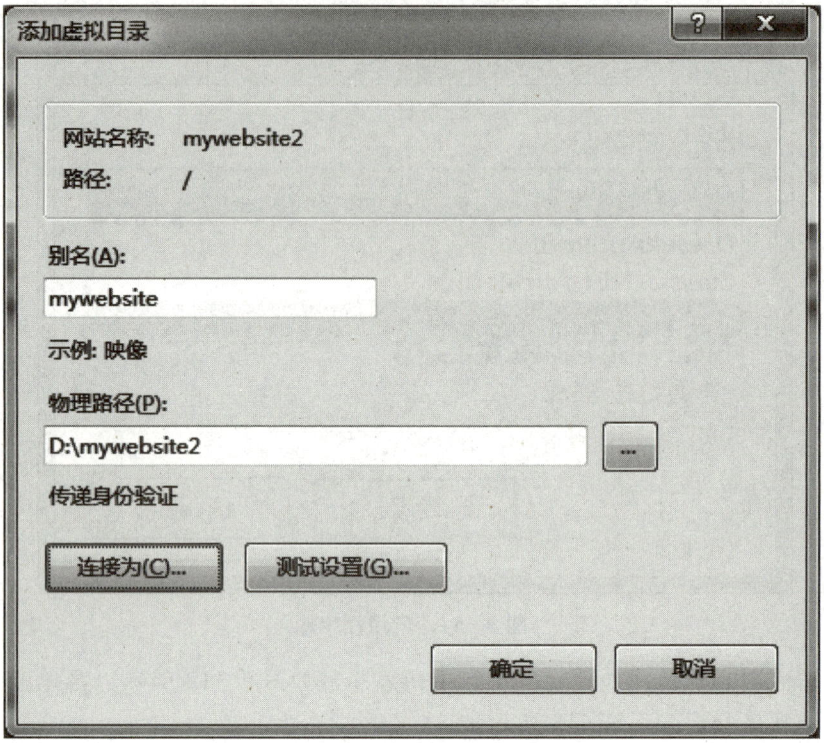

图 9-13 “添加虚拟目录”对话框

(6) 右击刚刚创建的虚拟目录，选择“转换为应用程序”，如图 9-14 所示。在弹出的对话框中填写别名、应用程序池和物理路径等信息，如图 9-15 所示。单击“确定”按钮后，图标变化如图 9-16 所示。

图 9-14 右击选择“转换为应用程序”

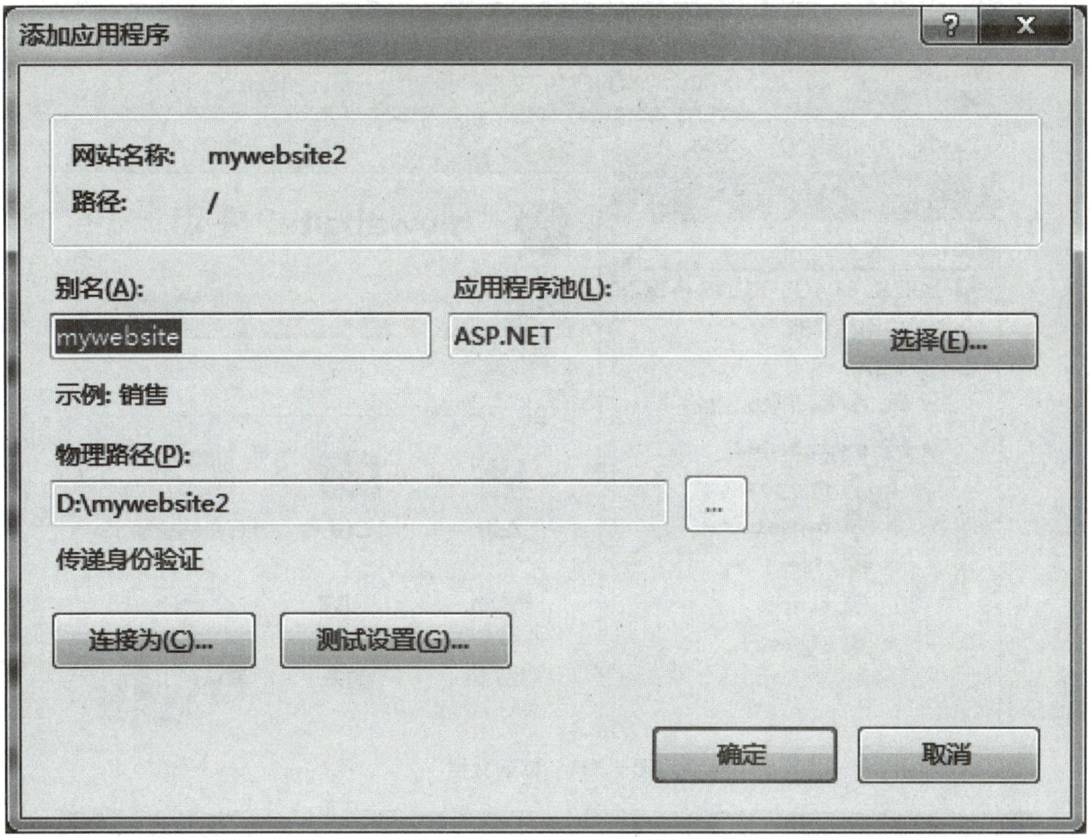

图 9-15 “添加应用程序”对话框

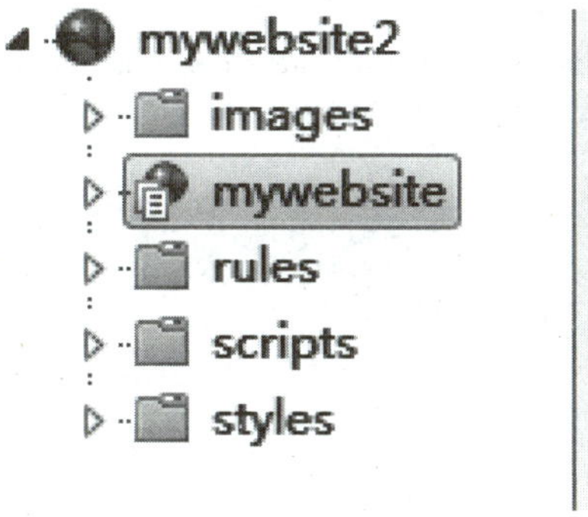

图 9-16 图标更改为应用程序

提　示

若不更改为应用程序，在浏览网页时会出现只有目录文件的情况，因此，将虚拟目录转换为应用程序，是为了能够进行网页的正常预览。

(7) 设置默认文档，双击默认文档，如图 9-17 所示。在打开的对话框中选中 index. html 进行上移，如图 9-18 所示。

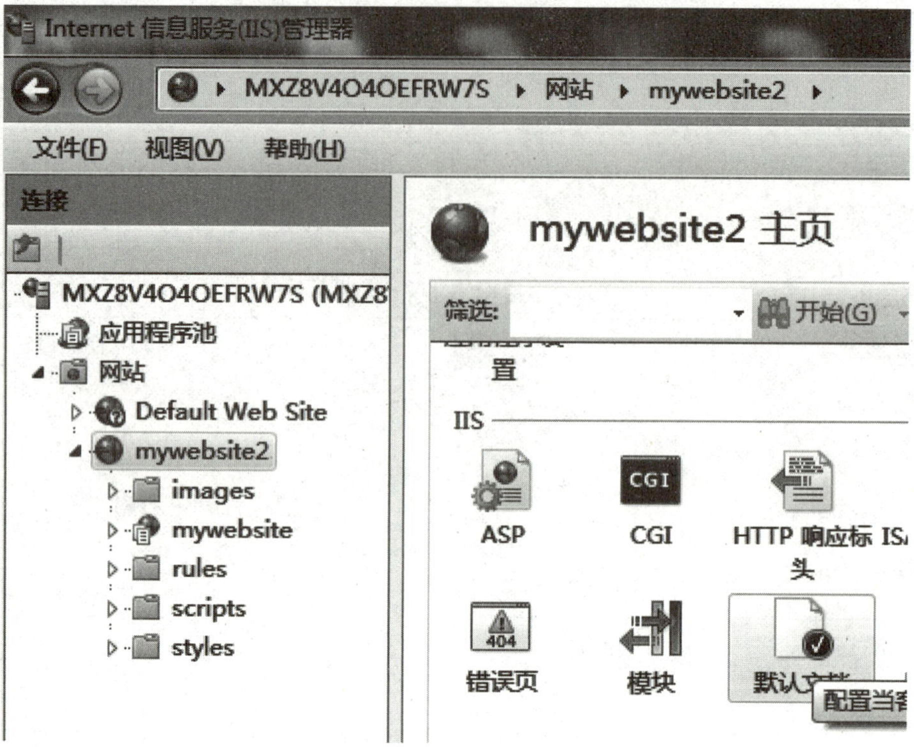

图 9-17　默认文档

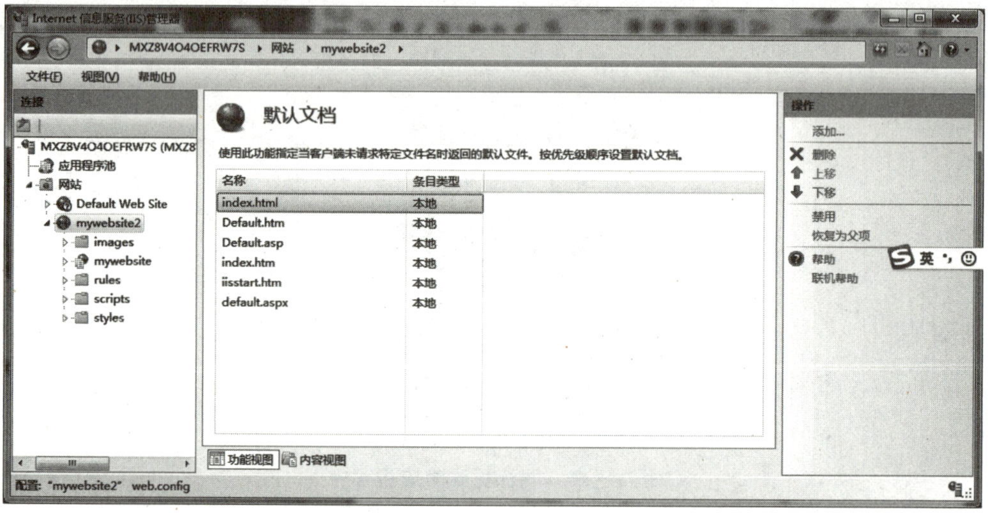

图 9-18　上移默认文档

提　示

若网站默认页面另有其名，也可以进行添加，随后上移至第一位即可。

(8) 网页预览，上述 7 个步骤便完成了 IIS 服务的配置，接下来可以进行网页的预览，在浏览器中输入网址 http://192.168.1.3 进行预览，如图 9-19 所示。

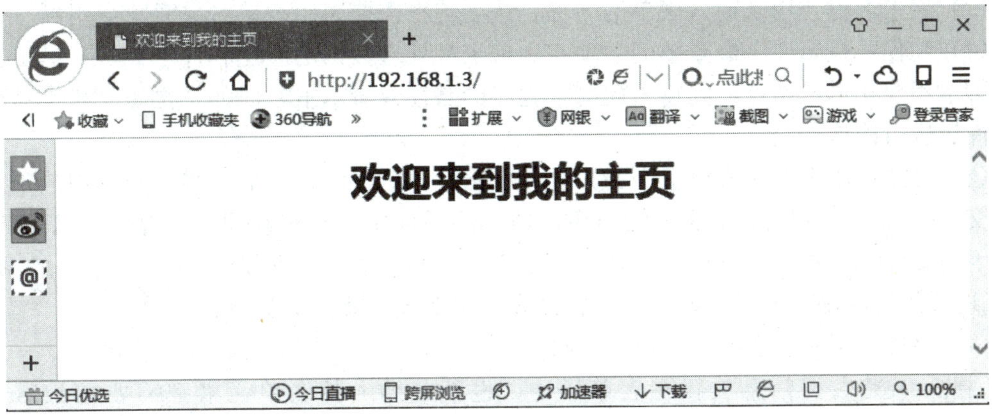

图 9－19　预览网页

拓展学习

了解 IIS 最新版本的功能和 IIS6 的区别。

任务 9.2　建立动态网页

本任务主要使读者掌握动态网页的建立，包括简单制作表单页面的基本方法，表单域、文本域、单选按钮、复选框、菜单和列表的添加，以及初步掌握数据库连接与操作。

活动 9.2.1　制作表单页面

本活动主要进行表单页面的制作，通过用户注册的实例来使读者掌握表单域、文本域、单选按钮、复选框、菜单和列表的添加。

必备知识

表单元素中最重要的就是表单域，它可以用来确定表单中有效数据的范围，也就是说在表单域之外的表单对象中提交的数据将会在提交后被自动丢弃。此外，表单域需要设定处理数据的应用程序的位置以及数据的处理方法等。它的“属性”面板如图 9－20 所示。

图 9－20　表单域“属性”面板

(1) 表单名称：用来输入表单的名称，该名称在需要引用表单对象时才会用到。

(2) 动作：是属性中最重要的一项，用来定义处理数据的应用程序的路径。若处理表单的脚本程序在本地站点，则输入此脚本程序的路径或者单击右侧的“浏览文件”按钮找到文件后进行确认。

(3) 方法：用来选择表单提交的方法。POST 方式表示表单信息将以数据包的形式进行提交，GET 方式则将信息附加在 URL 地址的后面提交到服务器。一般使用 POST 方式，因为 GET 方式很不安全，从用户的浏览器地址栏中就可以看到用户输入的密码，URL 地址的长度是有限的，如提交内容过多，超出部分就会被截掉。

(4) 目标：用来设定提交表单后，打开的目标网页将以何种形式进行显示。

因此，要将数据信息放置在表单域中，也就是插入的表单元素都需要在<form></form>这对标签之间。

案　例

用户注册

动态网页一般以数据库技术为基础，可以大大降低网站维护的工作量。采用动态网页技术的网站可以实现更多的功能，如用户注册、用户登录、在线调查、用户管理、订单管理等。动态网页实际上并不是独立存在于服务器上的网页文件，只有当用户请求时服务器才返回一个完整的网页。

用户注册信息时需要设计的信息在表单中具体为表单域、文本框、列表、单选按钮、复选框和按钮。页面布局也就是利用好表单元素进行布局。注册信息简单网页设计如图 9-21 所示。

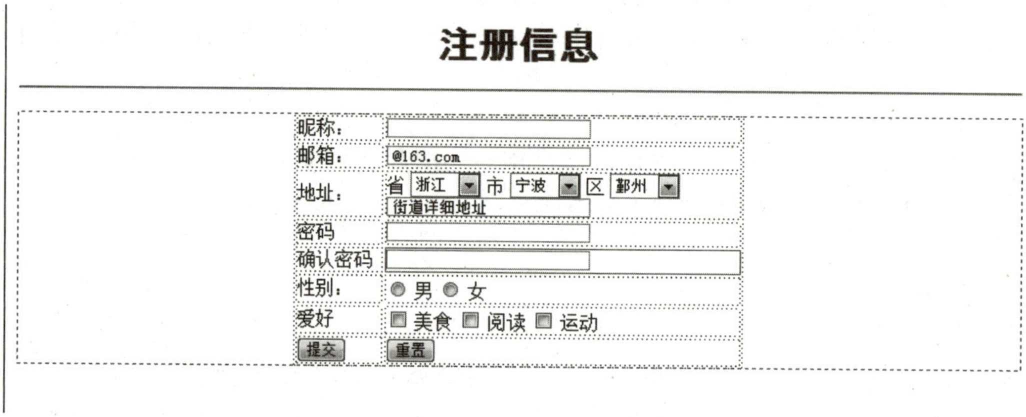

图 9-21　注册信息简单网页设计图

1. 新建文档

打开 Dreamweaver，单击菜单栏的“文件”，在下列列表中选择“新建”，此时弹出“新建文档”对话框。选择空白页，页面类型选择“ASP JavaScript”，单击“创建”进行文档的新建，如图 9-22 所示。

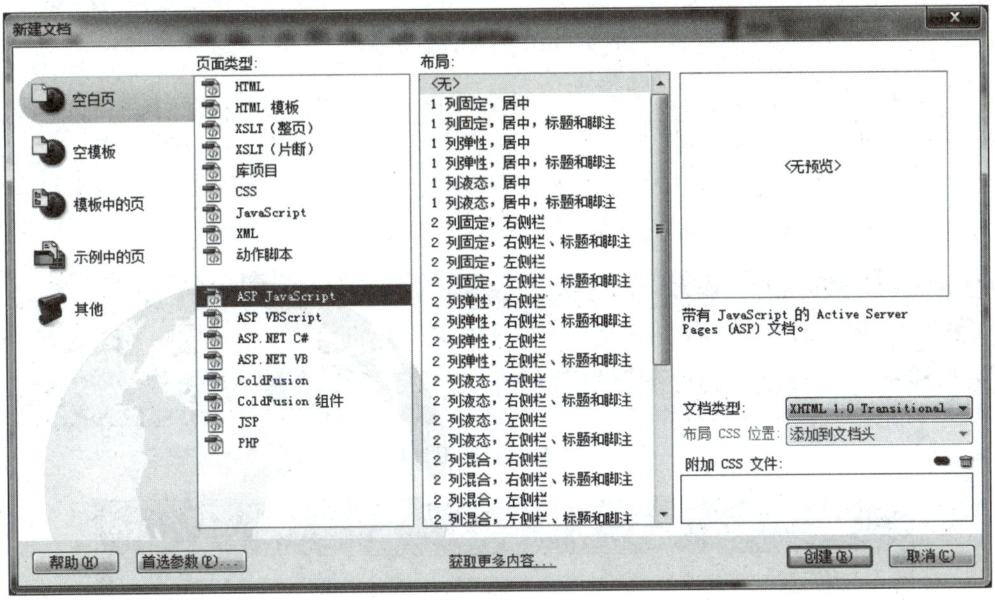

图 9-22　创建 ASP 文档

2. 页面布局

(1) 标题的设置，输入"注册信息"，将文字设置为"标题 1"，并且居中显示。设置蓝色的水平线，效果及代码如图 9-23 所示。

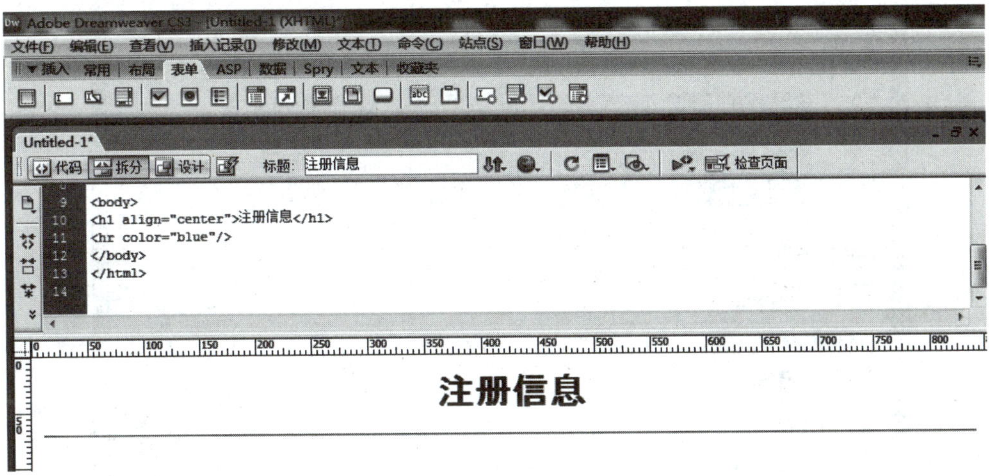

图 9-23　标题信息

(2) 插入表单域，选择菜单栏的"表单"，单击"表单"按钮，如图 9-24 所示。此时便在页面中出现一个红色的虚框线，如图 9-25 所示。

图 9-24　插入表单工具栏

图 9－25 插入的表单域

(3) 在表单域中插入表格，选择菜单栏的“布局”，单击“表格”按钮，如图 9－26 所示。此时弹出“表格”对话框，如图 9－27 所示，设置表格行数为 8，列数为 2，表格宽度为 300 像素，边框粗细为 0 像素，单击“确定”进行表格的插入。接着在表格属性中修改对齐方式为“居中对齐”，如图 9－28 所示。

图 9－26 布局工具栏

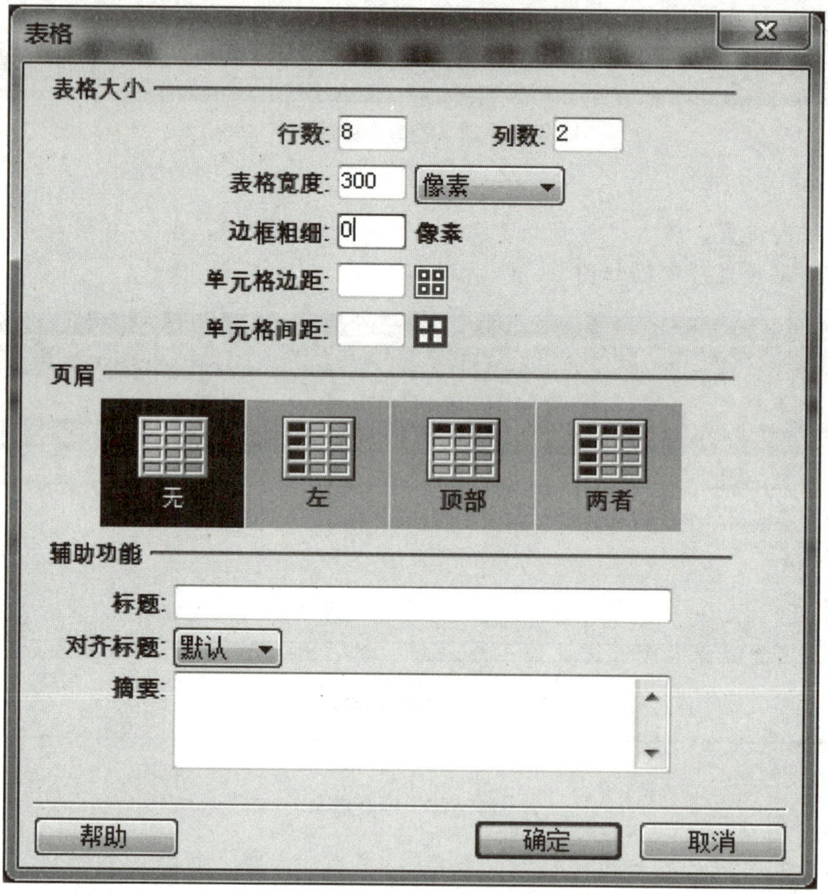

图 9－27 “表格”对话框

3. 插入表单元素

(1) 插入文本域。

1) 插入“昵称”，即插入文本域，在菜单栏中选择“表单”，单击“文本字段”按钮，如图 9－29 所示。

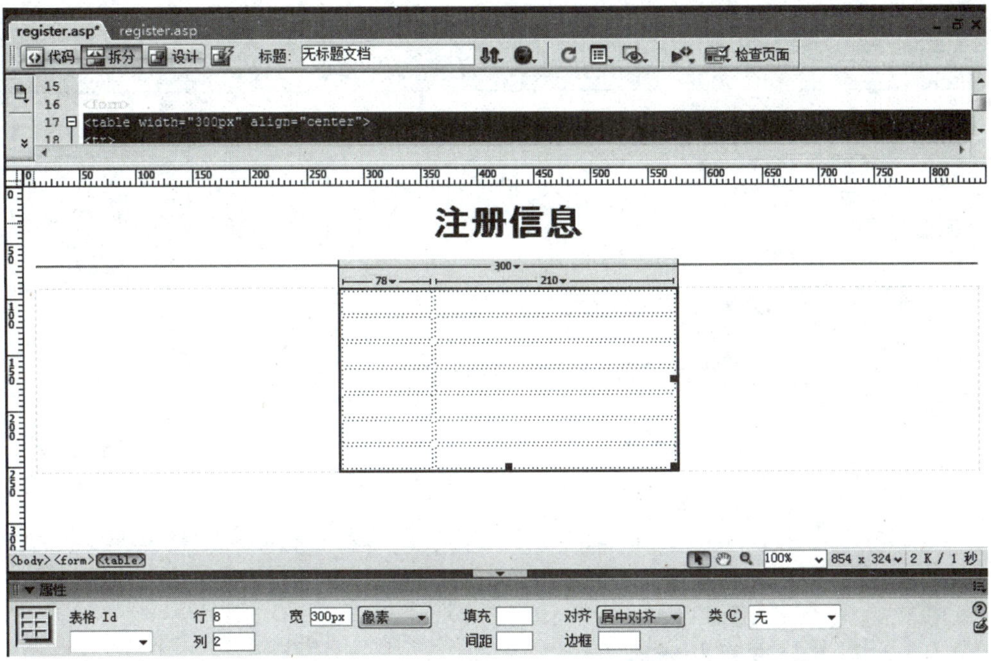

图 9-28　插入表格设计效果

图 9-29　表单“文本字段”按钮

2）在弹出的“输入标签辅助功能属性”对话框中，设定 ID 为“username”，标签文字为空，其余选项默认，单击“确定”按钮，如图 9-30 所示。用同样的方法对“邮箱”和下面的“密码”“密码确认”进行文本框的添加。

3）若要设置昵称的长度，则在“属性”面板中设定最多字符数；若要设定显示在文本框的默认文字，则在“属性”面板设定初始值，如邮箱一行，可以输入“@163. com”，提示默认使用 163 邮箱，如图 9-31 所示。

（2）插入列表/菜单。

1）插入“地址”，即插入列表/菜单，在菜单栏中选择“表单”，单击“列表/菜单”按钮，如图 9-32 所示。

2）在弹出的“输入标签辅助功能属性”对话框中，设定 ID 为“address”，标签文字为空，其余选项默认，单击“确定”按钮，如图 9-33 所示。用同样的方法进行“市”“区”的添加。

3）选中插入的“列表/菜单”，在“属性”面板中将类型选择为“菜单”，单击列表值进行省份的添加，如图 9-34 所示。在弹出的“列表值”对话框中单击“+”号进行省份的添加，若要设定默认的省份，则选定它，例如本例中选择“浙江”，如图 9-35 所示。至此，本例的效果如图 9-36 所示。对“街道详细地址”还需要进行文本域的添加，这里不再重复，可以按照前面的步骤自行完成。

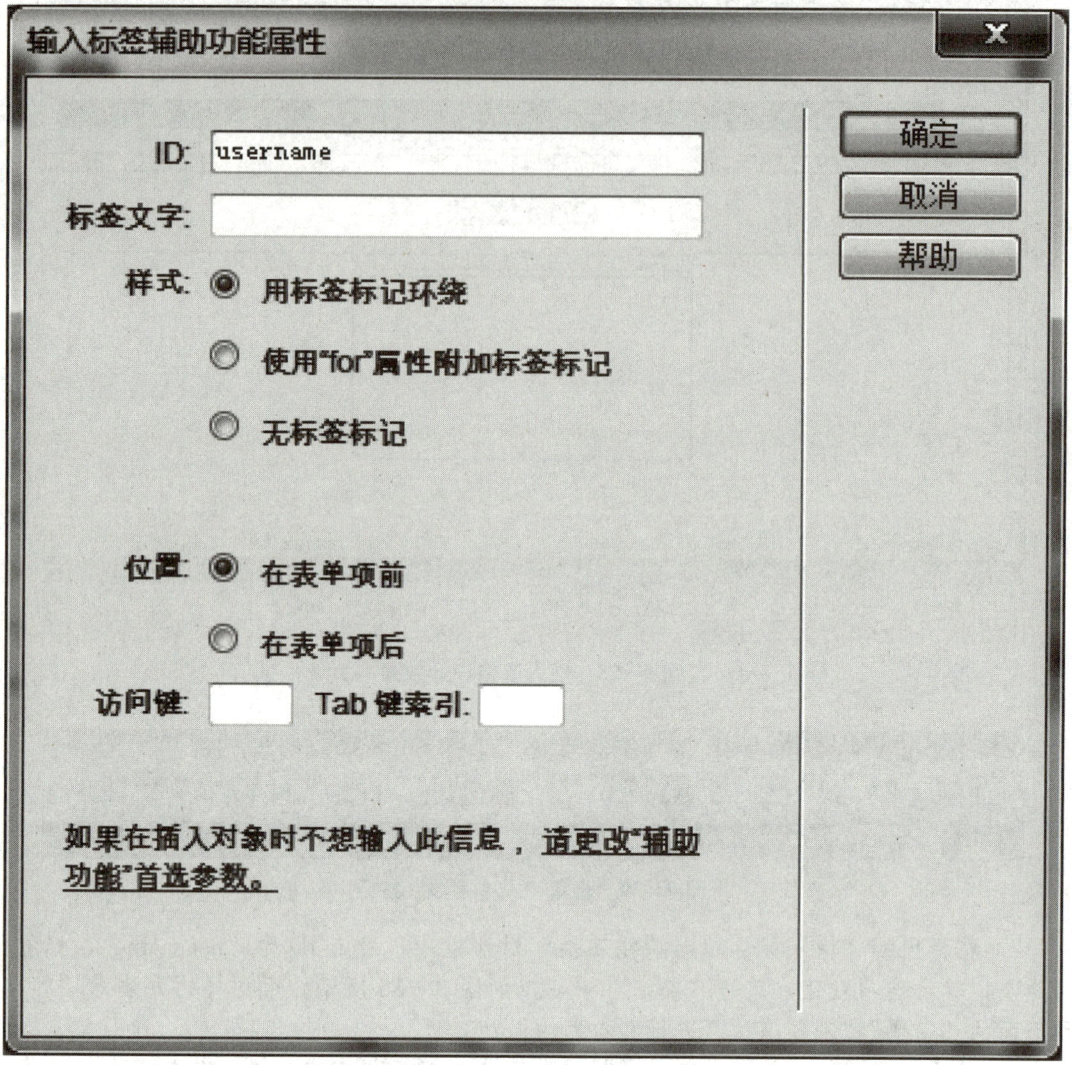

图 9-30 “输入标签辅助功能属性”对话框

图 9-31 文本框“属性”面板

图 9-32 “列表/菜单”按钮

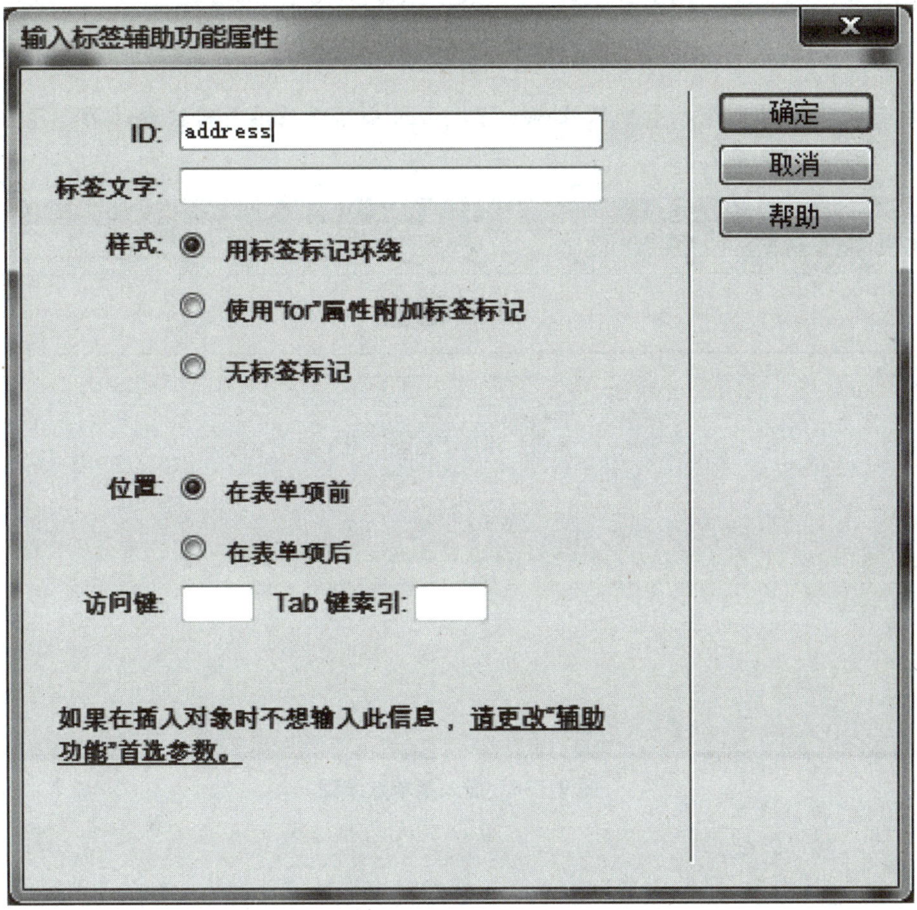

图 9－33　“输入标签辅助功能属性”对话框

图 9－34　列表/菜单“属性”面板

图 9－35　“列表值”对话框

提 示

列表与菜单的区别是，菜单只显示一行，而列表可以显示多行，因此为了节省屏幕空间，类型选择为“菜单”。

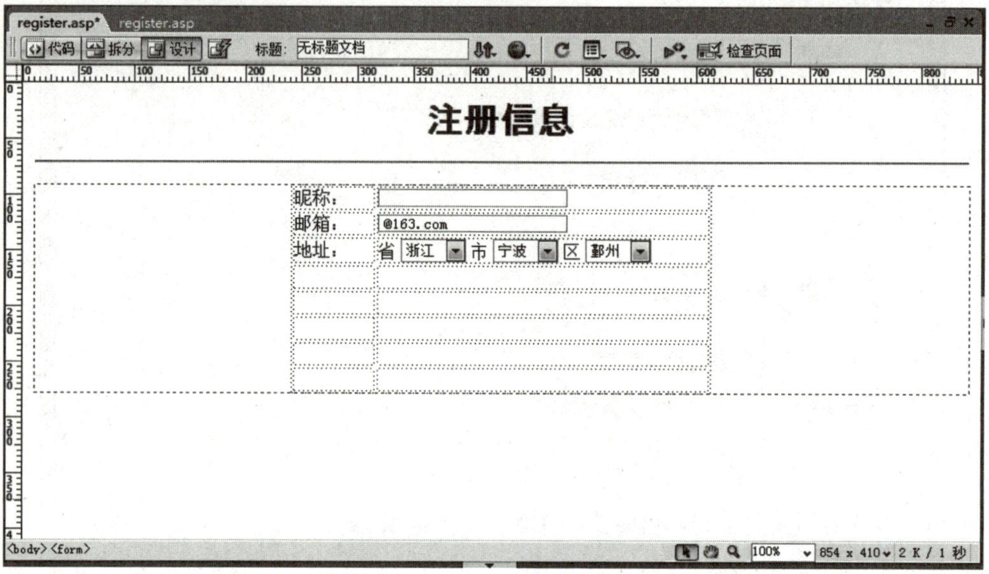

图 9-36 插入菜单效果图

(3) 插入单选按钮。

1) 插入“性别”，即插入单选按钮，在菜单栏中选择“表单”，单击“单选按钮”，如图 9-37 所示。

图 9-37 单选按钮

2) 在弹出的“输入标签辅助功能属性”对话框中，设定 ID 为“man”，标签文字为“男”，其余选项默认，单击“确定”，如图 9-38 所示。用同样的方法进行性别“女”的添加。

3) 选中插入的单选按钮，在“属性”面板中将单选按钮的名称设定为“sex”，选定值为“1”，初始状态设为“已勾选”，如图 9-39 所示，效果如图 9-40 所示。

(4) 插入复选框。

1) 插入“爱好”，即插入复选框，在菜单栏中选择“表单”，单击“复选框”按钮，如图 9-41 所示。

2) 在弹出的“输入标签辅助功能属性”对话框中，设定 ID 为“aihao”，标签文字为“美食”，其余选项默认，单击“确定”，如图 9-42 所示。用同样的方法进行“阅读”“运动”等爱好的添加，效果如图 9-43 所示。

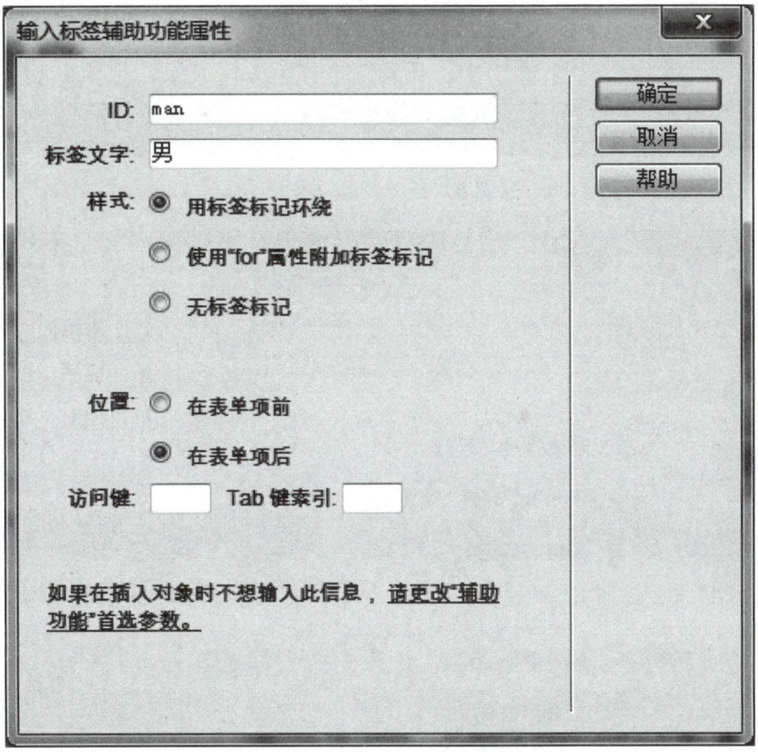

图 9 - 38　性别“输入标签辅助功能属性”对话框

图 9 - 39　单选按钮“属性”面板

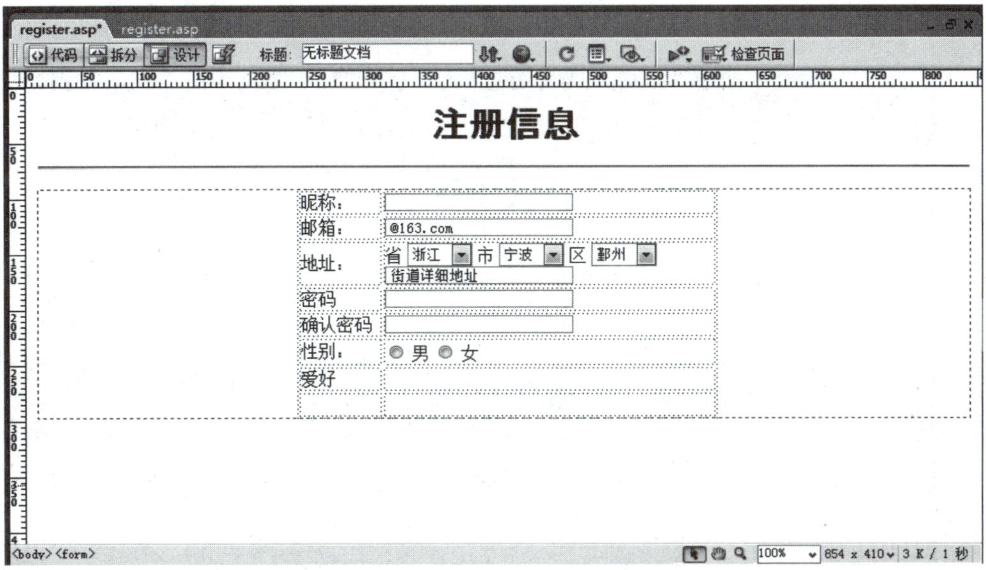

图 9 - 40　添加单选按钮效果图

图 9－41　复选框按钮

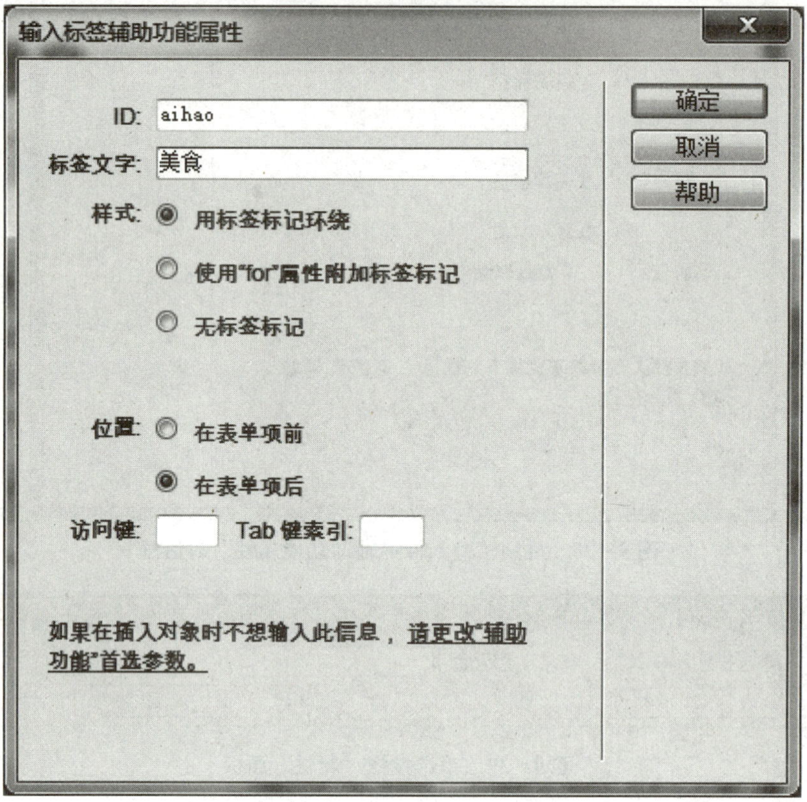

图 9－42　爱好“输入标签辅助功能属性”对话框

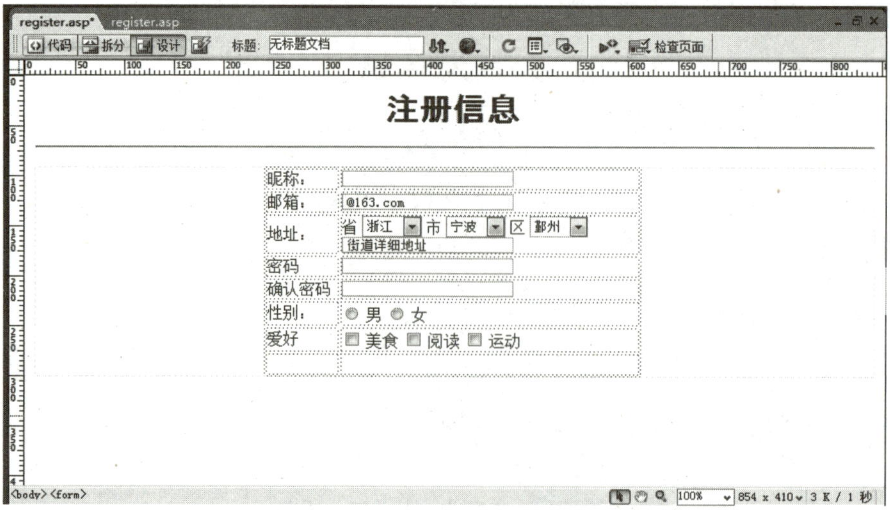

图 9－43　添加复选按钮效果图

(5) 插入按钮。

1) 插入提交按钮，在菜单栏中选择“表单”，在工具栏中单击“按钮”，如图9-44所示。

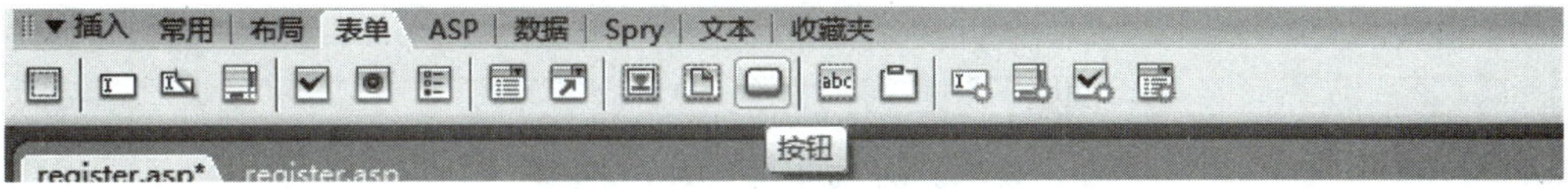

图9-44 表单中的按钮

2) 在弹出的“输入标签辅助功能属性”对话框中，设定ID为“submit”，其余选项默认，单击“确定”按钮，如图9-45所示。用同样的方法进行“重置”按钮的添加，ID设为“reset”。

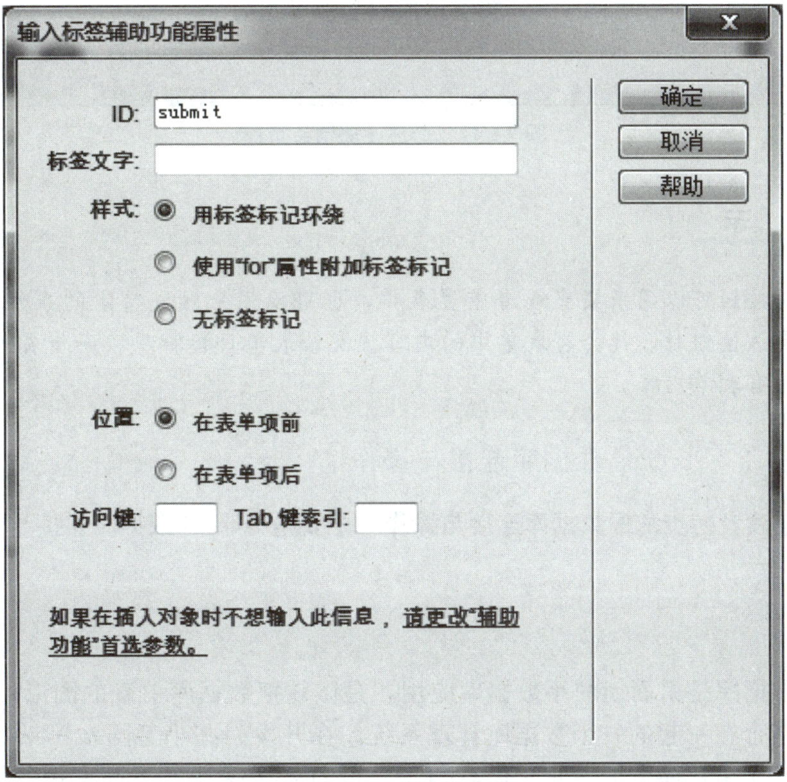

图9-45 提交按钮“输入标签辅助功能属性”对话框

3) 选中插入的按钮，在“属性”面板中将提交按钮的值设定为“提交”，动作为“提交表单”；将重置按钮的按钮名称设为“reset”，值设定为“重置”，动作设为“重设表单”，如图9-46所示。效果如图9-47所示。

图9-46 提交按钮“属性”面板

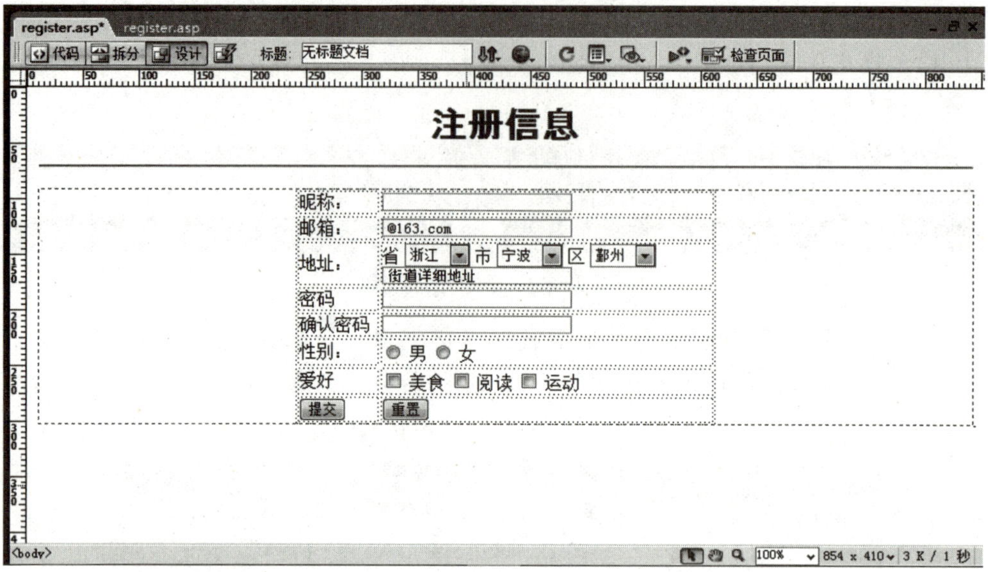

图 9-47　用户注册信息页面

提　示

表单中的按钮可以用来提交或者重置表单，也可以用来触发特定的事件。提交表单，当访问者单击该按钮时，就会将表单中的内容提交给表单目标程序，而重置表单则是清除用户填写的所有表单内容。

活动 9.2.2　Access 数据库连接与操作

本活动使读者初步掌握数据库连接与操作，主要是 Access 数据库连接与数据绑定。

必备知识

Access 数据库是桌面型的小数据库应用，是微软把数据库引擎的图形用户界面和软件开发工具结合在一起的一个数据库管理系统。在开发一些小型网站 Web 应用程序时，Access 数据库用来存储数据。它是微软自带的软件，上手快。下面案例的数据量不大，因此使用 Access 数据库进行数据库连接与数据绑定。

案　例

Access 数据库连接与数据绑定

实现动态网页，首先需要建立数据库连接，然后进行应用程序的绑定和服务器行为，从而实现数据的插入、更新和删除等操作。

1. 数据库连接

(1) 单击应用程序列表中的“数据库”，若没有，则从菜单栏窗口中勾选“数据库”。

由于已经创建了站点，且文件类型已设置为“ASP JavaScript”，并已设置好测试服务器，在 register. asp 页面上使用动态数据的前三项已经自动打钩，如图 9－48 所示。

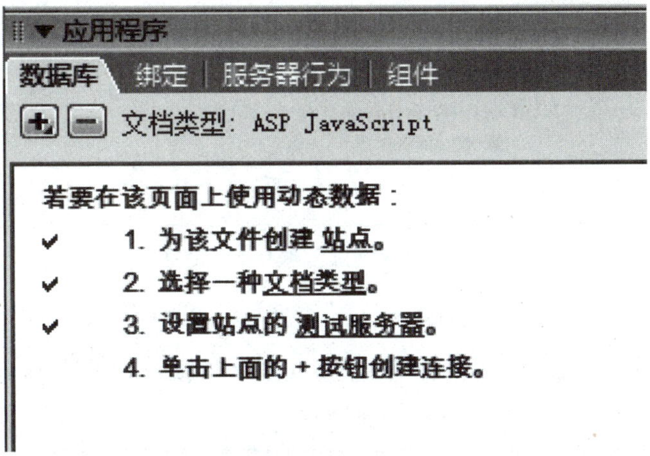

图 9－48　“数据库”应用程序

（2）单击数据库下方的“＋”按钮，选择“数据源名称”，如图 9－49 所示。

图 9－49　数据源名称 DSN 连接

提　示

使用数据源名称（DSN），在转移的时候不仅要复制网站文件，还需要在目标机器上建立数据源内容。

（3）在弹出的“数据源名称（DSN）”对话框中输入连接名称“conn”，然后选择要连接的数据源“dianzishangwu”，下方选择“使用本地 DSN”，如图 9－50 所示，单击“确定”按钮。此时，在“应用程序”的“数据库”面板中，单击“＋”号打开列表，可查看数据库的表格，如图 9－51 所示。同时，在该站点目录下的 Connections 文件夹下会自动出现一个名为“conn. asp”的 ASP 文件，如图 9－52 所示。如此，便完成了数据库的连接。

2. 数据绑定

（1）在绑定面板中定义记录集。

1）单击应用程序列表中的“绑定”，若没有，则从菜单栏窗口中勾选“绑定”。单击“＋”按钮，选择“记录集（查询）”，如图 9－53 所示。

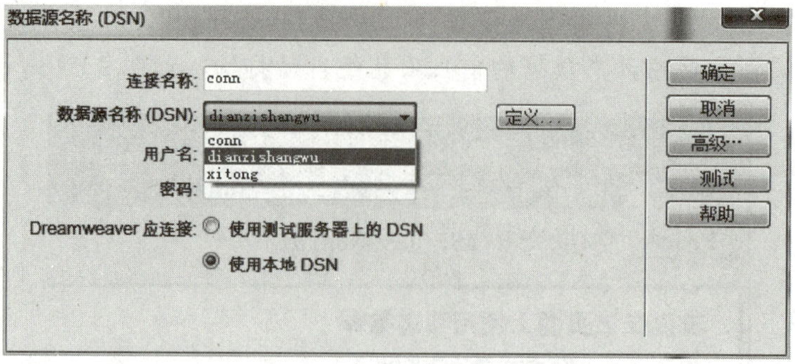

图 9－50 “数据源名称 DSN”对话框

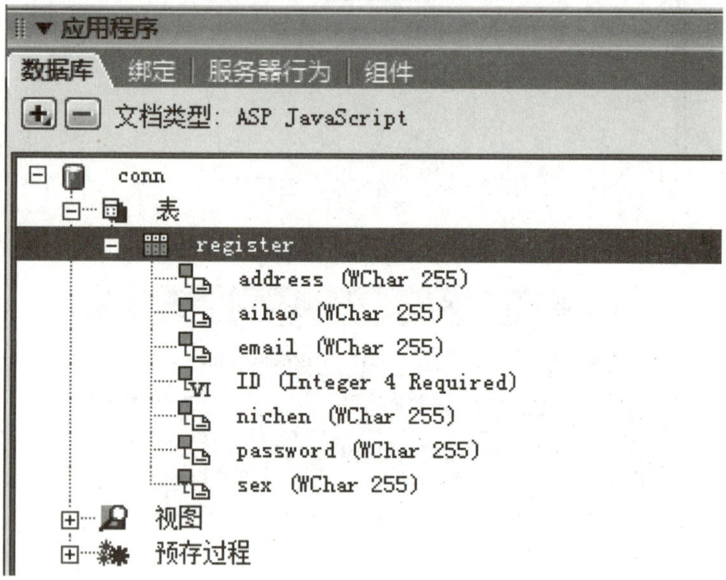

图 9－51 连接成功的数据库

图 9－52 conn. asp 文件

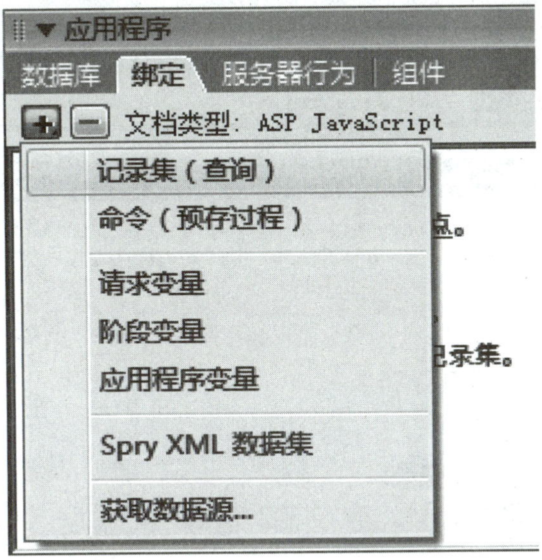

图 9-53 “绑定”应用程序

2）在弹出的“记录集”对话框中定义记录集名称、选择数据库连接名、选择数据库中的表、选择表中的字段（域）、定义记录排序的方法等，如图 9-54 所示，单击“确定”按钮。

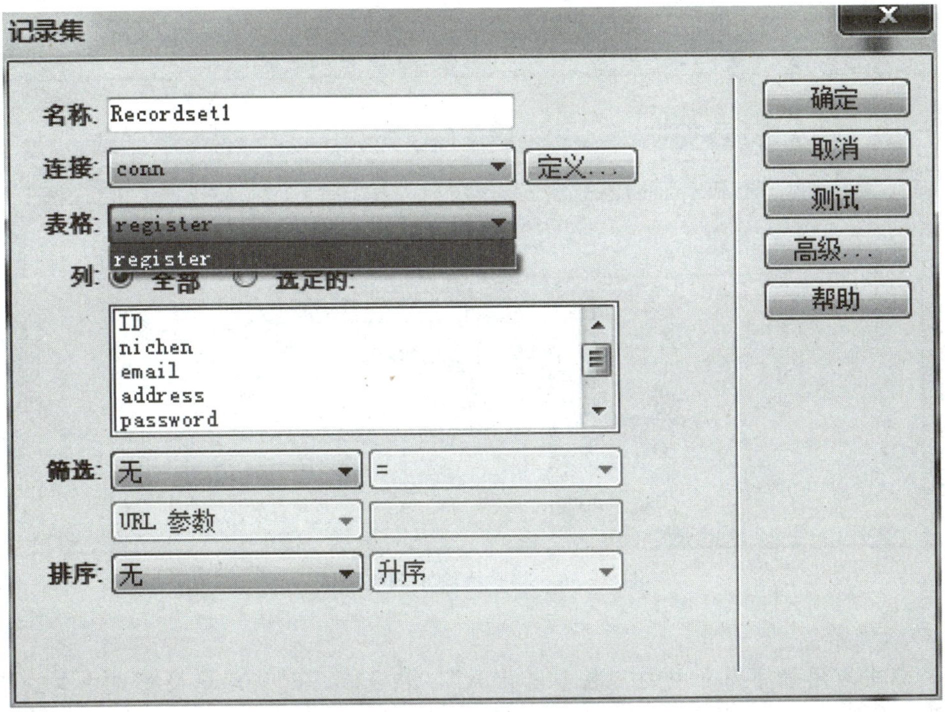

图 9-54 “记录集”对话框

3）在“绑定”面板中，单击刚创建的记录集前面的“+”，展开记录集，如图 9-55 所示。

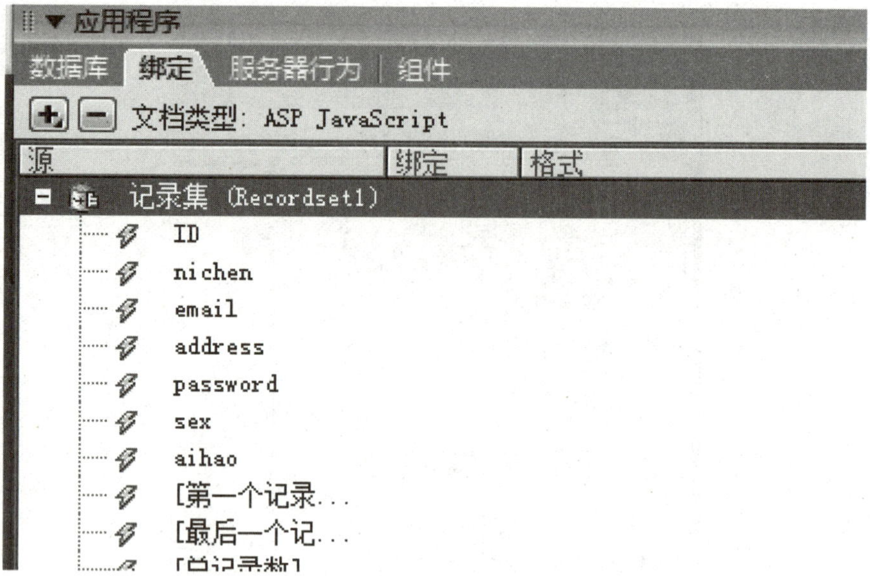

图 9-55 记录集

(2) 将记录集中的数据绑定到表单域。

用鼠标将记录集中的 nicheng 字段拖放到 register.asp 页面表格的第一行昵称文本域中，用同样的方法将其他数据域（字段）拖动到相应的单元格中，如图 9-56 所示。

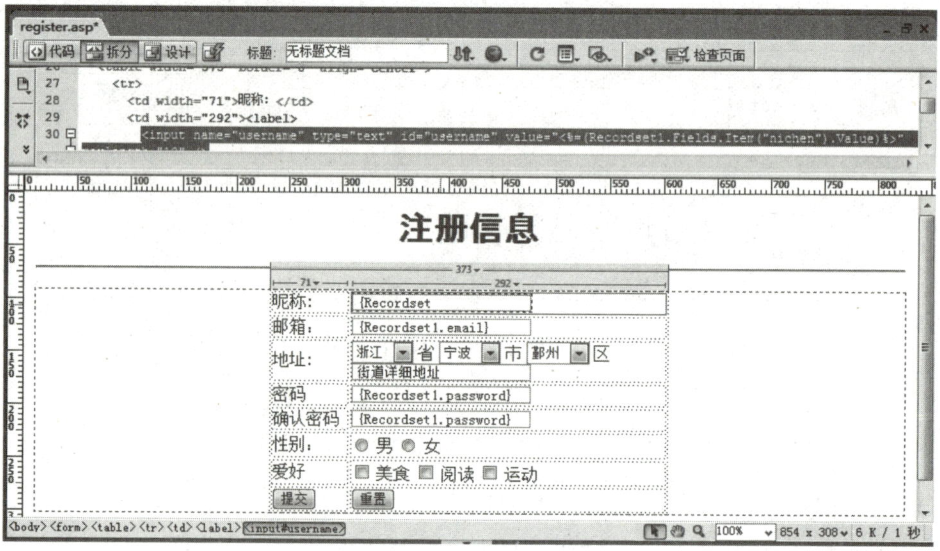

图 9-56 将数据绑定到表单域

3. 插入记录

(1) 单击应用程序列表中的“服务器行为”，若没有，则从菜单栏窗口中勾选“服务器行为”。单击“+”按钮，选择“插入记录”，如图 9-57 所示。

(2) 在弹出的“插入记录”对话框中选择数据库连接名、选择数据库中的表、选择表单元素，如图 9-58 所示，单击“确定”按钮。

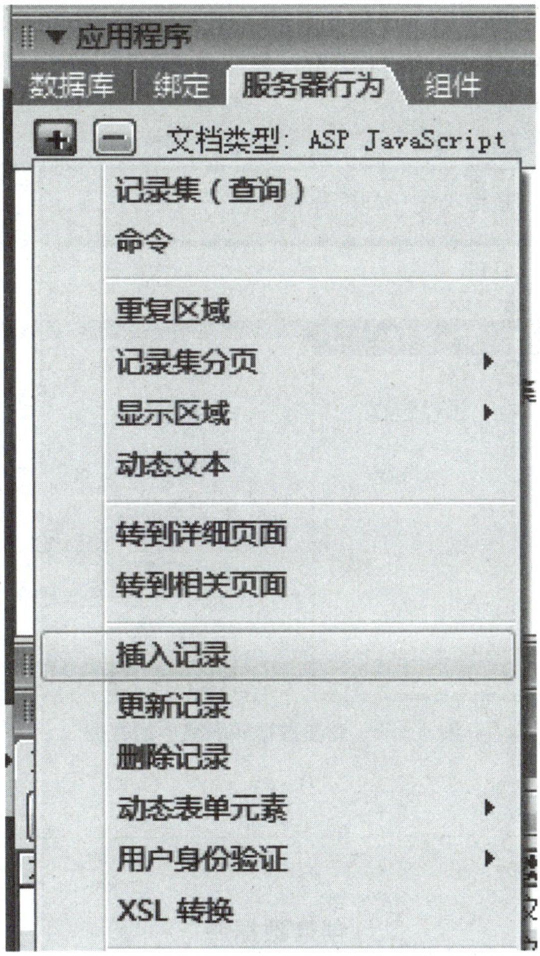

图 9-57 “服务器行为”应用程序

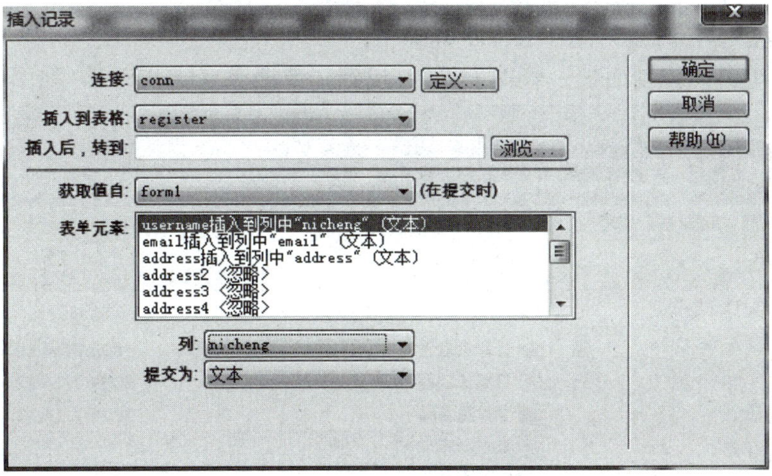

图 9-58 “插入记录”对话框

(3) 在浏览器的注册网页中输入用户数据，单击“提交”按钮，数据库中便插入了用户数据记录，在应用程序的“数据库”面板中，找到 register 表格，右击，在弹出的快捷菜单中选择“查看数据”，如图 9－59 所示，便可以看到插入的记录。

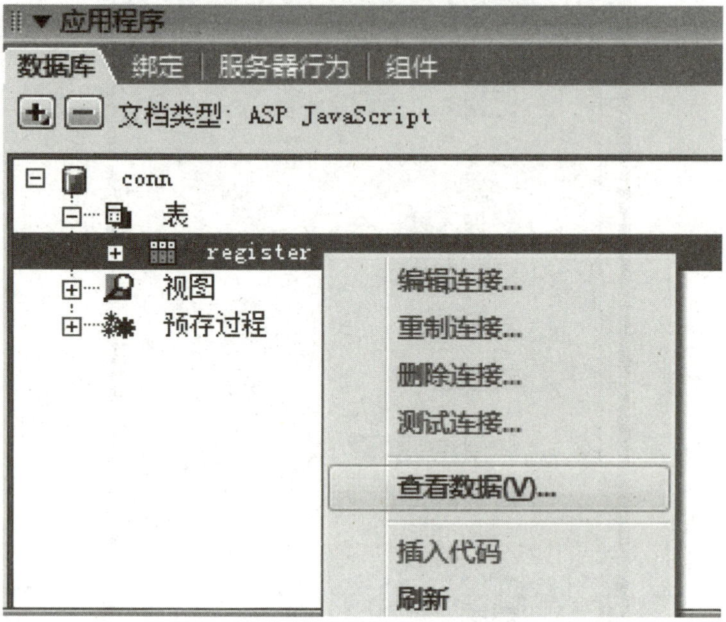

图 9－59 查看数据库表格中的数据

知识拓展

创建数据源

在绑定数据库的时候，若没有创建相对应的数据源，在“记录集”对话框中会找不到数据库连接。因此，在绑定数据库之前，需要根据本例使用 Access 数据库，创建一个名为“dianzishangwu”的数据源，具体步骤如下：

（1）依次单击“控制面板—管理工具”，找到“数据源（ODBC）”，如图 9－60 所示。

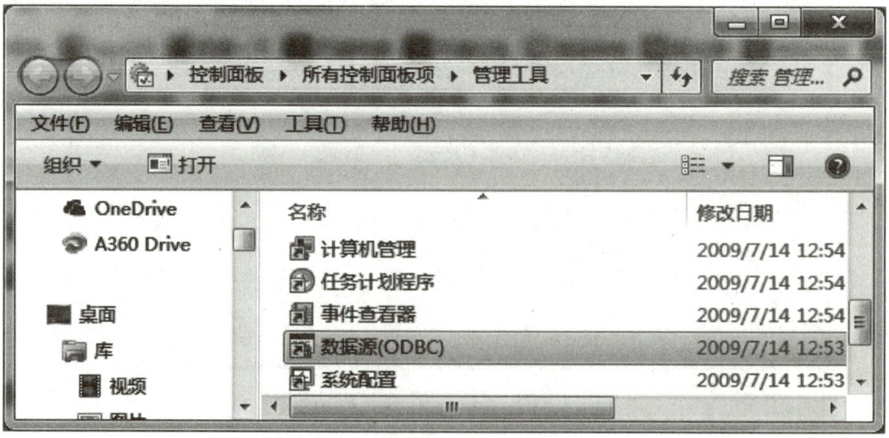

图 9－60 管理工具文件夹

（2）双击“数据源（ODBC）”，在弹出的“ODBC 数据源管理器”对话框中，选择“系统 DSN”选项卡，如图 9－61 所示。

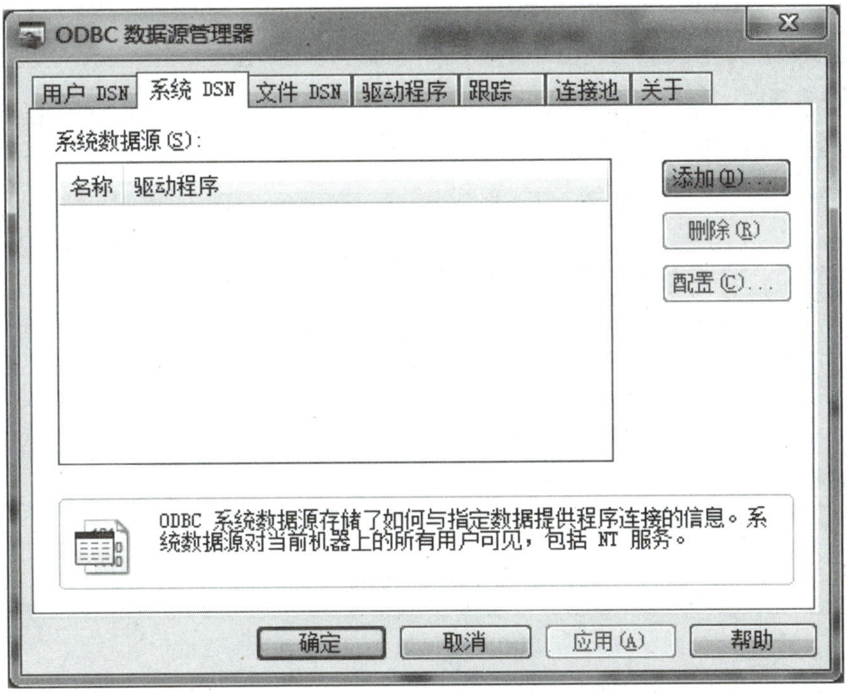

图 9－61　“ODBC 数据源管理器”对话框

（3）单击右侧的“添加”按钮，在弹出的“创建新数据源”对话框中选择数据源的驱动程序，本例使用的是 Access 数据库，因此选择“Microsoft Access Driver（*.mdb，*.accdb）”选项，如图 9－62 所示，单击“完成”按钮。

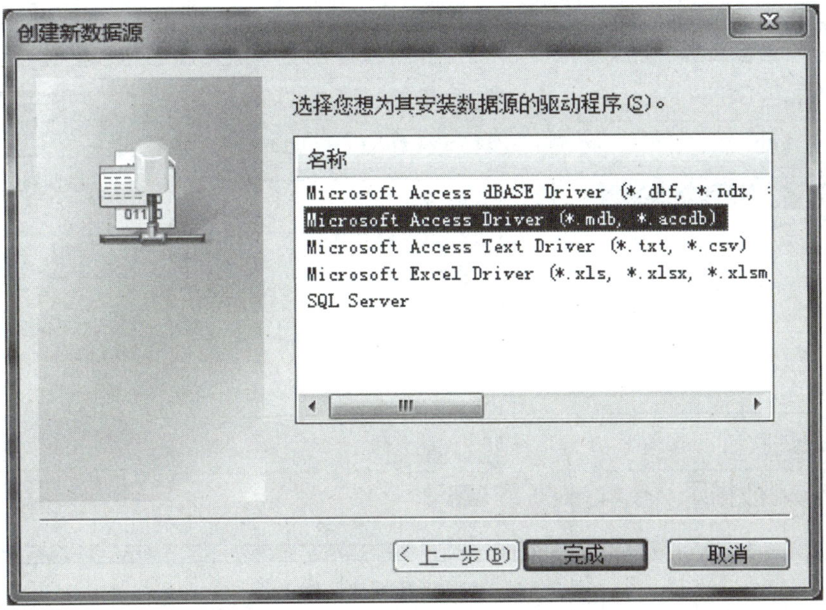

图 9－62　“创建新数据源”对话框

（4）在弹出的“ODBC Microsoft Access 安装”对话框中填写数据源名称“dianzishangwu”，选择数据库，如图 9－63 所示。

图 9－63 “ODBC Microsoft Access 安装”对话框

（5）在弹出的“选择数据库”对话框中根据数据库存放的目录找到对应的数据库 data.mdb，在左侧的列表选择该数据库，则数据库名自动更改，如图 9－64 所示，单击“确定”按钮，至此数据库安装完毕，单击“确定”按钮，如图 9－65 所示。在“系统 DSN”选项卡中便可以看到新添加的数据源，如图 9－66 所示。

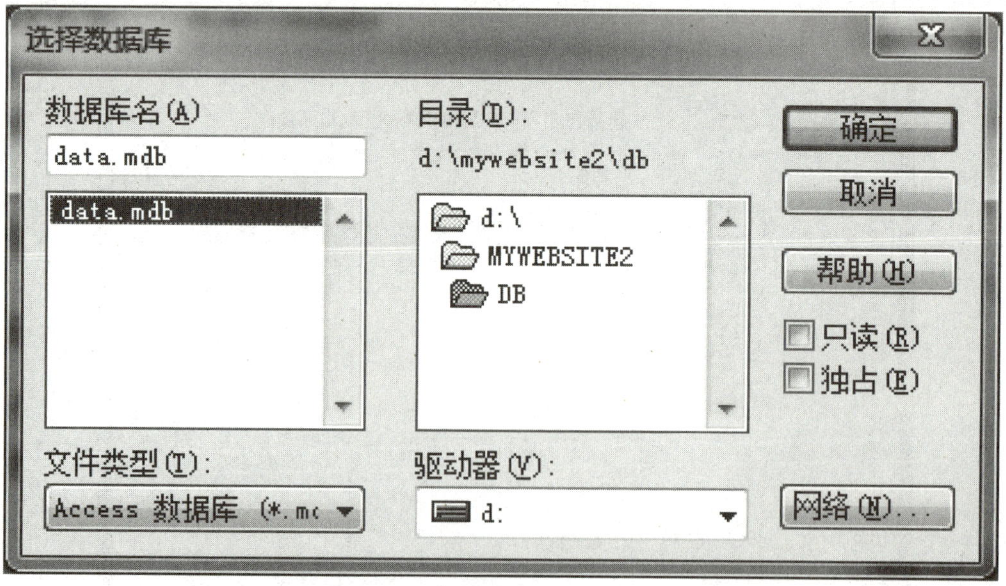

图 9－64 “选择数据库”对话框

图 9 - 65　完成数据库安装

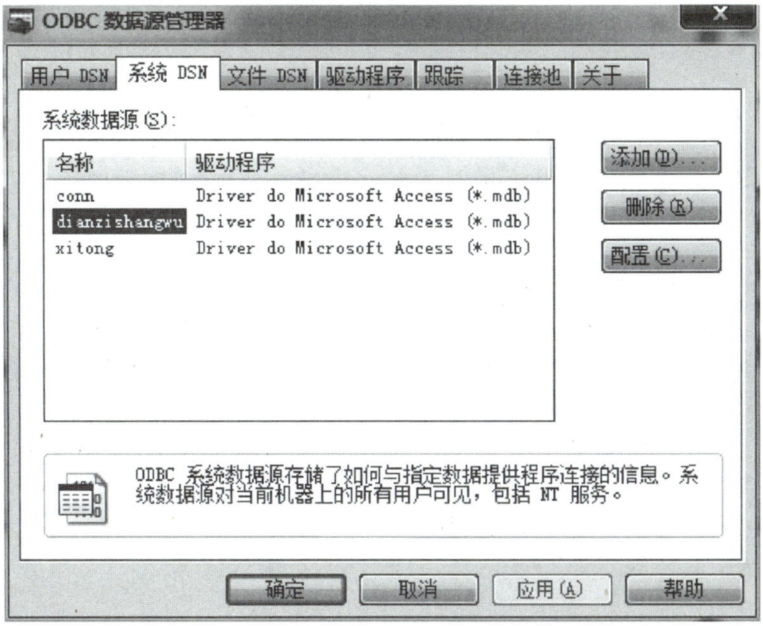

图 9 - 66　新创建的数据源

拓展学习

（1）在 Dreamweaver 中新建订单管理表单页面，文件类型选择 ASP，根据所需信息布局和插入表单元素。

（2）使用应用程序连接数据库、绑定数据、插入记录、更新记录等。

（3）浏览订单管理网页，进行订单信息数据操作的测试。

项目小结

通过本项目的学习，我们了解了动态页面的概念，掌握了简单制作表单页面的基本方法，掌握了表单域、文本域的添加，掌握了单选按钮、复选框的添加，掌握了菜单和列表的添加，掌握了 IIS 的基本配置，初步掌握了 Access 数据库的连接与操作，能够制作简单的表单页面，并进行数据库连接。

参考文献

1. 于丽娟．网店开设．北京：高等教育出版社，2017.

2. 于丽娟．网页设计与制作．北京：高等教育出版社，2010.

3. 张卫民．电子商务创业实战教程．北京：高等教育出版社，2015.

4. 李星，张海波．淘宝网开店、装修、运营、推广与管理．北京：人民邮电出版社，2017.

图书在版编目（CIP）数据

电子商务网页设计与制作/俞佳玲，朱琦晓，陈清主编．-- 北京：中国人民大学出版社，2020.5
教育部中等职业教育专业技能课立项教材
ISBN 978-7-300-27880-3

Ⅰ.①电… Ⅱ.①俞… ②朱… ③陈… Ⅲ.①电子商务-网页制作工具-中等专业学校-教材
Ⅳ.①F713.361.2

中国版本图书馆 CIP 数据核字（2020）第 010529 号

教育部中等职业教育专业技能课立项教材
中等职业教育实战型电子商务规划教材
电子商务网页设计与制作
主　编　俞佳玲　朱琦晓　陈　清
副主编　周丹文　陈王玲　陈丹璐　葛生生　胡凌冰
Dianzi Shangwu Wangye Sheji yu Zhizuo

出版发行	中国人民大学出版社		
社　　址	北京中关村大街 31 号	**邮政编码**	100080
电　　话	010－62511242（总编室）		010－62511770（质管部）
	010－82501766（邮购部）		010－62514148（门市部）
	010－62515195（发行公司）		010－62515275（盗版举报）
网　　址	http://www.crup.com.cn		
经　　销	新华书店		
印　　刷	北京密兴印刷有限公司		
规　　格	185mm×260mm　16 开本	**版　　次**	2020 年 5 月第 1 版
印　　张	17	**印　　次**	2023 年 2 月第 2 次印刷
字　　数	410 000	**定　　价**	42.00 元